中小学友善教育研究

「五措并举・分层递进」教育模式

闫冰 著

中央编译出版社
Central Compilation & Translation Press

图书在版编目(CIP)数据

中小学友善教育研究:"五措并举·分层递进"教育模式/闫冰著. —北京:中央编译出版社,2022.10(2025.1重印)

ISBN 978-7-5117-4299-5

Ⅰ.①中… Ⅱ.①闫… Ⅲ.①德育-教育研究-中小学 Ⅳ.①G631

中国版本图书馆 CIP 数据核字(2022)第 187095 号

中小学友善教育研究:"五措并举·分层递进"教育模式

责任编辑	汪　婷
责任印制	李　颖
出版发行	中央编译出版社
网　　址	www.cctpcm.com
地　　址	北京市海淀区北四环西路 69 号(100080)
电　　话	(010) 55627391(总编室)　(010) 55625176(编辑室)
	(010) 55627320(发行部)　(010) 55627377(新技术部)
经　　销	全国新华书店
印　　刷	北京印刷集团有限责任公司
开　　本	710 毫米×1000 毫米　1/16
字　　数	240 千字
印　　张	16.25
版　　次	2022 年 10 月第 1 版
印　　次	2025 年 1 月第 2 次印刷
定　　价	85.00 元

新浪微博　@中央编译出版社　　　　微　信　中央编译出版社(ID:cctphome)
淘宝店铺　中央编译出版社直销店(http://shop108367160.taobao.com)　(010) 55627331

本社常年法律顾问　北京市吴栾赵阎律师事务所律师　闫军　梁勤
凡有印装质量问题,本社负责调换。电话:(010)55627320

序

中小学生是祖国的未来，民族的希望。正如梁启超在《少年中国说》中所说："少年智则国智，少年富则国富；少年强则国强，……少年进步则国进步"。新陈代谢是不可抗拒的历史规律，未来中小学生是实现中华民族伟大复兴的主力军。为了中华民族的今天和明天，党和国家高度重视中小学生的成长和发展，教育引导他们从小树立远大志向，培育真善美的心灵。习近平总书记强调：要让"社会主义核心价值观的种子在少年儿童心中生根发芽、真正培育起来"。社会主义核心价值观即倡导富强、民主、文明、和谐，倡导自由、平等、公正、法治，倡导爱国、敬业、诚信、友善。任何一个社会都存在多种多样的价值观念和价值取向，要把全社会的意志和力量凝聚起来，必须有一套与经济基础和政治制度相适应并能形成广泛社会共识的核心价值观。社会主义核心价值观就是我们这个时代全社会广泛认可的核心价值观，也是中国特色社会主义新时代社会思潮的主旋律。党的十八大之后，中共中央办公厅印发了《关于培育和践行社会主义核心价值观的意见》（以下简称《意见》），《意见》强调，要把培育和践行社会主义核心价值观融入国民教育全过程。全国各级各类学校普遍掀起开展社会主义核心价值观教育的热潮。然而，通过对中小学社会主义核心价值观教育进行专题调研，我们不难发现，这些教育活动有值得肯定的地方，比如中小学教师普遍认识到加强社会主义核心价值观教育的重要性，围绕社会主义核心价值观开展多种多样的主题教育实践活动；同时，也存在许多不足之处，尤其在社会主义核心价值观教育落实、落细、落小方面，许多中小学教师深感找不到抓手，缺乏引领示范。作为一名从事中小学生思想政治教育的工作者，该如何寻求突破口，积极回应中小学社会主义核心价值观教育当中遇到的难点？由此，我萌发了研究中小学友善教育的念头。

友善是社会主义核心价值观的重要内容，也是中华民族传统美德。加强中小学友善教育，正是把社会主义核心价值观教育落实、落细、落小的具体体现。我在研读了大量的学术文献资料的基础上，以"中小学生"为研究对象，以"友善"为主题进行了长达8年的中小学友善教育研究，在实践中形成的认识、物化的成果构成了本书的逻辑框架和基本内容。理论只有与实践相结合才能迸发出生命力。在一边研究一边实践的过程中，经过反复修正、凝练和总结，形成了"五措并举·分层递进"的中小学友善教育模式，该模式在实践中得到了众多中小学一线教师的认可。

该模式的特点主要体现在四个方面：一是强调学生为本，坚持"五措并举"。我从中小学生的兴趣爱好出发，充分挖掘中华优秀传统文化资源，探索并总结出"演·唱·说·书·画"五大举措。这些举措受到了中小学生的欢迎，他们乐于参与其中。参与的过程就是教育的过程，潜移默化，润物细无声。二是细化友善内涵，实施"分层递进"。将友善内涵细化为五个内在联系、循序渐进、有机统一的层次，即"自我友善""家人友善""师生友善""社会友善""自然友善"。每个层次又进一步细化为与学生日常生活紧密相关的要求，这样不仅实现了友善教育具体化，还构建了友善教育的层次性，符合苏联心理学家维果茨基（Vygotsky，1896—1934）提出的"最近发展区"理论，着眼于实践，外化于行。三是注重循序渐进，遵循"知·情·意·行"。充分关注学生在友善品德方面的"知、情、意、行"。"知"即注重学生对友善规范及其意义的理解和掌握,让学生对是非、善恶、美丑有正确的认识;"情"即关注学生对社会行为的爱憎、好恶等情绪态度,注重引发学生对善的爱、对恶的恨的一种内心体验;"意",即为实现友善行为所做的自觉努力,激励学生从我做起,从点滴做起,积善成德;"行"即使学生在行动上对自我、家人、师生、社会和自然所做出的行为反应,激励学生把内在的友善认识、情感和意志转化为行为,体现在学习生活中的方方面面。四是突出评价融通,构建"美德银行"。长期以来,中小学生德育评价是难点,为解决中小学生友善教育评价的整体性、阶段性、渐进性和持续性,该模式构建了"美德银行"评价体系。"美德银行"就是以现实中的银行为模板,在学校、年级、班级建立"美德银行",学校是"总行",年级是"分行",各班就是一个个"支行",各班级划分的若干小组是"储蓄所"。银行将学生成长过程中的点滴美德,以"友善币"的形式储蓄,形成个人美德存款,每月、每学期、每学年开展美德币兑换活动,学生以储蓄的美德存款数额来兑换课外书或学习用品。通过"美德银行",既能掌握学生友善教育情况,又能对学生起到激励性作用。无论是纵向还是横向,无论是个人还是集体,均可以通过对比,实现对中小学友善教育及时持续的反馈和评价,并根据评价结果来调整和完善友善教育策略和侧重点。

总之,中小学友善教育是一项系统长期的工程,需要持之以恒,久久为功。我期望通过这本书的出版,能够为中小学友善教育提供些许启示与思路,更好地加强中小学生社会主义核心价值观教育,促进中小学生德智体美劳全面发展。

是为序。

闫 冰
2022年6月1日

目 录

第一章 中小学友善教育的时代诉求 …………………………… 001
  第一节 从"感动中国"到"社会主义核心价值观" ……… 003
  第二节 中小学友善教育的"三重需要" ………………… 019
  第三节 中小学友善教育"释义"与"意义" …………… 029

第二章 中小学友善教育的理论探究 …………………………… 039
  第一节 国外友善教育理论探析 …………………………… 041
  第二节 国内友善教育思想追溯 …………………………… 061

第三章 中小学友善教育的研究现状 …………………………… 087
  第一节 研究成果文献统计与分析 ………………………… 089
  第二节 研究成果内容评述与思考 ………………………… 097

第四章 中小学友善教育的个案分析 …………………………… 109
  第一节 初中生友善价值观及教育现状调查
       ——基于对一所初级中学的问卷调查 ………… 111
  第二节 初中生友善教育多维影响因素分析 ……………… 132
  第三节 初中生友善教育内在实践逻辑 …………………… 140

第四节　小学生友善教育现状调查
　　　　——基于对一所小学班主任的深度访谈…………… 155
第五节　小学生友善教育个案分析
　　　　——基于对一名小学生成长的追踪与观察………… 164

第五章　中小学友善教育的多维视角探索与实践…………… 173
第一节　基于"矛盾"视角的中小学友善教育探索
　　　　与实践……………………………………………… 175
第二节　基于"儿童文学"视角的中小学友善教育探索
　　　　与实践……………………………………………… 185
第三节　基于"动机理论"视角的中小学友善教育探索
　　　　与实践……………………………………………… 193
第四节　基于"家风家训"视角的中小学友善教育探索
　　　　与实践……………………………………………… 203

第六章　中小学友善教育模式与评价体系构建……………… 217
第一节　中小学"五措并举·分层递进"的友善教育模式…… 219
第二节　中小学"美德银行"友善教育评价体系构建 ……… 227

参考文献………………………………………………………… 245

第一章

中小学友善教育的时代诉求

第一节 从"感动中国"到"社会主义核心价值观"

经过百年来的不懈奋斗,在中国共产党的领导下,中华民族迎来了从站起来、富起来到强起来的伟大历史飞跃,迎来了实现中华民族伟大复兴的光明前景。回望历史:中国共产党领导中国人民浴血奋战,经过艰苦卓绝的斗争,取得了新民主主义革命的胜利,推翻了压在人民头上的"三座大山",实现了民族独立,为社会主义核心价值观的提出扫清了障碍。新中国成立后,中国共产党领导中国人民完成"三大改造",确立了社会主义制度,为社会主义核心价值观的形成奠定了制度基础。1978年12月,党的十一届三中全会重新恢复和确立了实事求是的思想路线,坚持把马克思主义基本原理同我国社会主义建设具体实践相结合,继承和发展毛泽东思想,创立了邓小平理论,马克思主义在意识形态领域的指导地位得到巩固,这为社会主义核心价值观的形成提供了深厚的思想土壤。进入21世纪,尤其是党的十八大以来,我国政治、经济、文化、教育、科技等各项事业日新月异,蓬勃发展,中国特色社会主义发生了翻天覆地的变化,社会主义核心价值观在中国特色社会主义事业伟大实践中孕育形成,成为新时代中国特色社会主义的主旋律、最强音。

一、从"感动中国"到"社会主义核心价值体系"

社会主义核心价值观的提出并不是一蹴而就的,而是经历了相当长的一段时间的酝酿,这要从我们进入21世纪后的一档节目说起。2002

年，有一档节目收视率很高，并且在社会上引起强烈反响，这就是中央电视台每年开展的"感动中国"年度人物评选活动。直到今天，"感动中国"年度人物评选活动仍然受到公众的关注。那些"感动中国"年度人物至今给我们留下深刻印象：有自强不息的优秀大学生洪战辉，有航天英雄杨利伟，有人民公仆郑培民，有高原邮递员王顺友，有一身正气的公安局局长任长霞，有青年志愿者徐本禹，等等。尽管他们身份不同、职业不同、经历不同，但他们的先进事迹无不令人感动，无不震撼着人们的心灵。在他们身上，可以看到一种理想，一种信念，一种精神，一种力量。这正代表了中国人的精神风貌，其中蕴含着社会主义核心价值观的内在基因。

2006年10月，党的十六届六中全会通过《中共中央关于构建社会主义和谐社会若干重大问题的决定》，第一次明确提出了"建设社会主义核心价值体系"这个重大命题和战略任务。社会主义核心价值体系包括四个方面的基本内容，即坚持马克思主义指导思想、中国特色社会主义共同理想、以爱国主义为核心的民族精神和以改革创新为核心的时代精神、社会主义荣辱观。①

我们简要地对社会主义核心价值体系的内容进行分析，就不难理解其提出的理论意义与现实意义。

首先，社会主义核心价值体系的灵魂：坚持马克思主义的指导。习近平总书记在纪念马克思诞辰200周年大会上的讲话中指出：马克思主义是科学的理论、人民的理论、实践的理论、开放的理论，始终站在时代前沿，不断探索时代发展提出的新课题，回应人类社会面临的新挑战。新时代，中国共产党人仍然要学习马克思，学习和实践马克思主义，高扬马克思主义伟大旗帜，不断从中汲取科学智慧和理论力量，更

---

① 《中共中央关于构建社会主义和谐社会若干重大问题的决定》，载《人民日报》，2006年10月19日，第1版。

有定力、更有自信、更有智慧地坚持和发展新时代中国特色社会主义，让马克思、恩格斯设想的人类社会美好前景不断在中国大地上生动展现出来。① 审视当今世界你会发现，我们需要马克思主义，中国特色社会主义发展离不开马克思主义。当今世界，信息化技术飞速发展，各种思潮纷呈，但谁也不能否认，马克思主义仍然处于人类社会思想史的高峰，马克思主义就像一盏明灯指引人类前进。越是在人类遇到重大挑战的时刻，越是能显现出马克思主义的威力。马克思主义是一个系统的、科学的、开放的理论体系，它始终以客观事实为根据，吸收、借鉴和融合各种优秀的思想文化成果，在实践中不断发展。中国共产党一经成立就把马克思主义镌刻在自己的旗帜上，通过把马克思主义基本原理同中国实际相结合，先后形成了毛泽东思想、邓小平理论、"三个代表"重要思想、科学发展观、习近平新时代中国特色社会主义思想等中国化的马克思主义，马克思主义在中华大地蓬勃发展，充满活力。在中国化马克思主义的指导下，我们党不断从胜利走向胜利，取得了脱贫攻坚的完全胜利，建成了全面小康社会，中国人民实现了由站起来到富起来再到强起来的历史性转变。我们是社会主义国家，马克思主义是我们立党立国的根本指导思想，是社会主义意识形态的旗帜，为我们提供了科学的世界观和方法论，决定着社会主义核心价值体系的性质和方向。因此，社会主义核心价值体系的第一条就是坚持马克思主义的指导不动摇，这是社会主义核心价值体系的灵魂。

其次，社会主义核心价值体系的主题：坚持中国特色社会主义共同理想。党的十二届六中全会首次提出了"中国各族人民的共同理想"，这个共同理想就是"建设有中国特色的社会主义，把中国建设成为高

---

① 《在纪念马克思诞辰200周年大会上的讲话》，载《光明日报》，2018年5月4日，第2版。

度文明、高度民主的社会主义现代化国家"①。中国特色社会主义共同理想是在中国共产党的领导下，走中国特色社会主义道路，实现中华民族的伟大复兴。中国特色社会主义道路，是全面建设社会主义现代化国家的必由之路，是实现人民对美好生活向往的必由之路，也是实现中国梦的必由之路。这条道路是中国共产党把马克思主义的普遍真理同中国的具体实际结合起来，经过艰辛探索出来的道路，是历史的选择，也是人民的选择。实践已经证明，这是一条正确的、符合中国实际的道路，沿着这条道路，我们取得了举世瞩目的成就。这条道路既坚持了科学社会主义的基本原则，又根据我国实际赋予其鲜明的中国特色。改革开放以来，尤其是党的十八大以来，中国特色社会主义制度在实践中自我完善和发展，显示出强大的生命力。中国特色社会主义进入新时代，社会主要矛盾发生了变化，当前我国各族人民的共同理想就是要把我国建设成为富强、民主、文明、和谐、美丽的社会主义现代化强国。中国特色社会主义共同理想就像新时代中国特色社会主义的一面旗帜，激励、鼓舞着全国各族人民团结奋斗。中国特色社会主义共同理想反映了我国广大人民的根本利益、共同愿望和普遍追求，它把国家的发展、民族的振兴与个人的幸福紧密联系在一起，具有强大的感召力、凝聚力。全国各族人民都愿意在中国共产党的领导下，为了实现这个共同理想而不懈奋斗。从这个意义上讲，中国特色社会主义共同理想是社会主义核心价值体系的主题。

第三，社会主义核心价值体系的精髓：弘扬以爱国主义为核心的民族精神和以改革创新为核心的时代精神。在上下五千年历史演进中，中华民族形成了以爱国主义为核心的团结统一、爱好和平、勤劳勇敢、自强不息的伟大民族精神；在改革开放新时期，中华民族形成了勇于改

---

① 《十二大以来重要文献选编》（下），北京：中央文献出版社2011年版，第346页。

革、敢于创新的时代精神。二者相辅相成、相互交融,已深深熔铸在中华民族的生命力、创造力和凝聚力之中,共同构成中华民族自立自强的精神品格,成为推动实现中华民族伟大复兴的精神动力。① 千百年来,无论面对多少困难挫折,面临多少艰难险阻,中华民族都始终高擎民族精神和时代精神的火炬。中华民族生生不息、薪火相传、奋发进取,靠的就是这样的精神。中华民族抵御外来侵略,赢得民族独立和解放,靠的就是这样的精神。在新的历史时期,抓住机遇,加快发展,摆脱贫困走向富裕,靠的也是这样的精神。全面建成小康社会之后,要实现中华民族的伟大复兴,还是要靠这样的精神。民族精神和时代精神是一种精神支柱,是一个民族蓬勃发展的力量源泉,建设社会主义核心价值体系必须高扬民族精神和时代精神的伟大旗帜。② 只有大力弘扬民族精神和时代精神,才能不断增强我们民族的自尊心、自信心和自豪感。

第四,社会主义核心价值体系的基础:弘扬社会主义荣辱观。一个社会是否和谐,一个国家能否实现长治久安,很大程度上取决于全体社会成员的思想道德素质。只有分清荣辱,明辨善恶,一个人才能形成正确的价值判断,一个社会才能形成良好的道德风尚。在我们这样一个有14亿多人口、56个民族的发展中国家,实现事业发展、社会和谐的目标和追求,需要巩固马克思主义在意识形态领域的指导地位,需要树立正确的理想信念,需要确立起大家都知道、大家都自觉奉行的价值准则和行为规范。我们以社会主义荣辱观为标尺,就会清醒地知道什么是真善美,什么是假恶丑,这为我们判断行为得失,确定价值取向,做出道德选择,提供了基本规范和依据。任何一种道德观念,要被社会普遍接受和广泛认同,都需要经历一个长期的潜移默化的过程,需要一代又一

---

① 王岩:《建设社会主义核心价值体系必须高扬民族精神和时代精神的旗帜》,载《马克思主义与现实》,2008 年第 3 期。

② 余维法:《民族精神和时代精神与社会主义核心价值体系建设》,载《科学社会主义》,2009 年第 1 期。

代人的实践和传承。社会主义荣辱观不尚空谈,每一个公民都要规范自己的言行,进而形成人人践行社会主义荣辱观的良好社会氛围。这是社会主义荣辱观提出内在要求,作为最基本的价值取向和行为准则,我们应该把它内化于心,外化于行。

总之,社会主义核心价值体系是中国特色社会主义制度的内在精神和生命之魂,它不仅揭示了社会主义国家经济、政治、文化、社会的发展动力,而且体现了把我国建设成富强、民主、文明、和谐、美丽的社会主义现代化强国的发展要求,反映了全国各族人民的核心利益和共同愿望。

坚持社会主义核心价值体系是坚持和发展中国特色社会主义的内在要求,也是进行伟大斗争、建设伟大工程、推进伟大事业、实现伟大梦想的铸魂工程。① 当今世界正经历百年未有之大变局,在思想大活跃、观念大碰撞、文化大交融的背景下,提出建设社会主义核心价值体系,高瞻远瞩,具有重要的理论意义和时代意义。

二、从"社会主义核心价值体系"到"社会主义核心价值观"

马克思主义认为:"理论在一个国家实现的程度,总是取决于理论满足这个国家的需要的程度。"② 正确的价值体系被提出后,不能只是一种口号,需要解读、宣传和研究,只有被人民群众普遍接受、理解和掌握并转化为社会群体意识,才能有效地转化为自觉行为。经过多年的探索和实践,全社会掀起了研究和宣传社会主义核心价值体系的热潮。大众媒体采取多种形式,大力宣传建设社会主义核心价值体系的重大意

---

① 沈壮海:《坚持社会主义核心价值体系》,载《国家教育行政学院学报》,2018年第9期。

② 《马克思恩格斯选集》(第1卷),北京:人民出版社2012年版,第11页。

义和基本内容,特别是对广大干部群众建设社会主义核心价值体系的生动实践和宝贵经验进行了宣传报道。在学术领域,一大批专家学者投入社会主义核心价值体系的研究之中。可以说,社会主义核心价值体系被有机融入精神文明建设的全过程,贯穿中国特色社会主义事业方方面面,社会主义核心价值体系真正为广大人民群众所感知、所认同、所接受,内化为人们的价值观念,外化为人们的自觉行动。

基于社会主义核心价值体系大众化的现实需要,社会主义核心价值观的凝练被放到紧迫重要的位置。2011年度中国学术热点,社会主义核心价值观的凝练排在首位。为顺应民意呼声,2012年11月,党的十八大首次将社会主义核心价值观凝练概括为:倡导富强、民主、文明、和谐,倡导自由、平等、公正、法治,倡导爱国、敬业、诚信、友善,积极培育和践行社会主义核心价值观。富强、民主、文明、和谐是国家层面的价值目标,自由、平等、公正、法治是社会层面的价值取向,爱国、敬业、诚信、友善是公民个人层面的价值准则。这十二个词成为社会主义核心价值观的基本内容。社会主义核心价值观是社会主义核心价值体系的内核,体现社会主义核心价值体系的根本性质和基本特征,反映社会主义核心价值体系的丰富内涵和实践要求,是社会主义核心价值体系的高度凝练和集中表达。

郭建宁在《社会主义核心价值观基本内容释义》一书中对社会主义核心价值观的三个层面做了较为全面详细的论述。

首先,"富强、民主、文明、和谐",是我国社会主义现代化国家的建设目标,也是从价值目标层面对社会主义核心价值观基本理念的凝练,在社会主义核心价值观中居于最高层次,对其他层次的价值理念具有统领作用。富强即国富民强,是社会主义现代化国家经济建设的应然状态,是中华民族梦寐以求的美好夙愿,也是国家繁荣昌盛、人民幸福安康的物质基础。民主是人类社会的美好诉求。我们追求的民主是全过程民主,其实质和核心是人民当家做主。文明是社会进步的重要标志,也是社会主义现代化国家的重要特征。它是社会主义现代化国家文化建设的应有状态，是对面向现代化、面向世界、面向未来的，民族的、科学的、大众的社会主义文化的概括，是实现中华民族伟大复兴的重要支撑。和谐是中国传统文化的基本理念，集中体现了学有所教、劳有所得、病有所医、老有所养、住有所居的生动局面。它是社会主义现代化国家在社会建设领域的价值诉求，是经济社会和谐稳定、持续健康发展的重要保证。

其次，"自由、平等、公正、法治"，是对美好社会的生动表述，也是从社会层面对社会主义核心价值观基本理念的凝练。它反映了中国特色社会主义的基本属性，是我们党矢志不渝、长期实践的核心价值理念。自由是指人的意志自由、存在和发展的自由，是人类社会的美好向往，也是马克思主义追求的社会价值目标。平等指的是公民在法律面前的一律平等，其价值取向是不断实现实质平等。它要求尊重和保障人权，人人依法享有平等参与、平等发展的权利。公正即社会公平和正义，它以人的解放、人的自由平等权利的获得为前提，是国家、社会应然的根本价值理念。法治是治国理政的基本方式，依法治国是社会主义民主政治的基本要求。它通过法治建设来维护和保障公民的根本利益，是实现自由平等、公平正义的制度保证。

最后，"爱国、敬业、诚信、友善"，是公民基本道德规范，是从个人行为层面对社会主义核心价值观基本理念的凝练。它覆盖社会道德生活的各个领域，是公民必须恪守的基本道德准则，也是评价公民道德行为选择的基本价值标准。爱国是基于个人对自己祖国依赖关系的深厚情感，也是调节个人与祖国关系的行为准则。它同社会主义紧密结合在一起，要求人们以振兴中华为己任，促进民族团结、维护祖国统一、自觉报效祖国。敬业是对公民职业行为准则的价值评价，要求公民忠于职守，克己奉公，服务人民，服务社会，充分体现了社会主义职业精神。诚信即诚实守信，是人类社会千百年传承下来的道德传统，也是社会主义道德建设的重点内容,它强调诚实劳动、信守承诺、诚恳待人。友善强调公民之间应互相尊重、互相关心、互相帮助,和睦友好,努力形成社会主义的新型人际关系。①

社会主义核心价值观的提出与概括具有重要的时代的意义,可以从几个维度来看:

第一,从"文化"维度看,当前全球思想文化的交流交融交锋十分激烈,实际上反映的是不同价值观之间的较量。随着改革开放不断深入以及社会主义市场经济不断发展完善,人们的思想意识呈现这样的特点,即多元多样多变。因此,需要我们积极培育和践行社会主义核心价值观,扩大主流价值观念的影响力,提高国家文化软实力,积极应对思想文化领域面临的挑战。

第二,从"治理"维度看,培育和弘扬社会主义核心价值观,有效整合社会意识,是国家治理体系和治理能力现代化的重要方面。进一步完善和发展中国特色社会主义制度,推进国家治理体系和治理能力现代化,必须在全社会大力培育和弘扬社会主义核心价值观,牢牢掌握价值观念领域的主动权、主导权、话语权,引导人们坚定不移地走中国特色社会主义道路。②

第三,从"精神"维度看,社会主义核心价值观是精神支柱,也是行动向导,对丰富人们的精神世界、建设民族精神家园,具有基础性、决定性作用。一个人、一个民族能不能向上向善,很大程度上取决于核心价值观的引领。中国特色社会主义新时代,更加向往美好的精神生活,更加需要强大的价值支撑。要振奋起人们的精气神,增强全民族的精神纽带,必须积极培育和践行社会主义核心价值观,铸就自立于世

---

① 郭建宁:《社会主义核心价值观基本内容释义》,北京:人民出版社2014年版,第4—17页。
② 吴潜涛:《培育和践行社会主义核心价值观重要意义的几点思考》,载《思想教育研究》,2015年第2期。

界民族之林的中国精神。

第四,从"愿景"维度看,社会主义核心价值观是一个国家的重要稳定器,大力培育和践行社会主义核心价值观,关系社会和谐稳定,关系国家长治久安。实现中华民族伟大复兴的中国梦,必须有广泛的价值共识和共同的价值追求,这要求我们要积极培育和践行社会主义核心价值观,巩固中华儿女共同的思想基础,凝聚起实现中华民族伟大复兴的中国力量。

三、中小学社会主义核心价值观教育"上下关照"

中小学校要全面贯彻党和国家的教育方针,坚持育人为本、德育为先,促进中小学生健康成长,培养德智体美劳全面发展的社会主义建设者和接班人,必须把社会主义核心价值观融入学校教育各个方面和环节,实现全员全过程全方位育人。

(一)中小学社会主义核心价值观教育的国家导向

2013年12月,中共中央办公厅印发的《关于培育和践行社会主义核心价值观的意见》中指出:培育和践行社会主义核心价值观要坚持以人为本,尊重群众主体地位,关注人们利益诉求和价值愿望,促进人的全面发展;坚持以理想信念为核心,抓住世界观、人生观、价值观这个总开关,在全社会牢固树立中国特色社会主义共同理想,着力铸牢人们的精神支柱;坚持联系实际,区分层次和对象,加强分类指导,找准与人们思想的共鸣点、与群众利益的交汇点,做到贴近性、对象化、接地气;坚持改进创新,善于运用群众喜闻乐见的方式,搭建群众便于参与的平台,开辟群众乐于参与的渠道,积极推进理念创新、手段创新和基层工作创新,增强工作的吸引力和感染力。同时强调:培育和践行社会主义核心价值观要从小抓起、从学校抓起。坚持育人为本、德育为先,围绕立德树人的根本任务,把社会主义核心价值观纳入国民教育总体规划，贯穿基础教育、高等教育、职业技术教育、成人教育各领域，落实到教育教学和管理服务各环节，覆盖到所有学校和受教育者，形成课堂教学、社会实践、校园文化多位一体的育人平台，不断完善中华优秀传统文化教育，形成爱学习、爱劳动、爱祖国活动的有效形式和长效机制，努力培养德智体美劳全面发展的社会主义建设者和接班人。适应青少年身心特点和成长规律，深化未成年人思想道德建设和大学生思想政治教育，构建大中小学有效衔接的德育课程体系和教材体系，创新中小学德育课和高校思想政治理论课教育教学，推动社会主义核心价值观进教材、进课堂、进学生头脑。完善学校、家庭、社会三结合的教育网络，引导广大家庭和社会各方面主动配合学校教育，以良好的家庭氛围和社会风气巩固学校教育成果，形成家庭、社会与学校携手育人的强大合力。

《关于培育和践行社会主义核心价值观的意见》有两个地方值得注意：一个是坚持联系实际，区分层次和对象，加强分类指导；二是培育和践行社会主义核心价值观要从小抓起、从学校抓起。这两点为在中小学开展社会主义核心价值观指明了方向。

中小学生是祖国的未来，是中华民族的希望。为了中华民族的今天和明天，我们要教育引导广大中小学生树立远大志向、培育美好心灵。习近平总书记在北京市海淀区民族小学参加庆祝"六一"国际儿童节活动时指出，让社会主义核心价值观的种子在少年儿童心中生根发芽。[1] 少年儿童如何培育和践行社会主义核心价值观呢？习近平总书记给出了答案："应该同成年人不一样，要适应少年儿童的年龄和特点。主要是要做到记住要求、心有榜样、从小做起、接受帮助。记住要求，就是要把社会主义核心价值观的基本内容熟记熟背，让它们融化在心灵

---

[1] 《让社会主义核心价值观的种子在少年儿童心中生根发芽》，载《光明日报》，2014年05月31日，第1版。

里、铭刻在脑子中。心有榜样,就是要学习英雄人物、先进人物、美好事物,在学习中养成好的思想品德追求。从小做起,就是要从自己做起、从身边做起、从小事做起,一点一滴积累,养成好思想、好品德。接受帮助,就是要听得进意见,受得了批评,在知错就改、越改越好的氛围中健康成长。"

(二)中小学社会主义核心价值观教育"五个未能"的现实审视

社会主义核心价值观教育在中小学轰轰烈烈地开展起来。然而,通过调查发现,中小学开展社会主义核心价值观教育存在几个值得注意的问题。

1. 未能从学生接受能力出发,注意问题的深浅度

一些教师在社会主义核心价值观教育中,从自己的认知水平出发,不考虑学生的接受能力。例如,某初一教师在给学生解释社会主义核心价值观中的"自由"时,这样说:"自由总是和必然相联系,必然就是指社会历史规律、自然规律等,不以主观意志为转移的客观必然性,我们总是受到客观必然性的制约。自由是基于对必然性认识之上的对客观世界的改造,自由不在于幻想中摆脱自然规律而独立。"这位教师试图从马克思主义哲学的角度揭示"自由"的本质本没有错,但是对于中小学生来说,就没那么容易理解了。

著名心理学家皮亚杰(Jean Piaget,1896—1980)把儿童认知发展分为四个阶段,中小学生根据其所处的年龄阶段,基本处在具体运演阶段和形式运演阶段。在具体运演阶段,儿童的思维离不开具体事物的支持;处于形式运演阶段的学生虽然有能力处理假设,但是对于抽象知识,理解起来比较困难。从马克思主义哲学角度给中小学生讲授社会主义核心价值观的内涵,较为深刻抽象,不符合学生的认知发展水平。即便是对初步具备了马克思主义哲学基础知识的高中生,教师从哲学角度揭示社会主义核心价值观内涵时，也应循循善诱，因势利导。

针对中小学生的接受能力，可以分层次对中小学生进行社会主义核心价值观教育。比如给小学生讲"自由"，以遵守纪律为切入点，让学生知道遵守纪律，可以获得自由；反之，可能会受到惩罚。对于中学生，可以以法律为切入点，让学生知道知法守法可以获得自由；反之，可能会被限制自由。通过这样循循善诱，让学生初步理解"自由"的相对性。无论是纪律还是法律，都是中小学生能感知的，符合中小学生认知发展规律，容易被他们理解和接受。

2. 未能从学生生活实际出发，注意语言的通俗性

语言是人类表达交流思想感情的工具，而通俗的语言表达对于信息的传导与教育效果起到事半功倍的效果。纵观近现代以来，理论被群众掌握，无不是以通俗的表达为前提的。例如革命年代，毛泽东提出的"枪杆子里出政权"等，通俗地表达了马克思主义关于掌握革命政权的重要性。邓小平的一个重要观点是"摸着石头过河"，高度概述了马克思主义的实践认识论。实践证明，概念越抽象，离实践越远；表达越抽象，离群众越远。社会主义核心价值观作为对我国几千年优秀传统文化的概括与升华，尽管只有24字，但是具有丰富深刻的内涵，必须以通俗的语言进行教育，学生才能听懂，听懂是学生将社会主义核心价值观内化于心、外化于行的前提条件。

通过调查发现，一些中小学教师在给学生讲解社会主义核心价值观时，语言表达较为专业化、学术化，这不利于社会主义核心价值观的教育及学生学习。例如，某小学教师，在讲"诚信"时这样表达："诚，信也，从言从声"，"信，诚也，从人从言"；"得信于市，终将得利于市；失信于民，必失其政"。这样表达虽没有错，但是学生理解起来较为困难。

语言通俗化是理论走向社会生活的路径，是理论走向大众化的路径，是理论走向学习热潮的路径。如果教师在语言表达上不能做到通俗易懂，学生不仅听不明白，还会失去学习的热情和兴趣，践行社会主义核心价值观也就无从谈起。

同样以"诚信"为例，另一位教师这样讲解，她以"拾金不昧""一诺千金"的故事切入，这样讲解诚信："生活诚信处处有，为人处事要知道。与人见面须守时，答应之事要做到。借人东西及时还，下次再借难不倒。如果你不讲诚信，生活就会一团糟。人人心中有诚信，生活就会更美好。"这种语言和口吻就比较符合中小学生的认知特点。从学生的反映来看，效果很明显。

要让中小学教师在社会主义核心价值观教育当中做到语言通俗易懂，需要教师贴近学生的实际，贴近学生的生活，贴近地方特色进行组织语言，这样学生才愿意听，喜欢听，听得懂，从而为下一步践行社会主义核心价值观奠定基础。

3. 未能从立德树人根本任务出发，注意发挥过程育人的作用

《关于培育和践行社会主义核心价值观的意见》指出："培育和践行社会主义核心价值观要从小抓起、从学校抓起，用社会主义核心价值观引领中小学生成长。"许多中小学广泛开展了社会主义核心价值观教育，但其中一部分中小学讲究形式，做表面工作，甚至只有形式，没有内容，表面动静大，收效甚微。出现这种状况，其原因是多方面的，总结起来主要有两个方面：一方面是对社会主义核心价值观教育认识不清，想当然地认为社会主义核心价值观教育等同于死记硬背。虽然培育学生社会主义核心价值观首先需要他们牢记于心，但是牢记的前提是理解，如果不理解，即使机械地记住了，也没有意义。另一方面是应试教育观念在作怪。一些学校大张旗鼓地进行社会主义核心价值观教育，只讲形式，不求实效，这种情况和学校固守传统应试教育的观念不无关系。

为避免社会主义核心价值观教育流于形式，中小学要加强对社会主义核心价值观教育的学习与研究，从学生的实际出发，开展有特色的教育实践活动。当然，也可以借鉴一些学校成功的做法。比如，某小学以"社会主义核心价值观"为主题，让学生创作童谣、绘画，编辑成册，专区展览，寓教于乐、融教于趣、化教于心，收到了极佳的效果。还有某中学通过开展以"社会主义核心价值观"为主题的演讲、书法、情景剧等实践活动，弘扬社会主义核心价值观，也值得肯定。此外，中小学还可以把社会主义核心价值观转化成具体要求，让学生在日常生活中体验和实践，如参加志愿者服务、环保小卫士等活动，在实践中教育，在教育中践行。

4. 未能从系统工程出发，注意持续性和常态化

培育中小学生社会主义核心价值观，不是孤立的工作，而是一项系统的、综合的、长期的工程，不可能毕其功于一役。有的学校急于求成，轰轰烈烈搞了一学期，甚至三个月就认为培育中小学生社会主义核心价值观的工作做完了，这显然是错误的。原因有三：首先，社会主义核心价值观属于意识层面的东西，涉及面广，内涵丰富，需要分层面、有重点、分阶段地开展宣传教育，不可能在短时间内完成。其次，当前社会上各种思想复杂交织，要使社会主义核心价值观入心入脑，自觉外化于行，任重而道远。第三，中小学生正处在价值观形成时期，有思想波动大、信念不坚定等特点，需要长期、不断地对他们进行社会主义核心价值观教育，才能促使他们树立正确的世界观、人生观、价值观。培育中小学生社会主义核心价值观不是一朝一夕能够实现的，只有坚持反复抓、长期抓，才能把社会主义核心价值观融化在学生的心灵里，体现在他们的行为中。

5. 未能从中华优秀传统文化出发，注意多元价值的影响

价值观是帮助人们辨别好与坏、美与丑、正确与错误、真实与虚假等的标准。不同国家有不同的价值观念。中西价值观因其环境、历史文化的不同，有很大差异性，这种差异有时是截然相反的。因此，在中小学社会主义核心价值观教育当中要注意西方价值观的冲击。

培育和弘扬社会主义核心价值观必须立足于弘扬中华优秀传统文化。牢固的核心价值观，都有其固有的根本。抛弃传统、丢掉根本，就等于割断了自己的精神命脉。中华优秀传统文化孕育着每个中国人安身立命的精神家园，体现了民族绵延不绝的精神基因，承载着海内外华人情感凝结的精神纽带，是培育和践行社会主义核心价值观的"发达根基""丰厚土壤"和"雨露阳光"。在我国几千年的发展历史当中，有取之不尽的教育资源。一些中小学教师在进行社会主义核心价值观教育时，喜欢使用西方素材举例，这就不可避免地会受到西方价值观的影响。例如，某中学老师在阐述社会主义核心价值观的内涵时，举了大量西方国家的例子，要知道西方价值观强调"个人主义"，突出的是"利益至上"，总是拿西方的例子阐述社会主义核心价值观是不可取的。中小学教师如果大量使用西方素材进行社会主义核心价值观教育，不仅会使教育效果大打折扣，甚至会使学生走入误区，崇尚西方价值观。当然，这里所讲的立足于中华优秀传统文化，并非是对西方价值观完全排斥，而是提倡以辩证否定观，即"扬弃"的观点来对待西方价值观。

习近平总书记指出："一种价值观要真正发挥作用，必须融入社会生活，让人们在实践中感知它、领悟它。要利用各种时机和场合，形成有利于培育和弘扬社会主义核心价值观的生活情景和社会氛围，使核心价值观的影响像空气一样无所不在、无时不有。"[①] 当前，中小学开展社会主义核心价值观教育还有待加强。培育中小学生社会主义核心价值观十分重要，正如习近平总书记所说："这就像穿衣服扣扣子一样，如

---

① 《习近平在中共中央政治局第十三次集体学习时强调：把培育和践行社会主义核心价值观作为凝魂聚气强基固本的基础工程》，载《人民日报》，2014年2月26日，第1版。

果第一粒扣子扣错了，剩余的扣子都会扣错。人生的扣子从一开始就要扣好。"① 中小学在社会主义核心价值观教育中只有注意以上几个问题，才能取得良好效果，促进学生健康成长和全面发展。

第二节　中小学友善教育的"三重需要"

任何一个社会都存在这样或那样的价值观念和价值取向，要把全社会的力量凝聚起来，需要有一套达成社会共识的核心价值观。社会主义核心价值观是我们这个时代人们普遍认同的核心价值观。社会主义核心价值观包括国家、社会、公民三个层面，即"三个倡导"：倡导富强、民主、文明、和谐，倡导自由、平等、公正、法治，倡导爱国、敬业、诚信、友善。从社会主义核心价值观内容来看，它不仅与中国特色社会主义发展要求相契合，而且与中华优秀传统文化相承接。友善是中华民族传统美德，也是社会主义核心价值观的重要内容。从古至今，中华民族从来没有停止对友善的追求。古人云："大学之道在明明德，在亲民，在止于至善。""至善"被看作最崇高的善，也被看作为人处世、成家立业的根本。加强中小学友善教育既是继承和弘扬中华优秀传统文化的生动体现，也是落实、落细、落小社会主义核心价值观的具体实践。作为人们正确处理人与人、人与自然关系的行为准则，无论是构建和谐社会，还是实现"中国梦"，友善都是不可或缺的资源。做好中小学生友善教育研究，加强中小学生友善教育，有着现实意义。

---

① 《习近平在北京大学考察时强调：青年要自觉践行社会主义核心价值观 与祖国和人民同行努力创造精彩人生》，载《人民日报》，2014年5月5日，第1版。

一、社会主义核心价值观"落细、落小、落实"的客观需要

一种价值观要真正发挥作用,必须融入社会生活,让人们在实践中感知它、领悟它。要注意把我们所提倡的与人们日常生活紧密联系起来,在落细、落小、落实上下功夫。一段时间以来,各级各类学校都把社会主义核心价值观作为一个整体进行教育,这自然是必要的,但是个别学校在实践中把社会主义核心价值观教育当成了一句口号,认为只要学生记住了社会主义核心价值观的内容,教育的目的也就达到了。在对30所中小学社会主义核心价值观教育情况进行调研后,发现中小学社会主义核心价值观教育方式单一,挂横幅、贴海报是普遍做法,小学、初中、高中开展社会主义核心价值观教育活动基本类似。在访谈中,一些负责德育工作的中小学老师,说不上来该学段社会主义核心价值观的目标、定位、要求,也说不清楚小学、初中、高中开展社会主义核心价值观教育的区别在哪里。访谈一些学生,普遍表示:社会主义核心价值观教育从小学到初中,从初中到高中存在许多活动形式、内容都一样的问题,感觉不到有啥区别。随着学段升级,他们逐渐对社会主义核心价值观教育活动失去兴趣。不同学段不仅重复低效开展社会主义核心价值观教育活动,浪费教育资源,而且效果不佳。社会主义核心价值观教育亟待根据小学、初中、高中不同学段学生的年龄、心理特征,有重点、有针对性地开展活动,在教育活动中体现出社会主义核心价值观教育的整体性、渐进性及阶段性特征。

在调查中还发现,小学、初中、高中社会主义核心价值观教育存在学段衔接壁垒,主要表现在,小学、初中、高中社会主义核心价值观教育普遍存在与同一层面的交流,即小学与小学之间、初中与初中之间、高中与高中之间交流较多,鲜有小学、初中、高中之间的交流。对于小学、初中、高中如何在教育目标、教育形式、教育内容、教育评价等方

面实现有机衔接缺乏探索。这样就导致了不同学段间的社会主义核心价值观教育存在"各自为政""背靠背"的教育现象,社会主义核心价值观教育针对性不强,作为教育对象的中小学学生参与社会主义核心价值观教育活动积极性不高,社会主义核心价值观教育流于形式。

由此可见,一些中小学社会主义核心价值观教育还浮于表面文章,社会主义核心价值观教育落细、落小、落实亟待加强。

"落细"就是说社会主义核心价值观教育要从小处着手,让中小学能够在生活中感知到社会主义核心价值观离我们并不遥远。我们在生活中随时随处都能看到社会主义核心价值观的践行者。比如,马路上,那些交警无论严寒酷暑、刮风下雨,都坚守在岗位上,这是多么高尚的敬业精神啊。我们加强社会主义核心价值观教育,要从社会上、生活中细微处取材,让学生感知它,并因此而受到感染。中小学社会主义核心价值观教育还应该根据实际,细化为对中小学生生活学习的基本要求,让学生从一点一滴做起,践行社会主义核心价值观。比如,在家帮助父母做一些力所能及的事情,爱护弟弟妹妹,讲究卫生,保持清洁,节约用水用电等,都是从细小处践行了社会主义核心价值观。

"落小"就是说社会主义核心价值观内涵丰富,涵盖了方方面面,我们要从小做起。从教育对象上讲,社会主义核心价值观是每个公民都要践行的行为准则。但是,由于年龄大小不一样、职业身份不一样、群体特征不一样,教育的方式也就不同。"落小"首先体现在教育对象上,要分层分类,比如针对中小学生的社会主义核心价值观教育,就是"落小"的体现。当然,针对中小学生的社会主义核心价值观教育还可以进一步"落小",划分为中学生的社会主义核心价值观教育和小学生的社会主义核心价值观教育。进一步"落小"即把中学生的社会主义核心价值观教育划分为初中生的社会主义核心价值观教育和高中生的社会主义核心价值观教育。小学社会主义核心价值观教育可以划分为小学低年级的社会主义核心价值观教育、小学高年级社会主义核心价值观教育。这样不断地"落小",就会使社会主义核心价值观教育更加具有针对性。从内容上讲,社会主义核心价值观包括三个层面:国家、社会、公民。社会主义核心价值观教育"落小"可以针对不同层面开展。如果进一步"落小",可以根据社会主义核心价值观当中的每一个词开展教育,比如爱国教育、诚信教育、法治教育、友善教育等等。当然,每一个词还可以进一步落小,以友善为例,可以把友善"落小"到对自己友善、对家人友善、对师生友善、对社会友善、对自然友善。每一个层面的友善还可以继续落小,直至"落小"到中小学生能够在生活中感知、践行,这样社会主义核心价值观教育"落小",就有了实际的意义。古人有一句话:"勿以恶小而为之,勿以善小而不为。"意思是只要是善,即使是小善也要做;只要是"恶",即使是小恶也不能做。社会主义核心价值观教育"落小"也是如此,不能因为小事就不去践行,而是积小德,成大德。

"落实"就是说不能把社会主义核心价值观当作一种口号,也不仅仅是把它内化于心,更重要的是体现在行为上。当然,这需要一个渐进的过程。首先从认知社会主义核心价值观开始,这里的认知绝对不是死记硬背,而是让中小学生理解社会主义核心价值观的内涵。要让中小学生理解,仅仅靠教师的知识传授是不够的,还需要学生参加一些实践活动,在实践中体验。比如,要让学生理解"敬业"的内涵,我们可以让学生实地走上一些工作岗位,让他们体验。也可以让学生作为志愿者参加。比如,让学生作为维护交通秩序的志愿者,那么他们就会对交警的职业有感受,理解敬业精神多么重要。作为环境保护的志愿者,就会体验到生态文明的重要性。社会主义核心价值观教育的最终目标是要落实到行动上,中小学要通过教育引导、舆论宣传、文化熏陶、实践养成、制度保障等,把社会主义核心价值观贯穿于社会生活方方面面。要与社会公德、职业道德、家庭美德、个人品德教育结合起来,使社会主义核心价值观教育始终能够着眼于实践,落实在行动上。

社会主义核心价值观教育要在落细、落小、落实上下功夫，就要以学生为主体，社会主义核心价值观教育活动要贴近学生，贴近生活，贴近实际，充分发挥学生的主观能动性。日常生活中，更多的是平平淡淡的琐碎小事，恰恰是在小事中每个人的言行举止，折射出一个国家、一个民族、一个人的道德水平和价值追求。把社会主义核心价值观落细、落小、落实，最终目的就是要让社会主义核心价值观融入生活，体现在每个人的行动上。

二、打好防治校园欺凌"组合拳"的现实需要

近年来，校园欺凌事件依然频繁发生。2018年初，《中国青年报》对2022名受访者进行一项调查显示，59.4%的受访者都经历或目睹过校园欺凌事件。校园欺凌指在校园内外学生间一方（个体或群体）单次或多次蓄意或恶意通过肢体、语言及网络等手段实施欺负、侮辱，造成另一方（个体或群体）身体伤害、财产损失或精神损害等的事件。[①]校园欺凌由来已久，主要发生在中小学，国内外均不同程度地存在。国家采取多项行动，综合治理校园欺凌。关于校园欺凌，一篇题为《每对母子都是生死之交，我要陪他向校园霸凌说NO!》的文章，刺痛着人们的神经，一时间在微信朋友圈等平台刷屏。文章大意是说某小学四年级10岁男孩在学校受到两名同班同学欺凌，欺凌惨状令人难以想象。事情发生后，被欺凌的学生担心被报复，并没有告诉老师，而是选择忍气吞声。都说家是孩子一生的避风港湾，父母是孩子最坚强的依靠。被欺凌的学生回到家说起此事时委屈得号啕大哭，由于心理受到伤害，他甚至出现失眠、厌食、易怒、惧怕上学等症状，后被医生诊断为急性应激反应。被欺凌同学的妈妈为维护孩子的正当权益，遂向学校及上级部

---

① 刘程：《中小学校园欺凌行为及其影响因素》，载《青年研究》，2020年第6期。

门反映此事。两个欺凌同学的孩子承认了欺凌的事实,然而,其家长认为不过是孩子淘气搞恶作剧,没有什么大不了,拒绝道歉。学校给出的说法也是"就是开了一个过分的玩笑",并让她放弃"处理惩戒施暴的孩子""让施暴者的家长道歉"等四点诉求。此言一出,舆论哗然。许多网友纷纷表达看法,一些人认为,孩子如何与人为善、如何正确玩耍、如何面对逆境,均需要家长和学校的正确引导,不能简单以"开玩笑"定性,对"熊孩子"不管不教。还有一些人认为,要以客观和理性的态度处理事件,不要把孩子推向风口浪尖,这样对双方孩子的成长都不利。

这是一件典型的校园欺凌案例,事实上,许多中小学发生校园欺凌的处理原则就是大事化小,小事化了。然而,如果秉持这一原则处理校园欺凌,对孩子的成长与发展更加不利。近年来,有一部电影《少年的你》热映,直击校园欺凌这一痛点问题,电影画面把校园欺凌给孩子造成的伤害直观展现,令人揪心,也发人深思。

联合国教科文组织发布的题为《数字背后:结束学校暴力和欺凌》的报告指出,在全球范围内,有32%的学生近一个月内,被学校的同龄人欺凌至少1次。联合国教科文组织发布的另一份全球校园欺凌现状报告显示,每年约有2.46亿儿童和青少年遭受学校暴力和欺凌。据统计,我国每年发生的校园欺凌案件多达千余件。

任何形式的欺凌行为都是不可接受的,因为欺凌不但对受害者造成伤害外,而且对欺凌者和旁观者同样造成伤害。欺凌者由于长期欺负别人,内心得到极大满足,以自我为中心,对同学缺少同情心,而旁观者会因为帮不到受害者而感到内疚、不安,甚至惶恐。"校园欺凌"对受害者的伤害更不可小觑,受欺凌的学生通常在身体上和心灵上受到双重创伤,并且留下的阴影长期难以平复。同时,"校园欺凌"也会影响到学校的整体纪律和风气。

防治校园欺凌刻不容缓,需要打好组合拳。时任国务院总理李克强对此曾作出重要批示:"校园应是最阳光、最安全的地方。校园暴力频发,不仅伤害未成年人身心健康,也冲击社会道德底线。教育部要会同相关方面多措并举,特别是要完善法律法规、加强对学生的法制教育,坚决遏制漠视人的尊严与生命的行为。"李克强总理主持国务院常务会议强调,要建立防控校园欺凌的有效机制,及早发现、干预和制止欺凌、暴力行为,对情节恶劣、手段残忍、后果严重的必须坚决依法惩处。

国家印发了《关于开展校园欺凌专项治理的通知》《关于防治中小学生欺凌和暴力的指导意见》等,强调要打好组合拳。的确,校园欺凌要采取多种方式,多措并举,可以加强校园管理,加强法治教育,做好心理健康教育等。加强中小学友善教育也是防治校园欺凌的重要举措。友善是中华民族传统美德,也是社会主义核心价值观个人层面的价值追求。团结、互助、谦让、尊老、爱幼等,都是友善的具体表现。作为一种价值观,友善是一种自主、自愿、自觉的价值判断,内化于心,外化于行,是基本要求。中小学生正处在价值观形成的关键期,加强友善教育,有助于提升其精神境界,形成健全完善的人格,从而防治校园欺凌发生。

三、落实"立德树人"根本任务的内在需要

党的十八大以来,习近平总书记立足于世界发展大势和国家发展全局,着眼于中华民族伟大复兴,围绕培养什么样的人、如何培养人以及为谁培养人这个根本问题,发表了一系列重要讲话。总书记多次强调,要坚持把立德树人作为根本任务,培养德智体美劳全面发展的社会主义建设者和接班人。党的十八大提出"把立德树人作为教育的根本任务"[①]。党的

---

① 《坚定不移沿着中国特色社会主义道路前进 为全面建成小康社会而奋斗——在中国共产党第十八次全国代表大会上的报告》,载《人民日报》,2012年11月18日,第1版。

十九大强调"落实立德树人根本任务"①。立德树人,可以说是对我国数以千年的教育传统的创造性继承与创新性发展,也是对中国共产党百年来领导教育改革发展经验的高度总结和凝练。立德树人,需要把握两个维度:一是"立德",立什么德;二是"树人",树什么人。二者之间是辩证统一的关系。国无德不兴,人无德不立。德对于个人、对于社会、对于国家都是巨大的精神力量和精神支柱。我们要立的德,就是要立大德、立公德、立私德。立大德就是站在中华民族伟大复兴的高度,树立共产主义远大理想与中国特色社会主义共同理想。立公德,就是站在为人民服务的立场,为实现人民对美好生活的向往而奋斗。立私德,就是个人习惯、作风、品行等表现出来的德行,比如爱国、诚信、友善等等。道德之于个人、之于社会,都具有基础性意义,做人做事第一位的是崇德修身。②树人,就是培养、塑造人才。古人有云:"一年之计,莫如树谷;十年之计,莫如树木;终身之计,莫如树人。"立德树人就是要培养社会主义建设者与接班人,培养能够担当民族复兴大任的时代新人,培养能够为人民服务的人。

学校是人才培养的主阵地,尽管随着时代的发展人们赋予学校多种职能和使命,但是培养人是最根本的。培养人的根本就在于立德树人。习近平总书记在北京市八一学校考察时强调,基础教育是立德树人的事业,要旗帜鲜明地加强思想政治教育、品德教育、社会主义核心价值观教育。习近平总书记在全国高校思想政治工作会议上进一步强调,高校立身之本在于立德树人。③ 各级各类教育要坚持把立德树人作为学校办

---

① 《决胜全面建成小康社会 夺取新时代中国特色社会主义伟大胜利——在中国共产党第十九次全国代表大会上的报告》,载《人民日报》,2017年10月28日,第1版。
② 《十八大以来重要文献选编》,北京:中央文献出版社2016年版,第7页。
③ 《习近平总书记教育重要论述讲义》,北京:高等教育出版社2020年版,第48页。

学的根本,把立德树人内化到学校建设和管理各领域、各方面、各环节,做到以树人为核心,以立德为根本。

社会主义核心价值观是立国之基、民族之魂。从实质上讲,社会主义核心价值观其实是一种德,既是个人的德,也是一种大德,社会的德,国家的德。习近平总书记指出:"社会主义核心价值观是当代中国精神的集中体现,凝结着全体人民共同的价值追求"①,"如果一个民族、一个国家没有共同的核心价值观,莫衷一是,行无依归,那这个民族、这个国家就无法前进"②。教育是塑造灵魂、塑造生命和塑造人的工作,任何教育都内在地具有价值引领的作用。教育引导是培育和践行社会主义核心价值观的基本途径。把社会主义核心价值观融入贯穿于国民教育全过程,融入教育教学各方面,实际上是从价值观的角度回答了培养什么人、怎样培养人、为谁培养人这个根本问题。培育和践行社会主义核心价值观要从娃娃抓起,从学校抓起,做到进教材、进课堂、进头脑。友善是社会主义核心价值观重要的内容。加强中小学友善教育,实质就是把立德树人根本任务具体化,落实到实践中去。立德树人内在要求培育和践行社会主义核心价值观,自然也内在要求加强中小学友善价值观教育。加强中小学友善教育既是促进学生德智体美劳全面发展的需要,也是落实立德树人根本任务的需要。

审视现实,你会发现,在中小学还存在唯分数、唯排名、唯升学的现象。核心素养、素质教育、综合教育、价值教育往往流于空谈。习近平总书记强调,要把立德树人融入思想道德教育、文化知识教育、社会

---

① 习近平:《决胜全面建成小康社会 夺取新时代中国特色社会主义伟大胜利——在中国共产党第十九次全国代表大会上的报告》,北京:人民出版社2017年版,第42页。

② 习近平:《青年要自觉践行社会主义核心价值观——在北京大学师生座谈会上的讲话》,北京:人民出版社2014年版,第4页。

实践教育各环节，贯穿基础教育、职业教育、高等教育各领域，学科体系、教学体系、教材体系、管理体系要围绕这个目标来设计，教师要围绕这个目标来教，学生要围绕这个目标来学。凡是不利于实现这个目标的做法都要坚决改过来。①

马克思主义指出，全部人类历史的第一个前提无疑是有生命的个人的存在。但是，"人的本质不是单个人所固有的抽象物，在其现实性上，它是一切社会关系的总和"②。因此，只有在共同体中，个人才能获得全面发展其才能的手段，也就是说，只有在共同体中才可能有个人自由。马克思恩格斯强调，真正的社会应该"培养社会的人的一切属性，并且把他作为具有尽可能丰富的属性和联系的人，因而具有尽可能广泛需要的人生产出来"③。马克思主义关于人的本质论述是立德树人的科学理论，也为我们加强中小学友善教育提供了依据。

中小学生是人的全面发展的关键时期，这一时期对于人格健全、积极情感培养和良好品德形成具有重要价值。加强中小学友善教育就是积极应对这一挑战的重要举措。友善教育突出了"德"在人的全面发展教育中的突出地位，通过友善教育培养中小学生良好的道德人格，不仅有益于个体的自我完善，而且有益于人生价值的实现。

---

① 《习近平在全国教育大会上强调：坚持中国特色社会主义教育发展道路 培养德智体美劳全面发展的社会主义建设者和接班人》，载《人民日报》，2018年9月11日，第1版。
② 《马克思恩格斯全集》（第1卷），北京：人民出版社1995年版，第60页。
③ 《马克思恩格斯文集》（第8卷），北京：人民出版社2009年版，第90页。

第三节　中小学友善教育"释义"与"意义"

著名思想家康德有一句名言："没有内容的思想是空洞的，没有概念的直观是盲目的。"这里强调了概念的重要性。无论是对于自然学科来说也好，还是对于人文社会科学来说也好，弄清概念，都是开展研究的前提和基础。友善是人与人之间真诚相待、谦让和善的精神状态。它既是高尚的个人美德的集中体现，也是重要的公民道德规范，在维系社会成员之间的和谐关系中扮演着不可或缺的作用。古今中外，友善有着深厚的文化渊源。古希腊思想家亚里士多德把友爱分为善的友爱、有用的友爱和快乐的友爱三种，认为善的友爱才是稳定、持久，值得人们追求的。在我国，友善是中华优秀传统文化的精髓，其文化内涵博大精深。需要指出的是，在不同时代、不同语境下，友善的内涵并不完全一样。随着时代变迁、社会发展以及生活变化，友善的内涵在不断丰富和发展着。自古以来，中华民族就特别强调与人为善的价值观念，例如，"与人为善，善莫大焉"，"出入相友，守望相助"，"己所不欲，勿施于人"。今天，社会主义核心价值观视域下的友善价值观，是对人类以往友善思想在批判基础上的继承和发展。

一、友善"五个层面"的内涵释义

"友"在甲骨文中像两只手，象征着朋友之间的援手，因此其本义是帮助。"善"，在《说文》中有论述："善，吉也。"其本义是像羊一样说话，有吉祥美好之义。两者结合起来，直接的意思就是像朋友一样善良，寓意是互相帮助和互相祝福。

友善是中华民族千百年形成的基本传统美德，我国传统文化中有大量关于友善思想的论述。儒家比较推崇友善思想。在儒家文化中有大量关于友善的论述。儒家文化中，友善也有三个层面：与己为善、与人为善、与物为善。首先，儒家提倡要先从自身出发，对自身友爱，才能逐步扩展至他人和万物。①

《论语·颜渊》："克己复礼为仁。一日克己复礼，天下归仁焉。"

《论语·卫灵公》："其恕乎！己所不欲，勿施于人。"

《孟子·滕文公上》："出入相友，守望相助。"

《孟子·离娄章句下》："爱人者，人恒爱之；敬人者，人恒敬之。"

《孟子·尽心上》："亲亲而仁民，仁民而爱物。"

由此可见，儒家友善思想是由"爱亲"推广至"爱众"，进而拓展为爱万物。

中华优秀传统文化是中华民族的根和魂，是中华民族凝聚力和向心力的精神纽带，也是中华民族生存和发展的精神动力。中国共产党自成立以来，就是中华优秀传统文化的忠实继承者。不可否认，儒家的友善思想有其局限性，中国共产党在继承和发展中国传统文化的时候，一向坚持批判的观点，在"扬弃"语境中去其糟粕，取其精华。

在21世纪初，我国道德领域出现了一些问题，表现为：日益严重的道德失范问题，不断滋长的享乐主义、拜金主义、极端个人主义等负面社会思潮，等等。② 在这种背景下，友善出现在我国官方文件中。2001年，中共中央办公厅印发《公民道德建设实施纲要》，把"团结友善"作为公民应当遵守的基本道德规范。公民道德规范基本内容为：爱国守法、明礼诚信、团结友善、勤俭自强、敬业奉献。友善与团结并列，其中，团结指为了实现共同的利益和目标，人们在思想和行动上相

---

① 苏玉波、张雯静：《论"友善"对儒家"仁爱"思想的继承与发展》，载《知与行》，2019年第6期。

② 《公民道德建设实施纲要》，载《人民日报》，2001年10月25日，第1版。

互一致、相互统一、相互关心的社会关系和道德规范。它与"分裂"相对立。团结有广泛的社会内涵，包括家庭团结、民族团结、集体团结、党内团结、军民团结、人民团结等。友善体现的是行为上相互帮助、支持等，在情感表达上相互同情、理解等。在一个人处境危难时，友善显得尤为重要，它能给人以温暖和重新振作的勇气，对人们的工作和生活起积极的促进作用。在社会主义核心价值观语境下，友善仅仅是指朋友间亲近和睦，似乎还不够，友善的内涵已经有了更为丰富的内涵。社会主义核心价值观当中的友善，要求人们善待亲友、他人、社会、自然。善待亲人以和谐家庭关系，善待朋友以凝结牢固的友谊，善待他人以构建和谐的人际关系，善待自然以形成和谐的自然生态。这里我们把友善的内涵进行了细化，细化为既相互联系，又内在联系和统一的五个方面。

（一）对自身友善

对自身友善是友善最基础的前提。首先自己爱自己，尊重自己，才会得到他人的爱护和尊重。友善的行为是内在友善意识或观念的外化。就个体而言，对自身友善具体体现在两个方面：一是生理方面的友善。例如，早晚刷牙，保护自己的牙齿，勤于洗澡，养成良好的生活习惯，生活中注意人身安全，积极锻炼身体，讲究个人卫生，注重饮食营养均衡，自己的事情自己做。二是心理方面的友善。例如，完全接纳自身体貌特征，积极调适自己的情绪，内心阳光，思想与行为协调一致，认同生命高于一切等。

（二）对家人友善

我国一直都有"相亲相爱一家人"的传统，几千年来积淀下来的孝道文化就很好地体现了这一点。孝道是中国古代社会的基本道德规范，一般指社会要求子女对父母应尽的义务，包括尊敬、关爱、赡养老人等。在中国传统道德规范中,孝道具有特殊的地位和作用。周朝将孝道作为人的基本品德。春秋时期强化礼教。古人还提出"三行":学孝行,以亲父母;学友行,以尊贤良;学顺行,以事师长。《左传》中有"六顺":君义、臣行、父慈、子孝、兄爱、弟敬。孔子创建独特的以仁为核心的儒家伦理道德体,把孝放在首要位置,作为道德的根本。在封建社会,《孝经》是开科取士的重要教材和依据,千百年来被视作金科玉律,上至帝王将相,下至平民百姓,无不对其推崇备至,形成了独特的中国孝道文化。小孩子从入学起便从童蒙教材《三字经》《弟子规》中诵读"首孝悌,次见闻"。

在有些人看来,父母到了老年,不能自食其力了,做子女的从经济物质上养活他们,使他们吃穿不愁,就算报答生育之恩了。孔子认为这样不能算孝。孔子曰:"今之孝者,是谓能养,至于犬马,皆能有养,不敬,何以别乎?"孔子认为仅仅"能养"是不够的,孝敬父母应在既养又敬上下功夫。在家不仅应主动承担家务劳动,减轻父母家务负担,而且应从人格上尊重父母,体现在生活中的点点滴滴上,比如经常把生活、学习、思想情况告诉父母。外出和到家,向父母打招呼。在外地读书或工作,经常写信或打电话问候父母,或经常回家看看,免去父母挂心。当然,一个人除了与父母长辈友善,还应该与兄弟姐妹友善,如"孔融让梨"等都是千古佳话。在新时代家庭关系中,作为个体,要主动照顾弟弟妹妹,尊重兄弟姐妹的习惯爱好,乐于与兄弟姐妹分享等。一家人相亲相爱、和睦相处是新时代家人友善的生动体现。

(三)对师生友善

"师者,传道授业解惑也"这句话,大家耳熟能详。与现在的泛指不同,在古代,教师是指年老资深的学者或传授知识的人。在古代,教师的地位很高,很受人尊敬。古人有云:"国将兴,必贵师而重傅。"尊师重教是中华民族的优良传统。对于同窗之谊,也有"三载同学情,三世兄弟义"的说法。老师和同学是个体在学习生活中的知心人。老师是学生人生道路上的指导者和引路人。作为学生，对老师要做到尊师重教，对同学要做到团结友爱。例如，见到老师主动问好，积极做老师的教学小助手，上课注意听讲，认真完成老师布置的作业，遵守班级纪律，虚心接受老师意见和建议，师生关系民主、平等。同学之间由于年龄相近、身心发展程度相似，兴趣爱好相投，又身处同一个环境当中学习，很容易结下深厚的友谊。同学之间不攀比，不歧视，不欺凌，相互帮助，平等待人，有集体荣誉感，这是同学之间友善的直接体现。

（四）对社会友善

在古代，人们追求的最理想的社会被称为"大同社会"。《礼记》中有一段文字描述了这样的理想社会："大道之行也，天下为公，选贤与能，讲信修睦。故人不独亲其亲，不独子其子，使老有所终，壮有所用，幼有所长，矜、寡、孤、独、废疾者皆有所养，男有分，女有归。货恶其弃于地也，不必藏于己；力恶其不出于身也，不必为己。是故谋闭而不兴，盗窃乱贼而不作，故外户而不闭，是谓大同。"古人追求的理想社会的特征可以归纳为：人人都能受到全社会的关爱，人人都能安居乐业，人得其所，各尽其力，人人为公。千百年来，人们从来没有停止对这种社会的追求。2004年9月19日，党的十六届四中全会提出了"构建社会主义和谐社会"的概念，"民主法治、公平正义、诚信友爱、充满活力、安定有序、人与自然和谐相处"是和谐社会的主要内容。目前，我们打赢了脱贫攻坚战，全面建成了小康社会，这些都为构建社会主义核心价值观与和谐社会奠定了坚实的基础。

人与社会的关系是对立统一的。社会并不是无数个独立个体的集合，而是一个相辅相成、不可分割的整体。在马克思主义语境中，人与社会的关系并不复杂，人类社会是由各行各业的活动构成的有机整体，任何个人的活动对社会的发展总会产生这样或那样的影响。反过来，个人活动对社会发展产生能动的作用。无论从人类社会发展这个整体角度讲，还是从个体发展角度讲，人都要对社会友善。人如何对社会友善呢？至少表现在两个方面：一方面，表现在遵守社会公德，维护社会秩序。例如，爱护公物，不乱丢纸屑垃圾，自觉排队，不在公共场合喧哗打闹等，体现出一系列亲社会行为。另一方面，对社会友善还表现在具有社会责任感，社会责任反映的是个体与社会的关系。例如，为他人义务献血，主动帮扶跌倒老人，对乞讨等弱势群体持有同情心，对遭受意外伤亡的事故抱有同理心等。

（五）对自然友善

恩格斯曾指出："我们不要过分陶醉于我们人类对自然界的胜利，对于每一次这样的胜利，自然界都对我们进行报复。"[①] 庄子说："至人无己，神人无功，圣人无名。"人总是以己作为衡量万物的标准，给万物以种种干扰，在追求自身发展的同时，却给自然环境造成了种种创伤。人类对自然的破坏，自然会加倍报复给人类。所以，从远古时代开始，中华民族就形成了天人合一、人与自然和谐相处的思想。几千年前，老子就提出："人法地，地法天，天法道，道法自然。"要求人们按照自然的法则活动，获得本质的发展，使"天地与我并生，而万物与我为一"。

但是，有一段时期，我们为了发展，过度追求 GDP 增长，忘记了人与自然和谐相处的法则，对大自然造成了严重破坏，砍伐森林、过度放牧，导致了水土流失、土壤沙化；大量的温室气体排放，造成了雾霾等极端天气经常发生；在发展工业经济中不注重环保，造成了不同程度的水污染、空气污染和土壤污染，这些都是对环境不友善的表现。党的十八大报告单篇列出"大力推进生态文明建设"，提出"我们一定要更

---

① 《马克思恩格斯选集》（第 4 卷），北京：人民出版社 1995 年版，第 383 页。

加自觉地珍爱自然,更加积极地保护生态",这正是我们要对自然友善的宣言书。习近平总书记提出"绿水青山就是金山银山"① 的科学论断。人本身是自然界的产物,人与自然的关系是相互依存,相互制约的。人只有在与自然的和谐统一中才能实现持续全面发展。对自然的友善,体现在行为上就是要做到保护环境,爱护花草苗木,不破坏生态,节约资源,爱护动物,积极参加保护环境的活动,关注环境污染事件,与破坏环境的行为作斗争等。

以上是友善的基本内涵。笔者认同的友善价值观指个体对友善内涵认识的基础上产生的认同感,继而激发出友善情感,并自觉转化为友善行为的观念。友善教育,便是教人为善的教育。换句话说,就是把友善内涵传导给受教育者,使其能够内化于心,外化于行,进而促进个人、人与人、人与社会、人与自然永续和谐发展。

二、中小学友善教育的意义

培育和践行社会主义核心价值观的意义不言而喻,但是需要指出的是,这项基础性工程并不是一蹴而就的,而是一个长期、复杂、系统的工程,需要在落细、落小、落实上下功夫。加强中小学友善教育其实就是落细、落小、落实社会主义核心价值观的生动体现。研究如何加强中小学友善教育则是逻辑前提,也是基础性工作。

我们知道一种价值观的提出和弘扬,一定与其所处时代的社会背景有关。一个国家和社会的发展,除了为其国民提供丰厚的经济基础之外,还要为国民提供丰富多彩的文化生活,满足他们精神上的追求和享受。无论是物质财富还是精神财富,要实现稳固持续增长、协调全面发展,都需要有一种正确的核心价值观来引领,具体来说就是要树立正确

---

① 习近平:《绿水青山就是金山银山》,载《人民日报》,2014 年 7 月 11 日,第 1 版。

的世界观、人生观和价值观。而在当下最为迫切和重要的是要培育和践行社会主义核心价值观。不可否认，新中国成立以来，特别是改革开放以来，中国的综合国力和社会发展都取得了长足的进步，人民群众的生活水平大大提升，社会主义精神文明建设成果丰硕。但是，在社会转型时期，特别是深刻的社会改革，加之外部大环境的影响，促使一些人的世界观、人生观和价值观发生了嬗变。各种"碰瓷"现象不时见诸报端；各种假冒伪劣产品、食品、药品时有出现；老人摔倒扶还是不扶，一度引起了社会广泛议论和思考。这些都是值得我们警惕的道德滑坡现象。

　　有人说，很多现代人患有三症。一是冷漠症。当前，生活节奏加快，社会压力增加，受多方面因素影响，人们常常习惯于熟人圈，而在陌生人的环境中感到无所适从，于是用封闭冷漠的方式来保护自己的这种不适感和不安全感。公共空间的友善氛围难以保障。投射到一些中小学身上，就会出现不管周围一切，我行我素的"熊孩子"。二是便车症。就是只考虑对自身有利，热衷于"搭便车"，不愿意付出。反映到社会上，就是不愿意承担社会责任，只管享受由社会赋予公民的权利。如果人人都"搭便车"，那么谁愿意"开车"呢？实际上，这是关涉利己主义和利他主义两种价值观的问题。三是恐惧症。恐惧症就是担心自己帮助他人时，所帮助的人把麻烦转移给自己或者因帮助他人而给自己带来麻烦，甚至带来伤害。换言之，担心自己帮助的人将他受困的原因推到自己身上。例如，看到一位老人摔倒了，每个人都知道要把老人扶起来，这是最基本的道义。然而，现实中却出现了许多人不敢扶的现象，原因就在于，有人扶起了老人，却担心老人把摔倒的原因归咎于助人者，助人者变成肇事者。这时候，人们就会产生愿意助人为乐却心生恐惧，想帮助别人一把，却犹豫不决的情绪。社会文明的进步与发展，是建立在个体社会成员的道德修养水平和成熟程度之上。我国社会的文明、和谐与进步，需要向善乐善的公民品格，也需要施善扬善的行动。

这就必然需要社会主义核心价值观来指引和规范每一个社会成员，在处理好个人与他人、个人与社会的关系，个人与自然的关系当中，友善就如润滑剂一样，是不可或缺的元素。

社会主义核心价值观提出后，很多专家学者就如何培育和践行社会主义核心价值观进行了研究和探讨，并且取得了丰硕成果。通过查阅文献资料发现，这些理论成果多把社会主义核心价值观作为一个整体研究，针对社会主义核心价值观所包含的具体内容，如友善、爱国等研究较少；针对大学生社会主义核心价值观教育研究成果多，针对中小学生社会主义核心价值观教育研究成果少，中小学友善教育研究具有很大的开拓空间。

首先，加强中小学友善教育研究有利于促进中小学生健康成长。中小学是学生形成价值观的重要阶段，也是道德品质可塑性最强的阶段。然而，由于受认知发展水平的限制以及各种思潮的影响，加之自制能力较差，他们更容易做出不友善的行为。对他们进行友善教育，可以帮助他们提高辨别是非的能力，分清什么是真善美，什么是假恶丑，不断克服错误的思想观念，养成良好的友善行为习惯，从而促进其身心健康发展。

其次，加强中小学友善教育有利于化解社会矛盾，促进人与人、人与社会、人与自然界的和谐相处。我国社会正处在转型期，利益格局发生了变化，利益多元化的思想认识不断增强。人与自然的关系也较为紧张，诸如雾霾、沙尘暴等天气，都是人与自然不和谐的具体表现。加强中小学友善教育，妥善处理个人与社会、个人与他人以及人与自然的关系，能够一定程度上消除这些不和谐的现象，实现人与人、人与社会、人与自然和谐发展。

最后，加强中小学友善教育能够为共筑"中国梦"提供精神动力。友善是一种资源，也是一种动力，可以为中国梦的实现提供精神动力和道德支撑。实现中国梦，需要四面八方的支援和来自社会各界的通力合作。实现这种支援和合作，需要友善引领与整合多样化的社会思潮，把不同阶层、不同认识水平的人们团结和凝聚起来，形成中国力量、中国精神，这种力量和精神是共同筑建中国梦的不竭源泉。中小学生是祖国的未来，中华民族的希望，将肩负着实现中国梦的历史使命。加强中小学友善教育，培育和践行社会主义核心价值观，无疑对培育能够担当民族复兴大任的时代新人具有重要意义。

第二章

中小学友善教育的理论探究

第一节 国外友善教育理论探析

古今中外，人们对友善的追求促进了中西方的先哲们对其道德价值学说进行多维度探索。范五三、谢兴政等学者用两句话概括了中西方友善思想的区别，即中国传统友善思想规定了人际交往应当如何，西方友善思想则探讨了人和人的本质是什么。前者可视为道德规范，后者可以称为道德哲学。西方先哲对友善论述较多且较早，在古希腊时期，友善就受到人们重视。虽然当时在用词上，并不一定直接使用"友善"，但是意思是一致的。不同于东方统一、专制的集权社会，古希腊城邦社会制衡式的政治体制孕育了其特有的民主与理性精神，这反映到哲学伦理学促成了理性主义传统，进而影响并塑造着其友善观的发展脉络。柏拉图、亚里士多德等先哲都对友善有创造性的阐释，大大丰富了其意蕴。对于西方关于友善的理论探究，本研究着重对马克思友善观、皮亚杰道德认知发展模式、科尔伯格道德发展理论进行了阐述，以便为研究中小学友善教育提供启发。

一、马克思恩格斯的友善观

友善价值观是社会主义核心价值观的重要内容，厘清马克思主义经典作家关于友善价值观的思想，分析其思想产生的哲学基础，不仅有助于正确、全面地理解社会主义核心价值观当中的友善内涵，而且有助于为培育和践行社会主义友善价值观提供新视角。

习近平总书记指出："人类社会历史发展表明，对一个民族、一个国家来说，最持久、最深层的力量是全社会认同的核心价值观。"① 友善价值观作为社会主义核心价值观中的重要内容，得到了全社会的广泛认同，成为当前人们正确处理人与人、人与自然关系的行为准则。培育和践行友善价值观的前提是正确理解和把握友善价值观的内涵。当前，虽然人们对社会主义友善价值观已经耳熟能详，但是很多人的理解较为狭隘、肤浅和片面。从长期来看，不仅不利于友善价值观的培育，而且不利于友善价值观在具体实践中落细、落小、落实。马克思主义经典作家对友善价值观进行过系统阐述，提出过许多重要的理论观点，这些理论观点是社会主义友善价值观提出的理论渊源，也是正确理解友善价值观的主要依据。

（一）马克思主义友善价值观思想

马克思主义经典作家直接和间接地对友善价值观做过论述。他们一方面直接使用了"友善"一词来表达友善价值观的内涵，另一方面通过批判资产阶级的"博爱"思想来表达友善价值观思想。

1. 直接表达友善内涵

在经典文本中，马克思和恩格斯至少在两种情景中直接使用了"友善"一词。第一，指代个人之间的友好关系。例如，1847年10月恩格斯在给马克思的信中写道："路易勃朗十分客气，十分友善，而且他最迫切的愿望就是同我们建立最密切的关系。"②这里用"友善"表示个人之间迫切愿意建立密切关系，实际上代表了个人之间的友好关系。第二，表达党派、国家之间的友好关系。马克思在其著作中曾写道："鉴于即将来临的事件，最重要的是，一方面要确立德国自由派和

---

① 《习近平谈核心价值观——最持久最深层的力量》，载《人民日报（海外版）》，2014年7月24日。

② 《马克思恩格斯全集》（第47卷），北京：人民出版社2004年版，第64页。

匈牙利人之间的友善关系而排除任何怀疑。"①"他对法英两国内阁恢复友善情谊和继续结盟非常高兴。"②显然这里的"友善"是指党派、国家之间排除任何怀疑,相互信任。这是马克思主义经典作家直接表达友善价值观的思想。

2. 间接表述友善思想

马克思主义经典作家更多的是通过间接的方式来阐述友善价值观思想的。其观点主要有三点:

首先,友善是具体的、历史的,没有超越阶级的友善。在人类历史上,有两种鼓吹不分阶级不分群体的爱的论调:一种代表人是费尔巴哈,他认为"爱"是为一切社会、一切民族、一切阶级、一切时代设计的;另一种代表人是19世纪中期的德国新闻工作者海尔曼克利盖,他在宣传共产主义时,把爱当成不变的主题。他认为:"人的最神圣的要求就是完全把个人融在相爱者的社会中,对这些人他毫不保留其他任何东西,除了那无限的爱。"③他甚至希望能在北美划出一块土地,无偿地分给比较贫困的人,在私有制的基础上建立所谓的"爱的世界""爱的社会""爱的家庭"。这两人的主张都遭到了马克思和恩格斯的批判。马克思主义经典作家认为:"费尔巴哈和海尔曼克利盖的主张和希望,在任何时候和任何地方都是不适用的。"④在马克思主义经典作家看来,在阶级分化的社会里,这种道德论调是空洞的,内容极其贫乏的。马克思和恩格斯在论著中写道:"同他人交往时表现纯粹人类感情的可能性,今天已经被我们不得不生活于其中的、以阶级对立和阶级统治为基

---

① 《马克思恩格斯全集》(第30卷),北京:人民出版社1974年版,第557页。
② 《马克思恩格斯全集》(第12卷),北京:人民出版社1998年版,第231页。
③ 《马克思恩格斯全集》(第4卷),北京:人民出版社1958年版,第5页。
④ 《马克思恩格斯选集》(第4卷),北京:人民出版社1995年版,第240页。

础的社会破坏得差不多了。"①

1847年正义者同盟改组为共产主义同盟,而在其口号——"人人皆兄弟"这一问题上,马克思和恩格斯提出,将口号改为"全世界无产者,联合起来"。马克思和恩格斯认为,"人人皆兄弟"是在资产阶级"博爱"思想的影响下提出来的,在阶级分化的社会中,友善具有阶级性,是具体的、历史的、不存在超越阶级的爱。换句话说,在阶级分化的社会中,无产者和无产者才是兄弟,才能充满友善,资产阶级与无产阶级并不能成为兄弟,因为他们是根本对立的。

其次,友善具有原则性和包容性。马克思主义经典作家虽然反对不分阶级的抽象的爱,但是在具体的交往当中,对于不同阶级、阶层的人,要有一定的包容性,力求团结他们,改造他们,甚至化敌为友。当然,这种包容是建立在原则性基础之上的。例如,蒲鲁东是19世纪法国小资产阶级思想家,他在《什么是财产》一书中大胆揭露资产阶级社会的冷酷无情。马克思非常赞同蒲鲁东的观点,并给予了较高评价。1846年5月,马克思给蒲鲁东写信,邀请他加入布鲁塞尔共产主义通讯委员会,并表达了友善合作的愿望。然而,几乎与此同时,蒲鲁东出版了另一本著作《贫困的哲学》,极力宣扬唯心主义历史观。对此,马克思和恩格斯写成《哲学的贫困》,公开进行了批判。马克思在著作中写道:"在可能团结一致的时候,团结一致是很好的,但还有高于团结一致的东西。"这个东西其实就是指坚持无产阶级革命的原则。

最后,真正的友善只有在共产主义社会才能实现。纵观人类历史,其实就是一部阶级斗争史。资本主义代替封建社会,虽然是历史的进步,但是马克思和恩格斯仍然认为资本主义不可能存在真正的友善,因为资本主义是建立在私有制基础上的社会形态,在这样的社会里,商品

---

① 高哲:《马克思恩格斯要论精选》,北京:中央编译出版社2000年版,第17页。

生产者总是从自身利益出发，买卖双方在利益关系上是绝对的对立，是一对不可调和的矛盾，这样就使得人与人之间充满了不信任，更谈不上友善。正如列宁所说："在资本主义生产条件下，不是你掠夺别人，就是别人掠夺你，不是你给别人做工，就是别人给你做工……总之，是一个人只关心自己而不顾别人。"①共产主义社会是建立在公有制基础上的，消灭了私有制和阶级对立，消除了两极分化以及脑力劳动和体力劳动两大差别，人们各尽所能，按需分配，人与人的关系是"人人为我，我为人人"，这个时候，成员之间才能实现真正的友善。

（二）马克思主义友善价值观的哲学基础

马克思主义经典作家无论是直接表达友善价值观的内涵，还是表述友善价值观思想，都是建立在其科学的世界观和方法论基础之上的。通过分析可见，马克思主义友善价值观思想主要体现在以下基本理论当中。

1. 马克思主义的人性论

在人类的历史长河中，有关人性恶还是人性善的争论持续了几千年，中国有之，西方有之。比如，我国大学问家孟子就主张"人之初，性本善"的观点，而荀子、韩非子等人则主张"人性恶"的观点。在西方，如霍布斯就认为人就是自私的动物，社会就是一切人反对一切人的战争。马克思和恩格斯是反对这样抽象地理解人性的，认为人的本质是一切关系的总和，生产关系是社会关系的核心，人的思想观念根源于人们所处的社会生产方式之中，并随着生产方式的变化而变化。②人的善恶观念并非与生俱来，而是在人们所处的生活条件下，人们的社会关系以及社会实践中形成的。原始社会，生产力低下，没有剩余劳动产品，因此人们没有私有观念，社会氏族内部成员之间能够实现友善。随

---

① 《列宁选集》（第4卷），北京：人民出版社1995年版，第291页。
② 《马克思恩格斯选集》（第1卷），北京：人民出版社1995年版，第291页。

着生产力的发展，阶级出现，私有观念产生了，人类的冲突、矛盾、战争等从来没有停止过。应该说私有制是导致友善难以实现的根源，而只有到了共产主义社会，私有制被消灭了，人们才能建立真正团结友爱的关系，从而实现友善。

2. 矛盾的同一性与斗争性

矛盾是反映事物内部和事物之间相互对立和统一的关系，对立和统一是矛盾的两个基本属性，对立即矛盾的斗争性，统一即矛盾的统一性。对立统一的规律就是唯物辩证法的实质和核心，也是任何事物的变化发展的根源所在。友善和敌对是对立的，但是也应该看到两者的同一性所在。一方面，恶的形式可以表现为善的结果；另一方面，善与恶在一定条件下可以相互转化。马克思曾指责英国对印度的殖民统治完全是受卑鄙的利益驱使，但是他同时指出："如果亚洲的社会状态没有一个根本的革命，人类能不能实现自己的命运？如果不能，那么，英国不管干了多少罪行，他造成这个革命毕竟是充当了历史的不自觉的工具。"[①] 实际上是说每一种新的事物的进步都是对旧事物的亵渎，换句话说，对旧事物来说是"恶"，对新事物来说则是"善"。在马克思主义经典作家看来，阶级产生之后，正是人的"恶"不自觉地充当了历史发展的杠杆，因此，我们要辩证地看待善恶。只有这样，我们才能在实践中团结一切可以团结的力量，在一定条件下化敌为友，从而壮大自身的力量，实现事物的快速发展。

3. 人是手段和目的的有机统一

康德曾提出："你要这样行动，永远都把你的人格中的人性以及每个他人的人格中的人性同时用作目的，而绝不只是用作手段。"[②] 这句话

---

① 《马克思恩格斯选集》（第1卷），北京：人民出版社1995年版，第766页。
② 康德：《道德形而上学原理》，苗力田译，上海：上海人民出版社2002年版，第47页。

被后人理解为:"人是目的,不仅仅是手段"。这一论断并没有揭露阶级社会中,广大劳动人民被当作手段和工具的社会事实。马克思在继承康德思想的基础上提出了人是手段和目的的有机统一。马克思说:"每个人为另一个人服务,目的是为自己服务;每一个人都把另一个人当作自己的手段互相利用。这两种情况在两个个人的意识中是这样出现的:(1)每个人只有作为另一个人的手段才能达到自己的目的;(2)每个人只有作为自我目的(自身的存在)才能成为另一个人的手段(为他的存在);(3)每个人是手段同时又是目的,而且只有成为手段才能达到自己的目的,只有把自己当作自我目的才能成为手段。"①每个人的生产都局限在一定的范围内,而每个人的需要又是多样性的,两者成了一对矛盾,要解决这一矛盾,需要加强人与人之间的普遍交往,而交往的基础正是建立人与人之间的友善关系。因此,可以说友善可以实现人的手段和目的的有机统一,最终指向促进每个人的自由全面发展。

(三)马克思主义友善价值观的哲学启示

对马克思主义经典作家的友善价值观思想及其哲学基础的分析,为我们正确、深入地理解和把握社会主义友善价值观的内涵提供了参考依据,尤其是在分清友善和利益的关系,坚持友善的民族性和国际性以及人与自然和谐相处等重要问题上,值得我们重新思考和定位。

1. 构建和谐社会的前提是人民群众的根本利益达成一致

建立在马克思主义人性论基础上的友善价值观告诉我们,人的善恶观念并不是与生俱来的,而是在生产实践中产生的。产生恶的根源是私有制,产生善的根源是公有制。人与人之间为什么会存在善恶的对立,

---

① 《马克思恩格斯全集》(第46卷),北京:人民出版社1979年版,第196页。

这是一个哲学命题。在唯心主义者看来，这只是个思想认识问题，通过必要的教育就可以解决。马克思主义经典作家并不这样认为，马克思在其著作中写道："思想一旦离开利益，就一定会使自己出丑。"① 马克思认为，思想与利益是联系在一起的。如果不能在利益上达成一致，思想教育就成了无根之木，无源之水。

马克思和恩格斯指出，资产阶级和无产阶级相互对立的实质是物质利益上的对立。在资本主义的经济生活中，工人和资本家的利润往往成反比，资本家越来越富，而工人则越来越穷。在这种利益关系对立的情况下，要实现两者的友善，完全是自欺欺人。正如马克思所说："把世界范围内的剥削美其名曰普遍的友爱，这种观念只有资产阶级才想得出来。"②社会主义和共产主义之所以能够实现真正的友善，是因为建立了以公有制为基础的生产方式，人民群众之间的利益从根本上说是一致的。

当前，国家大力提倡培育和践行社会主义核心价值观，并强调要在落细、落小、落实上下功夫。友善价值观是社会主义核心价值观个人层面的重要内容，要在全社会实现真正的友善，就要坚持公有制的基础地位不动摇，坚持党代表广大人民的根本利益不动摇，坚持"以人为本"的执政理念不动摇。在制定国家大政方针政策时以人民的利益为导向，在大政方针政策的实施过程中以不损害人民的利益为前提，努力建设服务政府、法制政府，坚决"老虎"和"苍蝇"一起打，把反腐深入持久地进行下去，真正做到权为民所用、利为民所谋，这样友善价值观才有生根发芽的土壤，构建社会主义和谐社会才有坚实的基础。

---

① 《马克思恩格斯文集》（第1卷），北京：人民出版社2009年版，第285页。
② 《马克思恩格斯选集》（第1卷），北京：人民出版社1995年版，第353页。

2. 促进世界和平发展的基础是坚持友善的民族性和国际性

在马克思主义经典作家的友善价值观范畴内,不仅有个人、党派之间的友善,还有民族和国家之间的友善。而要实现民族之间、国家之间的友善,就必须坚持友善的民族性与国际性。马克思关于人是手段与目的的统一这一说法启示我们,人是目的同时也是手段,也就是说一个人为另一个人服务,目的是为自己服务,对于双方来说都充当了对方的手段。推及一个民族、一个国家也是这样。每个民族和国家都有自己的优势和劣势,要实现优势互补,就要加强联系与团结,而要实现这一点,各国各民族要突破狭隘的民族利己主义视野,不分民族、不分种族、不分国籍、不分地域地平等看待,友好相处。马克思曾指出要坚决反对民族范围内虚伪的团结和友善,也就是反对形式上的友善,实质上的损人利己。如果否定这一点,就否定了人是手段与目的的有机统一,到头来双方的持续长久发展都会落空。

当今世界的主题是和平与发展,维护世界和平、促进共同发展是我国外交政策的宗旨,是时代的要求,也是世界人民共同的呼唤和心愿。另外,许多国家以牺牲环境为代价,单纯地强调经济发展带来的全球性问题,如资源枯竭、生态失衡等,都不是一个国家或几个国家所能够解决的,更不是经济发展成果能够弥补的。还有手段卑劣、活动猖獗的世界恐怖主义等,给世界各国的安全带来威胁。应对和解决这一系列问题,需要各国各民族联合起来,坚持友善的民族性和国际性,树立全球观念,突破狭隘的地域、民族等界限,摒弃冷战思维的残余,加强团结与合作,共同应对当前人类面临的各种问题,为实现世界的持久和平与共同发展创造条件。

我国作为世界上最大的社会主义国家,要坚决地反对打着和平的幌子搞霸权主义和强权政治,继续支援非洲等贫困国家的基础设施建设,加大与世界各国在科、教、文、卫、体等领域的合作，始终不渝走和平发展道路，通过维护世界和平发展自己，又通过自身发展来促进世界和平，最终建立"普遍发展、共同繁荣与持久和平"的世界。

3. 人类生存和发展的必由之路是实现人与自然的和谐相处

人源于自然界，是自然界的一部分。正如恩格斯所说的那样："我们连同我们的肉、血和头脑都是属于自然界和存在于自然界之中。"实现人与自然界的和谐相处符合自然发展的规律。在与自然界的相处当中，我们要在对立中把握统一，从统一中认识对立。人虽然是自然界当中的万物之灵，但是并不能主宰自然界，人类的生存和发展并不能逾越自然界所承受的范围，人类只有在与自然界和谐相处的前提下，才能获得持续健康的发展。

面对当前人与自然界的矛盾冲突，如我国出现大范围的雾霾天气、黄土高原的水土流失等问题，国家、社会以及个人都要高度重视，通过不断解决人与自然不和谐的问题，实现人与自然整体上的相对平衡和统一。所谓"和谐"，实际上就是指处于矛盾关系中的双方克服排斥而达到统一。因此，我们在改造自然的同时，不断地认识自然，在尊重客观规律的基础上，合理开发利用自然，在同自然的和谐相处中发展自己。当务之急，我们要做的是在国家层面建立人与自然的和谐共处、协调发展关系保障机制；社会层面，要营造人与环境和谐相处的文化氛围；个人层面，建立科学合理的生产方式和生活方式，这样才能实现人类与自然关系的全面、协调发展。这也是人类生存与发展的必由之路。

社会主义核心价值观自提出至今，已经成为这个时代的最强音。作为我国社会主义现代化事业建设的精神支柱和思想指导，不能只是一句口号，要发挥其凝聚社会共识、引领社会和铸就中国精神、中国力量与中国气魄的价值,必须在落细、落小、落实上下功夫。探讨马克思主义友善价值观及其哲学基础,有利于我们正确把握友善价值观内涵,为培育和践行友善价值观提供参照。

二、皮亚杰道德发展阶段理论

皮亚杰是儿童心理学家,被誉为心理学史上除了弗洛伊德以外的另一位"巨人"。皮亚杰早期研究儿童语言和思维等认识的发展,并从此入手,最后创立了发生认识论,给后人留下了许多珍贵的文献。他的早期关于思维的五本著作,分别是《儿童的语言与思维》(1923)、《儿童的判断与推理》(1928)、《儿童的世界概念》(1929)、《儿童的因果概念》(1930)、《儿童的道德判断》(1930),都是一些很有特色的作品,并为他以后的进一步研究奠定了基础。要了解皮亚杰道德认知发展模式,首先要对皮亚杰认知阶段发展理论有基本的认识。皮亚杰认把儿童认知发展分为四个阶段。

(一)皮业杰儿童认知发展"四个阶段"

认知发展阶段	年龄段	特点	例子
感知运动阶段	0~2岁	儿童可以通过自己的动作,比如摸、爬、滚、打、咬、吮等动作形式,获得对外部世界的感知和认识。这个阶段的孩子好奇心很强,遇到新的东西,喜欢用嘴巴咬或者用手玩弄,进而获得对此事物的认识,这种认识是浅层次和表面化的。	1. 一个幼儿通过手的抓取或嘴巴的吮吸,获得了桌子是硬的这一经验。 2. 把不是食物的东西放在这一阶段的儿童面前,他会抓起来,往嘴巴里送。

(续表)

认知发展阶段	年龄段	特点	例子
前运算阶段	2~7岁	这一阶段的儿童，会把许多事物看成是有生命的；一切以自我为中心；没有守恒概念；思维具有单向性、刻板性、不可逆性；只能运用一个标准或维度去判断事物。	1. 这个阶段的儿童会喂布娃娃吃饭，把布娃娃看成是有生命的。 2. 孩子在语言上就会经常说："这是我的"。 3. 两杯同样容量的饮料倒在不同形状的杯子里，孩子认为饮料不一样多。 4. "小胖你有哥哥吗？""有啊！""那你哥哥叫什么？""小明！""那小明有弟弟吗？""没有！"
具体运算阶段	7~11岁	这一阶段的孩子可以凭借事物的表象进行逻辑思维运算，具有去自我中心、掌握守恒概念以及具有多向性、可逆性、去集中化、理解规则等思维特点。	1. 小明在去过几次游乐场后，能画出游乐场的具体路线图。 2. "我手里有2个苹果，给了别人3个，原来有几个？"孩子能够回答："5个。"但是问孩子："$X-3=2$，X等于几？"孩子是不明白的。
形式运算阶段	11~16岁	儿童思维已能摆脱具体事物的束缚，不受具体事物的内容的局限，能把形式与内容分开，进行抽象的逻辑思维。具体地讲，这一阶段的孩子能够认识命题的关系，进行假设、演绎推理，思维具有可逆性、补偿性和灵活性。	1. 这个阶段的孩子能够知道因为A大于B，B大于C，所以A大于C。 2. 让孩子观察摆钟，他们能够得出"单摆的周期只与摆臂长度相关，与质量、夹角无关"的结论。

皮亚杰认为道德的发展与认知的发展有着密切的关系，认知的发展与道德的发展是平行的，认知的发展虽然不是道德发展的充分条件，却是它的必要条件。儿童道德的发展受到认知水平的制约，儿童道德的发展建立在儿童认知发展的基础之上。无论是儿童对道德规则的理解，还是道德情感的激发，都要依赖于儿童认知发展水平。因此，在发展儿童道德水平的时候，要尽可能地促进儿童认知能力的发展。

(二) 皮亚杰儿童道德发展"四个阶段"

皮亚杰观察儿童的活动,进行连续记录和分析,主要研究了儿童道德发展,比如对规则的态度,对行为的道德判断以及对公正与惩罚的理解。通过研究,他把儿童的道德发展分为以下几个阶段:

1. 前道德阶段(1~2岁)

这个阶段也被称为"自我中心阶段",与儿童认知发展阶段的"感知运动"阶段相对应,这个阶段的孩子并没有规则意识,道德规则也就对他们没有约束力,他们的行为主要从自我生理需要出发,在亲子关系、同伴关系、价值判断等方面均表现出自我中心倾向。

2. 他律道德的阶段(2~8岁)

这个阶段也被称为"权威阶段",该阶段儿童表现出对外在权威的尊重和顺从,他们认为服从成人所给的规则是最好的道德观念,比如,大人说这样做才是好孩子,孩子就认为大人说的是对的,于是会按照大人说的去做。大人的话就是权威,他们在评价自己和他人的行为时,也会以大人的话作为依据。如果一个孩子没有按照大人说的去做,无论他的动机是好还是坏,都要受到惩罚。在这个阶段的孩子的世界里,这是公正的。

3. 自律或合作道德阶段(8~11、12岁)

这个阶段儿童的思维达到具体运算时期,他们不再盲目服从规则,开始从他律向自律转变,其思维具有守恒性和可逆性。儿童的判断主要依据自己认可的内在标准,他们已经不把规则看成是一成不变的东西,大人的言语也不再被他们看成绝对的权威,他们判断行为好坏时能结合行为结果和动机。

4. 公正阶段(11、12岁以后)

这个阶段的儿童思维有了飞跃的发展,达到形式运算阶段。该阶段的孩子公正观念或正义感得到发展,他们的道德观念倾向于主持公正、平等。他们具有抽象逻辑思维,思维具有可逆性和补偿性。儿童已经有了利他主义观念,能够将规则、社会和人类的利益结合起来看待问题。

理解皮亚杰儿童认知发展与道德发展之间的关系,需要理解几对概念的内涵与联系。

其一,自律与他律

在康德的哲学用语中有两个重要的概念,即"自律"和"他律"。自律的意思就是支配人的道德行为的道德意志纯由自己的理性所决定,而不受制于外部必然性。他律则是指支配道德行为的道德意志受制于外部必然性而非由理性自身决定。① 在康德的观念中,以前的伦理学都是他律伦理学,也就是说从行为主体之外,比如物质利益、世俗权威等外部因素促进道德发展,这是片面的,也是不合理的,他要建立自律伦理学,以实现伦理学领域重大变革。他的这种伦理学的主要思想就是要在道德领域,人人遵守理性规律或绝对命令,而不是由道德主体之外的某个存在为其制定,迫使其执行的规则;主体"自己为自己立法",自己制定道德准则又要求自己遵守。在康德看来,道德是人们根据自身而设定的道德律行为,一切真正道德的源泉是坚持自律,只有自律的行为才是真正道德的行为。

皮亚杰通过深入研究,概括出一个规律,即儿童道德发展大致分为两个阶段:在10岁以前,属于他律道德;10岁之后,属于自律道德。所谓道德自律,是指儿童自觉地依照道德规范,自我对照、自我践履、自我反省、自我提高的过程。所谓道德他律,是指儿童的道德判断受他自身以外的价值标准所支配。儿童的道德发展是一个从他律到自律的过程。"他律"的道德判断具有客观性,是早期少年儿童道德发展水平的

---

① 罗曼予、梁芷铭:《从他律到自律:康德教育思想的内蕴》,载《中学政治教学参考》,2014年第15期。

本质特点，道德判断的依据在于外部的道德准则，只注意行为的客观后果而不关心主观的动机。"自律"是对"他律"的认同与内化。自律并不是一蹴而就的，它受"他律"的影响，在成长过程中，由量变到质变，形成内在价值观念，并支配其行为，使个体成为"自律"的人。"自律"与"他律"是辩证统一的，在一定条件下是可以相互转化的。我们要正确认识和应用这个规律，促进"他律"向"自律"的转化，使二者相互促进、相得益彰。

其二，道德认知与道德行为

道德品质的形成是一个从道德认识到道德行为的转化过程。其中，道德认知是指道德主体对现实存在的道德关系及其如何处理这种关系的原则和规范的认识。道德行为是在道德认知支配下表现出来的一种有道德意义的活动。道德认知与道德行为是有密切关系的，道德行为是道德认知的外在体现，道德认知则对道德行为起着指导和调控作用。在道德认知方面，不仅要让行为主体懂得怎么做，而且要懂得为什么做，这样才能有助于提高道德品质的创造性。在道德行为方面，德育过程往往存在只注重道德认知教育而忽视道德行为培养的情况，要注重知行合一教育。

其三，行为动机与行为结果

动机是驱使个体从事各种活动的内部动力。行为动机是指行为主体为实现一定的目标，达到某种目的，所表现出来的一种主观愿望。皮亚杰通过对偶故事法对行为动机和行为结果进行了深入研究。所谓对偶故事法，就是指通过讲故事向儿童提出问题，主要测试儿童在做出道德判断的依据时，是根据结果还是根据个体的行为动机。由于皮亚杰每次都是以成对的故事进行测试，所以叫对偶故事法。这里可以举一个例子：甲小孩偷吃糖果时，不小心打破了家里的一个杯子。乙小孩在帮爸爸妈妈做家务时不小心打碎了十个杯子。然后，向其他儿童提问，这两个小孩谁犯的错误更严重。通过儿童的回答，皮亚杰发现，年龄较小的儿童会认为乙小孩犯的错误更严重，因为他打碎了十个杯子，判断的依据是结果。但是，较大的儿童看待这件事情，他们会认为甲孩子犯的错误更严重，因为他的动机是偷吃糖果。就这件事来讲，大人在道德判断时既能够看到行为的结果，也能考虑行为的动机，会根据两个方面进行评价。

（三）对中小学友善教育的启示

1. 儿童道德发展具有连续性和阶段性

皮亚杰认为儿童道德发展是一个连续的整体，但是在这个连续的过程中，表现出了明显的阶段性特征。那么，中小学生的年龄跨度较大，一般从六七岁到十七八岁，我们在开展友善教育的时候要考虑不同年级、不同年龄段学生的认知特征，根据学生的认知特征来设计开展友善教育活动。既不能千篇一律，也不能一概而论。我们应该根据每个阶段性特征，在友善教育中遵循最近发展区理论。最近发展区理论是由苏联教育家维果茨基提出的儿童教育发展观。他认为学生的发展有两种水平：一种是学生的现有水平，指独立活动时所能达到的解决问题的水平；另一种是学生可能的发展水平，也就是通过教学所获得的潜力。两者之间的差异就是最近发展区。教学应着眼于学生的最近发展区，为学生提供带有难度的内容，调动学生的积极性，发挥其潜能，超越其最近发展区而达到下一发展阶段的水平，然后在此基础上进行下一个发展区的发展。

当然，中小学友善教育还应该把握其不同学段的衔接，尤其是小升初之间的衔接、初中升高中之间的衔接，整体进行规划，分层递进实施。在实施过程中，小学教师、初中教师、高中教师不应该"背靠背"，要打破学段壁垒，加强交流研讨，把中小学友善教育的整体性、阶段性统一起来，这样会更有实效性。

2. 认知发展在道德发展中具有重要作用

一个人从一出生开始就被纳入各种关系之中,包括人与人之间的关系、人与环境之间的关系。只有社会成员遵守一定的社会规则、社会道德,社会才能良性健康发展。因此,在儿童道德教育中要重视认知发展的作用。通过让儿童了解社会规范、规则以及行为要求,内化为道德认知,行为主体才有可能实现与周围各种关系的互动、整合,进而适应社会、被社会接纳。道德发展的过程是一个随着道德认识不断提高的过程。无论是自律阶段还是他律阶段,教育者都不能忽视道德认知的作用,当然道德认知并非只有"灌输",通过创造情景等,让儿童置身其中,亲身体验,形成的道德认知更为深刻。

3. 引领和示范能够有效促进儿童道德发展

促进儿童道德发展有许多方式方法,其中,通过榜样引领示范是比较有效的方法。儿童可以通过观察、模仿实现道德的发展。从成人的角度讲,应该加强引导,在皮亚杰的语境之中,大人应该以身作则,不能靠权威来强制儿童,而是应该给儿童制定客观规则,让儿童的判断符合社会规范。从儿童的角度讲,应该加强合作,与同伴合作的过程中,有利于发展儿童的集体意识,使儿童能更多地站在他人的立场考虑问题,产生利他主义思想。同时,应该在生活学习中为儿童树立榜样,发挥榜样的示范作用,让儿童有学习模范的对象。

当然,需要指出的是影响儿童道德发展的因素是多方面的,儿童道德发展是一个知、情、意、行的过程。皮亚杰虽然揭示了认知的重要性,但是对于行为关注不多。在具体实践中,我们应该坚持兼顾情、景、意、行,做到晓之以理、动之以情、导之以行,同时做到连续性、长期性和常态化,这样才能不断促进儿童道德发展。

三、科尔伯格道德发展理论

科尔伯格是美国儿童发展心理学家,他继承并发展了皮亚杰的道德发展理论，提出了"道德发展阶段"理论，其理论和实践在全世界产生了广泛而深入的影响。世界权威的道德教育学术杂志《道德教育杂志》曾这样评价科尔伯格：他在道德教育实践和道德发展方面做出了独一无二的贡献，在这些他致力研究几十年的领域中，科尔伯格超出了同时代的所有人。研究科尔伯格的理论和实践，对于我们提高道德教育水平，加强中小学友善教育具有较大的启发性。

（一）科尔伯格道德发展"三种水平六个阶段"

柯尔伯格在皮亚杰的道德发展理论基础上，提出了道德判断能力的发展有三种水平六个阶段的理论。三种水平，即前世俗水平、世俗水平、后世俗水平。其中，每种水平又有两个不同阶段，即共有六个阶段：惩罚与服从的定向阶段、手段性的相对主义的定向阶段、人与人之间的定向阶段、维护权威或秩序的道德定向阶段、社会契约的定向阶段、普遍的道德原则的定向阶段。

三种水平六个阶段理论的主要观点可以通过一张表格进行概述。

三种水平	年龄段	六个阶段	特征
前习俗水平	0~9岁	第一阶段：惩罚与服从的定向阶段	为了不被惩罚，愿意遵守权威和规则。行动的物质后果决定这一行动的好坏，不理会这些后果所涉及的人的意义或价值。
		第二阶段：手段性的相对主义的定向阶段	儿童趋向于满足自己的需要，但也能体会到别人也有正当的需要。体现出"你对我好，我也就对你好"，不考虑公平合理。
习俗水平	9~15岁	第三阶段：人与人之间的定向阶段	在乎他人的看法，认为好的行为就是帮助别人，使别人愉快，受他人赞许的行为。
		第四阶段：维护权威或秩序的道德定向阶段	接受社会习俗和规则，认为只要接受这些社会规则，他们就能免受指责。他们不再遵循其他个人的标准，而是遵循社会秩序。

(续表)

三种水平	年龄段	六个阶段	特征
后习俗水平	15岁以后	第五阶段：社会契约的定向阶段	认为道德的基础是维护社会秩序的一致意见，因为它是一种社会契约。当人们经过讨论找到符合大多数人的利益法则时，社会法则是可以改变的。
		第六阶段：普遍的道德原则的定向阶段	这是进行道德判断的最高阶段，表现为能以公正、平等、尊严这些最一般的原则为标准进行思考。既遵循社会标准，也遵循内在化的理想。

（二）科尔伯格的"道德两难论"

"道德两难论"也叫"道德两难法"，是指同时涉及了两种道德规范，且两者不能兼顾的情景问题。这里举一个科尔伯格虚构的"道德两难"的故事：海因兹偷药救妻。法国有个叫哈尔塔的小镇。镇上有个妇女患了一种特殊的癌症，生命垂危。医生认为只有一种药能救她，就是本镇一个药剂师最近发明的镭。药剂师花了400美元制造镭，但小剂他竟索价4000美元。病妇的丈夫海因兹到处借钱，试过各种合法手段，可只借到2000美元，只够药费的一半。不得已，他只好告诉药剂师他的妻子快要死了，请求药剂师便宜一点儿卖给他，或者允许他赊账。但药剂师说："不行，我发明这种药就是为了赚钱。"实在是别无他法，海因兹最后决定晚上撬开药剂师的仓库门，把药偷走，挽救妻子的生命。[①] 这里就出现一个"道德两难"的问题，一面是不能偷盗，一面挽救生命。任何选择都会违背其中一条道德规范。"道德两难"故事是柯尔伯格道德判断测量方法的最重要组成部分，或者说是促进儿童道

---

① 〔美〕唐纳德·里德：《追随科尔伯格》，姚莉等译，哈尔滨：黑龙江人民出版社2003年版，第1—2页。

德发展的一把钥匙。柯尔伯格指出："通过喋喋不休的鼓励性说教或课堂管理方法是难以促进或获得成熟的道德行为的。"① 通过实践已经验证，"道德两难"法提高了儿童道德判断的发展阶段。

当然，科尔伯格提出的"道德两难"故事法也是有局限的，比如他注重了道德认知，忽视了道德行为，道德判断上的成熟，并不必然带来道德水平的提高。另外，该方法停留在逻辑推理上，忽视了实践中道德问题的解决。从实际生活的角度讲，这种方法与实际生活有一定距离，现实当中纯粹的"道德两难"情景也是不存在的，因为这一情景要受到多种因素的影响。尽管科尔伯格的"道德两难"故事法是有缺陷的，但这并不妨碍我们从中获得启示。

学生对于两难故事做出真实的判断，在讨论时说出真实的想法，这是德育两难故事教学的逻辑起点。如果没有了真实性，德育两难故事教学就失去了它的意义和作用。② 在中小学德育工作中，教师要注重观察，从学生生活中选择真实发生的道德两难问题，如果是虚构的，要考虑可信度。当然，也可以是社会上争论的焦点、热点、难点问题。然后，教师创设情景，情景当中要包含着两条道德规范，并发生冲突。科尔伯格认为带有冲突性的交往和生活情境最适合促进个体道德判断能力的发展。教师要尽可能地让学生参与其中，发挥学生的主体性作用。在情景中，教师要积极引导学生思考、辩论，让学生在比较中选择更为合理的道德方式。"道德两难"故事法强调讨论的重要性，在讨论中启发儿童积极思考道德问题，从道德冲突中寻找正确的答案，以此有效地发展儿童的道德判断力。

---

① 〔美〕柯尔伯格：《道德教育的哲学》，魏贤超、柯森译，杭州：浙江教育出版社 2000 年版，第 23 页。

② 刘源：《"德育两难故事法"——基于柯尔伯格道德两难故事的一个畅想》，载《思想政治课教学》，2010 年第 4 期。

第二节 国内友善教育思想追溯

中国传统文化中的友善思想十分丰富，儒家提倡以"仁爱"为根本道德理念，实际上就是儒家的友善观。比如，"仁者，爱人也"。"仁"即仁爱，将友爱、慈爱之心内凝于身心，外普施于人，即为友善。古代思想家墨子主张人与人兼相爱、交相利，这固然不是直接否认当时的身份等级制，但在这种制度下敢于直言人与人的兼爱、互利，则无疑把友善的内涵向前拓展了一步。此外，道家、法家等中国传统思想中都有着对友善的理解。傅永聚教授编纂了一套体系完备、内容翔实，系统地研究中华传统伦理道德的《中华伦理范畴》丛书，其中就有一部专门研究"善"。该部专著对"善"的研究较为系统，具有集文本之梳理、明演变之理路、辨现代之意义、立撰者之诠释的价值。这一章节探讨我国传统儿童教育思想，特别论述了孔子的儿童教育思想、熊希龄的儿童教育思想。

一、我国古代儿童友善教育思想内容、原则与启示

我国古代儿童友善思想极为丰富，主要体现在四个方面：在家庭教育中树立儿童孝悌观念，在人际交往中培养儿童礼仪习惯，在经典朗诵中陶冶儿童道德情操，在环境营造中塑造儿童文明行为。为使儿童友善教育行之有效，古之先贤在实践中坚持"自我修养""长辈示范""严慈相济""因材施教"四大原则。古代儿童友善教育思想对今天儿童道德教育的启示："坚持以人为本，尊重儿童人格"，"坚持家校结合，形成育人合力"，"坚持生活教育，注重知行合一"，"坚持奖惩统一，增

强激励效果"。

党的十九大报告指出:"社会主义核心价值观是当代中国精神的集中体现,凝结着全体人民共同的价值追求,要把社会主义核心价值观融入社会发展各方面,转化为人们的情感认同和行为习惯。"① 习近平总书记强调:"要让社会主义核心价值观的种子在少年儿童心中生根发芽。"② 友善是社会主义核心价值观个人层面的价值目标,加强儿童友善价值观教育是社会主义核心价值观落细、落小、落实的重要举措。习近平总书记指出:"培育和弘扬社会主义核心价值观必须立足中华优秀传统文化。"③ 中华优秀传统文化中有着丰富的儿童友善教育思想,挖掘我国古代儿童友善教育思想资源对于今天培养儿童友善意识,塑造儿童道德品行,践行社会主义核心价值观具有重要的现代价值。

(一) 我国古代儿童友善教育思想的主要内容

基于善良之心所表现出来的友好态度和善意的举动便是友善,尊老爱幼、谦敬礼让、关爱他人是其基本体现。④ 友善作为中华民族传统美德,是处理人际关系的基本准则。古人云:"少成若天性,习惯成自然。"古人认为儿童时期的行为习惯的养成对人的一生有着重大影响,因此,他们十分重视儿童友善意识与行为的培养,并在长期的实践中提出许多宝贵的儿童友善教育思想。

---

① 《习近平总书记在十九大上的报告全文》,载《人民日报》,2017 年 10 月 28 日,第 1 版。

② 习近平总书记:让社会主义核心价值观的种子在少年儿童心中生根发芽. (2014-5-30) [2018-1-1]. http://www.gov.cn/xinwen/2014-05/30/content_2691167.htm.

③ 《习近平谈治国理政》(第 1 卷),北京:外文出版社 2017 年版,第 164 页。

④ 黄明理:《社会主义核心价值观研究丛书:友善篇》,南京:江苏人民出版社 2015 年版,第 1 页。

1. 在家庭教育中树立儿童的孝悌观念

"孝悌"也作"孝弟",古人释为"善事父母为孝,善事兄长为悌"。最早记载孝悌的文献是《尚书·尧典》:"瞽子,父顽,母嚚,象傲,克谐。以孝烝烝,乂不格奸。"①《论语·学而》:"弟子入则孝,出则悌,谨而信,泛爱众,而亲仁。"春秋战国时期,曾参著《孝经》,把孝悌思想系统化,流传后世。东晋萧广济记《孝子传》,为孝子立传,影响深远。南宋赵孟坚编《二十四孝》,使二十四孝故事妇孺皆知。古人从小便开始培养儿童的孝悌观念,注重发挥家庭的作用。例如,《礼记·曲礼》:"冬温而夏清,昏定而晨省。"教育子女从小就要知道冬天应使父母感到温暖而不遭受寒冷,夏天应使父母感到凉爽而不遭受炎热,晚上要为父母铺好床被,早晨要向父母请安。以"孝"表达对父母友善。《三字经》曰:"香九龄,能温席。"东汉时期的黄香就是古代践行"孝"的典型代表。三国时期向朗在《遗言诫子》中教育其子:"贫非人患,惟和为贵。"北齐教育家颜之推在《颜氏家训·兄弟》云:"兄弟者,分形连气之人也。……二亲既殁,兄弟相顾,当如形之与影,声之与响。"以"悌"表达兄弟间的友善。在古代家庭中,"为子女者孝顺父母,为兄者关爱弟弟,为弟者敬爱兄长",儿童时期就开始有了这种孝悌观念。

2. 在人际交往中培养儿童的礼仪习惯

礼仪,也称礼节,是人们在社会交往活动中,为表示相互尊重,在言谈举止方面约定俗成的行为规范。我国素有"礼仪之邦"之称,《春秋左传正义》:"中国有礼仪之大,故称夏;有服章之美,谓之华。"礼仪无论是对一个国家,还是对于一个人来说,都非常重要。古人常常把"礼"视为人生之本,立业之基,认为"国尚礼则国昌,家尚礼则家大,身尚礼则身正,心尚礼则心泰,事尚礼则事成"。古代著名教育家

---

① 孙培青:《中国教育史》,上海:华东师范大学出版社2014年版,第12页。

孔子就有"不学礼,无以立"的论断。《论语·季氏篇第十六》:"他日,又独立,鲤趋而过庭。曰:学礼乎?对曰:未也。不学礼,无以立。鲤退而学礼。"孔子认为,西周之所以兴盛,和"周礼"不无关系,一个人要立足于社会,就要从学习"礼"开始,并注重对孔鲤的"礼"之教育。

3. 在经典朗诵中陶冶儿童的道德情操

古人强调"人生在世,耕读当先"。勤学苦读的例子在古代比比皆是。凿壁偷光的匡衡,囊萤映雪的车胤,头悬梁、锥刺股的孙敬、苏秦,等等。古人认为,读书要大声细致地朗诵,南宋朱熹指出:读书要读得字字响亮,不可误一字,不可少一字,不可多一字,不可倒一字,不可牵强暗记,只要多诵数遍,自然上口,久远不忘。朗诵注于目,出于口,闻于耳,记于心,是一项复杂的思想情感体验和认同过程。通过朗诵不仅可以提高人的欣赏力、想象力,还可以丰富人的感情,陶冶人的情操。为在朗诵中陶冶人的道德情操,古人编写了许多流芳百世的启蒙读物,对儿童进行价值引导和感情熏陶,如《三字经》《幼学琼林》《童蒙须知》《弟子规》《千字文》等,都是脍炙人口的儿童经典读物。以《三字经》为例,为激发儿童的兴趣,《三字经》在格式上,以三言形式出现,三字一句朗朗上口,读起来轻松愉快。在编排上,以端正儿童的思想为主,知识传授为次,如"首孝悌,次见闻"。在内容上,充满正能量,有助于陶冶儿童积极向上的情操。

4. 在环境营造中塑造儿童的文明行为

儒家思想认为,环境对人的思想品德形成会产生潜移默化的影响,应该使教育对象始终处于有利于德行培养的良好环境中。[①] 荀子曰:"蓬生麻中,不扶则直;白沙在涅,与之俱黑。"可见环境对一个人的

---

① 常怀林:《中国善良:慢品善文化》,北京:北京工业大学出版社2012年版,第31页。

成长起着多么重要的作用。为儿童的成长创造一种良好的环境，形成一种积极向上的氛围，教育上便会收到事半功倍的效果。颜之推在《慕贤》中指出："是以与善人居，如入芝兰之室，久而自芳也；与恶人居，如入鲍鱼之肆，久而自臭也。"他身体力行，积极为子女创造良好的家庭环境，进而形成家风，使颜氏家族人才辈出。"孟母三迁"和"千万买邻"的故事充分说明了古人对社会环境的重视。

（二）我国古代儿童友善教育的基本原则

为使儿童友善教育行之有效，古人坚持"自我修养""长辈示范""严慈相济""因材施教"四大原则，使友善教育思想真正作用于人、影响人、塑造人，并在实践中代代相传，得以继承与发展。

1. 自我修养

儒家思想认为，自我修养是个人立身处世，实现人生价值的根本。因此，将修身放在首位，提出"修身，齐家，治国，平天下"的思想主张。古代有丰富的自我修养法则，一是自我学习。《论语·里仁》："见贤思齐焉，见不贤而内自省也。"看见有德行的人，就要自觉地向他人学习。二是自我反省。《论语·学而》："吾日三省吾身。"每天多次反省自己的言行有没有失当的地方。三是自我克制。《论语·颜渊》："克己复礼为仁。"努力约束自己，使自己的言行符合礼的要求。四是自我批评。《孟子·离娄章句上》："行有不得者，皆反求诸己。"遇到困难不去责怪他人，而是自我批评，从自身找原因。自我修养的原则体现了内因的决定作用，在自我学习、自我反省、自我克制、自我批评中强调主体的自觉性和主动性。

2. 长辈示范

古人重视发挥长辈的示范作用，总结起来主要有两个方面：一是发挥师长的示范作用。《论语·子路》："其身正，不令而行；其身不正，虽令不从。"这段话强调了师长自身的表率作用，教师除了传道、授业、解惑，更重要的是帮助孩子养成良好的习惯，培养他们高尚的品德，言教虽然不可缺少，但是身教更为重要。儿童的好奇心和模仿性很强，身教无形中给儿童以"熏渍陶染"。二是发挥家长的示范作用。父母是孩子最亲近的人，也是孩子最早的教育者，其自身素质对儿童的影响很大。明清之际的思想家张履祥云："人各欲善其子，而不知自修，惑矣。"他认为父母提高自身的修养是教育好子女的前提，父母就是孩子的一面镜子。曾子曰："婴儿非与戏也。婴儿非有知也，待父母而学者也，听父母之教。今子欺之，是教子欺也。母欺子，子而不信其母，非所以成教也。"曾子杀猪的故事也体现了先贤注重父母的一言一行对孩子的影响，以身作则，为孩子树立好榜样。

3. 严慈相济

古人坚持严慈相济，重视情感评价对儿童的影响。《颜氏家训》："父母威严而有慈，则子女无畏而生孝矣。"颜之推认为，父母对待子女，既要威严，而又不失慈爱，子女就会对父母孝顺。他进一步解释：子女不可"无教而有爱"。如果父母"无教而有爱"，反而会导致"饮食为食，恣其所欲，宜诫翻奖，应词反笑，至有识知，违法当尔"。① 如果父母对子女的行为任其为所欲为，该训诫的时候则奖励，斥责的时候则一笑了之，等子女长大以后，就会误以为按照道理本该这样。他同时强调："人之爱子，罕亦能均；自古及今，此弊多矣。"在教育子女的时候，不能偏爱溺爱他们，父母要均爱，否则，不利于孩子的成长。

4. 因材施教

孔子首倡"因材施教"的教育原则，并在教育实践中一以贯之。因材施教的前提是承认个体之间的差异性，根据个体的志趣、能力等具体情况进行不同的教育。明代思想家王守仁道："人的资质不同，施教

---

① 优才教育研究院主编：《中国古代教育名著名篇快读》，成都：四川大学出版社2013年版，第28页。

不可躐等。"他认为，教育儿童，不仅要考虑儿童认知发展水平的共性特征，还要注意个体发展水平的差异性，针对个体差异，选择不同的教育方法，就像良医治病一样，对症下药，方能见效。他同时还强调要根据儿童的"精气日足，筋力日强，聪明日开"的成长过程，循序渐进地进行教育，不可揠苗助长。"因人而施之，教也，各成其材矣，而同归于善。"因材施教能够充分发挥人的潜能，使教育更加有效。

（三）我国古代儿童友善教育思想的现代启示

古代儿童友善教育思想由于是在封建专制社会背景下形成，有其固有的局限性，如在实践中重男轻女，带有明显的等级色彩等。如何置之？习近平总书记站在马克思主义辩证唯物主义和历史唯物主义的高度，指出："对历史文化特别是先人传承下来的道德规范，要坚持古为今用、推陈出新，有鉴别地加以对待，有扬弃地予以继承。"[①] 审视古代儿童友善教育思想，至少在四个方面给予我们有益启示。

1. 坚持以人为本，尊重儿童人格

由于儿童年龄较小，认知水平有限，我国儿童道德教育往往忽视了儿童的主体性，过分强调他律教育和教育者的主导地位。从古代儿童友善教育思想得到的启示：一是坚持以人为本，提高儿童在道德实践中的主动性。不因儿童的生理、心理发展水平而将儿童置于道德教育的被动地位，忽视儿童作为独立个体的主观能动性的发挥。在道德实践活动中给予儿童一定的自主权，包括让儿童参与活动方案的设计、活动规则的制定等。当儿童在道德实践中有失范行为或儿童之间产生矛盾之时，教师要善于利用时机加强引导，不替儿童包办一切，让儿童自我解决问题，坚持做儿童道德教育上的引路人，而不是仲裁者。二是坚持以人为

[①] 《习近平谈核心价值观——民族的根和魂》，载《人民日报（海外版）》，2014年7月31日。

本，在道德实践中尊重儿童的差异性。儿童处于身心发展的关键期，受环境、遗传、家庭观念等各种因素的影响，每个儿童的道德发展水平存在差异性，教师在道德教育中要客观看待"捣蛋鬼""乖乖女"等一些特殊儿童，不给他们贴"好孩子"或"坏孩子"的标签，采用不同的教育和评价方式，调动每个儿童的积极因素，使每个儿童的道德品质都能得到最大而充分的发展。三是坚持以人为本，遵循儿童身心发展的顺序性。儿童身心发展在整体上具有一定的顺序性，其身心发展要经历一个由低级到高级、由量变到质变的连续性发展过程，由具体思维到抽象思维，由喜怒哀乐等一般情感到美感、道德感等复杂情感。教师要善于在朗诵中陶冶儿童情操，特别在"国学热"的今天，不能生搬硬套，让儿童死记硬背，要考虑儿童实际接受能力，掌握方法，由浅入深，由具体到抽象，循序渐进地进行。

2. 坚持"家""校"结合，形成育人合力

基于当前生活节奏加快、工作压力较大的现实，许多父母要么无暇陪伴孩子，孩子道德教育完全依赖学校；要么片面认为孩子的道德教育是学校的责任，造成"家""校"教育脱节。苏霍姆林斯基说过，最好的教育是家校结合的教育。我国古代没有现代意义上的小学、幼儿园等教育机构，家庭教育成为培养儿童道德品行的主要力量，这给予我们的启示是在强调提高学校儿童道德教育质量的同时，也要注重发挥家庭教育的作用。一是坚持"家""校"结合，使家长和教师在道德教育理念上协调一致。例如，教师在课堂上教育孩子老人摔倒要主动帮扶，如果家长为了避免孩子被讹而教育孩子见到老人不能扶，孩子就会在潜意识中产生自我矛盾，陷入思想混乱。教师要利用好家长会、家访等机会，与儿童家长加强沟通，统一思想认识。二是坚持"家""校"结合，家长和教师皆要以身作则，为孩子树立榜样。杜威指出，儿童阶段的认知特点是遵从于权威，家长和教师都是权威的主体，与孩子朝夕相处，其一言一行对孩子影响很大。家长和教师要积极发挥自身表率作用，如父母要培养孩子的孝悌观念，首先自己要以身作则，孝顺老人。教师教育孩子讲文明、懂礼貌，自己要身体力行，言行举止都要文明。三是坚持"家""校"结合，要注重营造良好的家庭和校园环境。要注重家庭和学校的一草一木、一砖一瓦对孩子的影响，积极营造有利于孩子成长和发展的生活学习环境，并在长期的实践中形成优良的家风和校风，让孩子无形当中受到教育和熏陶。

3. 坚持生活教育，注重知行合一

在古代，无论是树立儿童的孝悌观念，还是培养儿童的礼仪习惯，都在生活中进行，在生活中教育，学以致用。生活既成为友善教育的源泉，也成为友善教育的出发点和落脚点。反观当前儿童道德教育，存在"说多做少"、脱离生活实际、缺乏实践性等问题。道德教育的目的，不仅要使受教育者获得道德认知，更重要的是要内化为受教育者的内在素质，体现在行动上。如果离开生活这片实践沃土，道德教育就会成为无源之水，无根之木。对于当前儿童道德教育来说，一方面，要在生活中加强道德教育的实践性，让实践成为道德教育的主题。同时，积极创造让儿童参与道德实践的条件，如开展"我给父母搭把手""我为花草洗洗澡"等主题实践活动，在生活实践中培养孩子的爱心，锻造孩子的品行。另一方面，坚持从生活中的一点一滴做起，把道德教育的重心转移到行动上来，利用好生活这本"教材"，培养儿童的行为习惯，做到知行合一，使道德教育真正塑造人格，促进人的全面发展。

4. 坚持奖惩统一，增强激励效果

古人在儿童友善教育当中，讲究严慈相济，力求实现奖惩统一。奖惩得当，能够促进孩子的道德发展；反之，则会成为道德发展的障碍。当前儿童道德教育存在两个极端：一是过分强调物质奖励。随着人们生活水平的提高，父母随意奖励孩子的做法十分普遍，以玩具、零食等物质奖励为主，甚至有些直接奖励金钱。二是过分的惩罚。当孩子犯了错误,如孩子之间发生打架或是出现破坏行为时,一些家长或是教师常常以成人的思维逻辑对孩子进行惩罚,轻则严厉批评,重则打骂体罚等,这对于孩子的成长十分不利,容易造成孩子畏首畏尾、怯懦、不诚实等心理问题。从古人坚持严慈相济的教育原则中,我们能够得到的启示:一是奖罚儿童要分明。根据孩子某一行为表现是好是坏而进行奖惩,做到奖惩有因,赏罚分明。二是奖惩儿童要适当。家长和教师要树立正确的奖惩观,把奖惩看作促进孩子道德发展的手段。奖励方面,坚持以精神奖励为主,物质奖励为辅,一个拥抱、一句表扬等都是精神奖励的体现,具有激励孩子的作用。惩罚方面不能过分,要慎用体罚,避免给孩子带来身心伤害。

总之,我国古代儿童友善教育思想内容丰富,其精华和糟粕并存。我们要坚持一分为二地看问题,取其精华,去其糟粕,赋予其生命活力,做到古为今用,从古代儿童友善教育思想中吸收养分,促进当前儿童道德教育的发展。

二、孔子儿童道德教育思想的"三重境界"

我国古代十分注重早期教育对人的影响。《周易》载:"物生必蒙,古受之以蒙,蒙者,蒙也,物之智也,物智不可不养。"作为我国古代著名的大教育家,孔子直接或间接地阐述过其儿童教育思想,在孔子的只言片语或经典著作中零散地蕴藏着宝贵的儿童教育思想,很少为学术界关注。由"生物人"变成"社会人":将儿童带进一个"知性"世界;由"社会人"变成"道德人":将儿童带进一个"人性"世界;由"道德人"变成"自由人":将儿童带进一个"平等"世界。这是孔子儿童教育思想的三重意蕴。透过孔子儿童教育思想反思当前儿童教育中存在的现实问题,具有启发意义。

(一) 由"生物人"变成"社会人":将儿童带进一个"知性"世界

人之所以为人的第一个阶段是由"生物人"变成"社会人。"从社会学的角度讲,由"生物人"变成"社会人",实质是一个人社会化的过程。霍兰德指出,社会化是作为获得特有的人类特征的手段而开始的。社会化是每个人的必然经历,也是社会发展和进步的需要。从古至今,人们都在自觉或不自觉地寻找一种适当的方式促进人的社会化,使人从"生物人"变成"社会人"。孔子重视间接经验对人的影响,通过学习间接经验,促进人的社会化。孔子的言行主要载于《论语》之中,其中有这样一段记载:"尝独立,鲤趋而过庭。曰:学《诗》乎?对曰:未也。不学《诗》,无以言。鲤退而学《诗》。"① 孔子认为,儿童要学习《诗经》,不学《诗经》就没法与人沟通交流。这不禁让人追问,孔子为什么要求儿童学《诗经》呢?《诗经》素有"古代社会的百科全书"之称,内容包罗万象,涵盖政治、经济、自然、生产等各个方面。孔子要求孩子学习《诗经》,实际上是将孩子带进一个知性世界,认知世界万物,以实现由"自然人"向"社会人"的转变。《诗经》中有许多对生活世界的描写,大都出现于比、兴之中,散发着质朴的生活气息,儿童乐于诵读学习。唐代柳宗元指出:"比兴者流,盖出于虞夏之咏歌、殷周之风雅,其要在于丽则清越,言畅而意美,谓宜流于谣诵也。"例如,《诗经》中的《周南·葛覃》:"葛之覃兮,施于谷中。维叶萋萋,黄鸟于天。集于灌木,其鸣喈喈。"② 又如,《王风·君子于役》:"鸡栖于埘,日之夕矣,牛羊下来。君子于役,如之何勿思?"虽然借物抒情,但是这个"物"十分贴近儿童的生活世界,儿童通过诵读学习,能系统地认知世界,从而奠定其社会化的逻辑基础。

---

① 李学勤主编:《十三经注疏·论语注疏》,北京:北京大学出版社1999年版,第230页。

② 祝敏彻:《诗经译注》,兰州:甘肃人民出版社1984年版,第40页。

当前，人们通过多种方式，增长儿童认知，促进儿童社会化。阅读学习国学经典是其中较重要的方式之一，能促进儿童对历史世界的认知。从近年来一度兴起的"穿汉服""诵经典"等"国学热"可见一斑。然而，现实存在的问题是学习国学经典与实际生活脱节，这不仅不利于儿童对世界的认知，而且易伤害孩子的好奇心，压抑孩子的天性。南宁有一家国学堂，主要招收不同年龄层次的儿童，然后编为大班、中班、小班，不少家长把孩子送到这里学习国学。早晨八点左右，国学堂的教师开始带领大家晨读各种经典，如《弟子规》《孝经》《大学》等。这些经典就是国学堂的教材，一般是教师朗读一句，孩子们复述一句。我们随机采访了一个叫甜甜的小朋友，她能一字不漏地把《大学》背完，但是当问起里面的道理时，她却直摇头。[①] 这一现象并非个案，许多国学堂为学而学，脱离生活世界，失去学习的意义。

学习经典，认知世界，如何与生活结合在一起呢？例如，百花盛开的春天，带孩子去野外赏花，身临其境地教授孩子"一望二三里，烟村四五家。亭台六七座，八九十枝花"的诗句，孩子自然而然能感受大自然的美。春耕农忙之际，带孩子去田间地头，亲近大自然，教授"锄禾日当午，汗滴禾下土。谁知盘中餐，粒粒皆辛苦"，自然而然能增强孩子对生活世界的感受。当然，学习经典，认识世界，并非在一朝一夕，需要一个长期的过程。所谓"十年树木，百年树人"，学习经典犹如涓涓细流，悄然无声地促进孩子认知发展，实现从"自然人"到"社会人"的转变。

（二）由"社会人"变成"道德人"：将儿童带进一个"人性"世界

由"社会人"变成"道德人"是儿童发展的第二境界。作为道德

[①] 利雪娟：《南宁掀起国学热：专家称不应对孩子进行填鸭式教育》，载《南宁晚报》，2017年3月2日，第11版。

人，最直接的体现是有礼。古人云："凡人之所以贵于禽兽者，以有礼也。"儒家讲，人之初，性本善，善是人性世界的重要标志，礼是善的生动注解。我国素有"礼仪之邦"美誉，早在两千多年前的周朝就奠定了基础。孔子受周朝礼文化影响很大，在春秋礼崩乐坏的年代，孔子希望恢复周礼，认为"礼"是实现天下太平的根本。因此，孔子无论是教育弟子，还是教育自己的孩子，都十分重视礼仪教育。《论语》载："他日，又独立，鲤趋而过庭。曰：学礼乎？对曰：未也。不学礼，无以立。鲤退而学礼。"孔子认为，礼是一个人立身的根本，从小就要注重对礼的学习，并提出"少成若天性，习惯成自然"的思想，强调儿童时期形成良好的习惯，就如人的天性一样稳定牢固，对人的一生具有重要影响。《周礼》所记载的内容是一套以"礼"为核心的典章制度，这套较为完善的礼仪制度，曾使周朝长期稳定。《周礼》一定程度上巩固了等级制度，带有浓厚的封建烙印，这里提到《周礼》，并非主张儿童学习《周礼》，而是新形势下，思考如何从儿童抓起，加强与新时代社会主义现代文明相适宜的文明礼仪教育。

当前，我国出现的"道德滑坡"现象有目共睹，"老人跌倒无人扶""校园欺凌"等，都指向礼仪缺失。在大环境的影响下，一些儿童缺少了人性世界最重要的元素——礼仪。现在流行一个词叫"熊孩子"，一般特指那些缺乏教养的孩子。这些"熊孩子"被家长惯坏了，有时候随意插队，有时候随意乱扔垃圾，有时候目无长辈……市民李女士这样抱怨："周末和朋友去看电影，观看过程中，一群'熊孩子'大呼小叫，就像在自己家一样，完全不顾别人的感受，做家长的也不出来管管。"① "熊孩子"之所以普遍存在，有两个方面的原因：一方面，尽管我国放开二孩政策，但是"421家庭"结构并未发生根本改变，仍是

---

① 华文：《"熊孩子"背后有"熊家长"》，载《现代家庭报》，2017年5月5日，第8版。

以独生子女家庭为主，父母普遍溺爱孩子，孩子从小成为家庭中的"小皇帝""小公主"，容易形成自私自利、唯我独尊的心态，反映到行为举止上，就是没礼貌、叛逆、自私、散漫、依赖性强等，缺乏教养。另一方面，传统"重智育，轻德育"教育观念根深蒂固。现在的儿童参加各种各样的兴趣班、特长班、辅导班，发展潜能，"礼仪"作为德育重要部分，没有受到应有的重视。

扭转社会道德滑坡状况，要从培养儿童时期的礼仪习惯抓起，把儿童带进一个人性世界，这个世界人人讲道德，懂礼貌，充满人性温暖。孔子认为道德教育能够促进人格的发展。子曰："人而不仁，如礼何？人而不仁，如乐何？"同时，孔子也认为，道德教育能够推动社会发展。子曰："里仁为美。择不处仁，焉得知？"社会发展依赖于个人道德发展，从个人道德出发是构建充满人性世界的前提，抓好儿童礼仪教育是关键。其一，以"强化理论"为指导，加强儿童礼仪教育。子曰："学而时习之，不亦说乎。"孔子认为，学习礼、乐、诗、书等传统文化典籍，经常温习，不是一件令人心生喜悦的事吗？温习的过程实际上就是强化的过程。强化是指个体在活动过程中增强某种反应可能性的力量。① 具体地讲，就是当个体出现某种积极的行为后，及时追加正向的刺激物，如表扬、奖励等，以增加此类行为活动发生的概率。反之，当个体出现消极行为后，及时追加负向的刺激物，如惩罚、批评等，以减少此类行为活动发生的概率。在生活中，当儿童出现符合礼仪要求的行为时，如孝敬老人、爱护幼儿、尊敬师长、关心集体、助人为乐等，家长或教师要针对具体的行为及时给予肯定和表扬，以精神奖励为主，物质奖励为辅，强化孩子讲文明、懂礼貌行为的发生，进而养成习惯。相反，当孩子不懂礼貌时，家长或教师针对孩子不懂礼貌的具体行为，如

---

① 彭小虎、王国锋、朱丹：《儿童发展与教育心理学》，上海：华东师范大学出版社 2014 年版，第 42—43 页。

不守纪律、欺凌弱小、虐待小动物、破坏公物等,及时给予适当的批评教育甚至惩罚,以减少此种行为发生的概率。需要指出的是,不能过分依赖正、负强化,还要注重培养孩子作为个体的主动性和自觉性;同时,不能把刺激物放在孩子某种行为发生之前,否则,会养成孩子功利化的行为和心理。其二,以"儿童文学"为载体,加强儿童礼仪教育。子曰:"兴于诗,立于礼,成于乐。"孔子认为诗等文学形式能够陶冶儿童的道德情操。儿童时期的道德认知特征表现为认知活动具有相对具体性,缺乏抽象性。换句话说,儿童认知某一事物需要依赖于形象的、具体的、生动的外物支持。传统的说教对孩子进行礼仪教育容易"失灵",儿童礼仪教育要遵循儿童认知特点和发展规律。以"真善美"为主题的儿童文学作品正好迎合了儿童的认知特点,是对儿童进行礼仪教育的宝贵资源。儿童文学作品包括儿歌童谣、童话故事等,这些作品既生动活泼,又浅显易懂,富有儿童情趣,贴近儿童心理。儿童文学家鲁兵指出:"儿童文学是教育儿童的文学,儿童文学就是为培养德智体美全面发展的新的一代。"[1] 许多儿童文学作品里都融入了日常化的文明礼仪,贴近生活,能够激起儿童的兴趣,对儿童产生潜移默化的影响,发挥"隐"性教育作用。

需要指出的是,任何教育都要立足于实践。马克思指出:"全部社会生活在本质上是实践的。"任何形式的教育都离不开具体的实践。道德教育也一样。孔子主张学"礼"应在"人伦日用"中体悟和践履。[2] 因此,儿童礼仪教育,要扎根实践,融入生活,转化为自觉的行为习惯,向着"道德人"方向发展。

---

[1] 鲁兵:《教育儿童的文学》,北京:少年儿童出版社1982年版,第7页。
[2] 谈儒强:《不学礼为何无以立》,载《基础教育》,2006年第7期。

(三)由"道德人"变成"自由人":将儿童带进一个"平等"世界

由"道德人"变成"自由人"是儿童发展的第三境界,也是高级阶段。马克思在《共产党宣言》中指出:"每个人的自由发展是一切人自由发展的条件。""自由"在马克思关于人的发展中占据重要地位。从人的本体论来讲,自由是人的本质特征。马克思认为,"人类在文化上的每一个进步,都是迈向自由的一步"。某种意义上讲,人类历史就是不断争取自由、获得自由的历史。这里的"自由"有两层含义:一种是人与自然的,一种是人与社会的。由"道德人"到"自由人"的转变,指的是后一种含义。社会保障人的自由,使人的个性得到自由而全面发展的前提是营造一个平等的世界。平等的世界不仅是社会主义核心价值观社会层面的价值取向,而且是社会主义的本质特征和发展的内在要求。

如何把儿童带进一个平等的世界?孔子从个体出发,身体力行。《论语》载:

> "子亦有异闻乎?"对曰:"未也……闻斯二者。"陈亢退而喜曰:"问一得三,闻《诗》,闻《礼》,又闻君子之远其子也。"

在教育上,孔子不仅倡导有教无类,而且不因关系的亲疏而有差别,一视同仁,平等对待。《论语·述而》载:"二三子以我为隐乎?吾无隐乎尔。吾无行而不与二三子者,是丘也。"孔子直接表达了自己的平等思想,并希冀在平等的世界里,让每个人获得发展。

就当前儿童教育的现状来讲,存在两个方面的问题:从家长方面看,没有处理好自家孩子与其他孩子的平等关系。一些家长常常根据其他孩子的穿着或家庭背景为自己的孩子选择玩伴,如果孩子之间出现摩擦,不分青红皂白,竭力护短,孩子一开始就被置于一种不平等的关系之中，自然不利于孩子成长。从教师方面看，没有处理好个别孩子与大众孩子的平等关系。为了利益，有些教师会根据所谓的"红包"或"关系"对个别孩子格外照顾，其他孩子常被冷落。更有一些教师带着有色眼镜，对反应迟钝、吐字不清等发展缓慢的孩子疏远，对那些聪明伶俐、活泼可爱的孩子亲近。儿童在这样不平等的世界里很难实现自由全面发展。习近平总书记强调，"要使社会主义核心价值观的种子在少年儿童心中生根发芽、真正培育起来"①。平等作为社会主义核心价值观的重要内容，如何将其在孩子心中培育起来？孔子对"平等"的论述和践行给予我们诸多启示。其一，我们要从自身做起，积极为儿童营造一个平等的世界，怀有一颗仁爱之心，不受血亲、利益以及传统思想的影响，平等对待他人，实现人际关系和谐发展。古人云："以身教者从，以言教者讼。"家长和教师是孩子成长的一面镜子，应为儿童树立榜样，在潜移默化中影响儿童、感染儿童、塑造儿童。其二，我们要树立大教育观，营造一个平等的大世界，在这个世界里，教育儿童没有旁观者，没有特权者，教育儿童不仅仅是教师和父母的责任，而是全社会的责任，每个人的一言一行都会对儿童产生或好或坏的影响。杜威讲"教育即生活，学校即社会"；陶行知先生强调"生活即教育，社会即学校"。尽管他们强调的侧重点不一样，但是都说明了教育与生活、教育与社会的密切关系。从建设中国特色社会主义社会的立场出发，坚持"以人为本"，完善社会主义民主，健全社会主义法律法规，让每个人都能享受平等的政治、经济、文化、教育等权利，将儿童置于这样一个平等的世界之中，每个儿童才能获得自由充分的发展。

---

① 中共中央宣传部：《习近平总书记系列重要讲话读本》，北京：学习出版社、人民出版社2014年版，第95页。

总之，孔子儿童教育思想的三重意蕴并非是孤立割裂的，而是相互递进、密切联系在一起，作用于儿童全面发展的有机统一体。实现中华传统文化的创造性转化和创新性发展，是现阶段社会主义社会发展的内在需要，孔子儿童教育思想作为中华传统文化的组成部分，如何发挥其时代价值，值得我们每个人认真思考。

三、熊希龄儿童道德教育观的"四个维度"

熊希龄（1870—1937），字秉三，湖南凤凰县人，我国近代著名的教育家、社会活动家、实业家和慈善家。长期以来，研究熊希龄政治思想、慈善思想的学术成果不少，专门研究其儿童教育思想的成果则凤毛麟角。熊希龄于1919年创办了北京香山慈幼院，这是一所专门培养孤贫儿童的学校，在教育教学的实践当中，形成的儿童教育思想可圈可点，主要体现在其儿童教学观、儿童课程观、儿童教师观、儿童教材观等四个方面。探索熊希龄儿童教育思想，不仅可以丰富近代以来我国儿童教育思想的宝库，而且对当前我国儿童教育有所启示。

（一）儿童教学观

熊希龄创办的香山慈幼院是一所具有优良传统和办学特色的学校，这里的大多数孩子无家可归，缺少父爱和母爱，且在年龄、认知、品行等方面差异很大。熊希龄结合他们的实际，在实践中总结出富有特色的教学观，表现在三个方面：

1. 教学理念：秉持学校、家庭、社会"三合一"的教学理念

熊希龄认识到家庭教育是孩子教育的重要组成部分，家庭对孩子的影响很大。香山慈幼院的孩子，大多数是孤儿，没有家庭，如何实现学校与家庭的结合，让家庭教育不缺位？对此，熊希龄做了大量的工作。他首先把学校的宿舍分为8个村，即勤村、谦村、俭村、恕村、仁村、义村、公村、平村。年龄较大的住在勤村、谦村，年龄较小的住在俭村、恕村，女生住在仁村、义村、公村、平村。其次，每个村设管理员一人、保育员一人，分别扮演家庭当中的家长角色，帮助孩子们料理生活事务。① 需要指出的是，管理员和保育员并不直接包办孩子的生活，而是指导孩子们自己做家务，如洗衣、做饭、打扫卫生等。② 第三，设置若干个小家庭。由于住在俭村、恕村的孩子年龄较小，每个村成立了若干个小家庭，家庭成员10人左右，男女童各一半，每个小家庭设家长（女性）一人，家长被呼作"娘"，孩子们之间则以哥哥、弟弟、姐姐、妹妹相称呼。家长除了照顾孩子们的生活，还有每天接送孩子上下学以及放学后指导孩子们做作业的责任。日常，孩子们吃饭围坐在一张桌子旁边。这让孩子们真正感受到了家庭的温暖。

在推进学校与家庭相融合的同时，熊希龄坚持学校与社会实现融合。他认为，香山慈幼院的孤贫儿童来自社会，最后还要回归社会，服务于社会。为了让学校不至于与社会脱节，熊希龄在香山慈幼院建立了与社会接轨的三类不同场所。第一类是就地取材，供儿童习作的农场、饲畜场、养蚕室、雕石场、陶工场等；第二类是易于儿童将来谋生的铜工场、印刷厂、鞋工厂、花边缝纫厂、烹饪室、理发室、商场、电话局、邮政局等；第三类是为优秀儿童设立的刺绣工场、染织工场、照相馆、电灯厂、铁工场等。③ 1922年之后，他又先后设立石工厂、化工厂、中西饭店、自来水厂、农工银行、养蜂场、动物园等。另外，学校还有计划地组织儿童到农村、菜市场、工厂等地方参观调查，使孩子们获得社会体验。这样就把儿童的学习生活与社会紧密地联系在一起，为孩子将来适应社会，服务于社会打下了坚实的基础。

---

① 北京市立新学校、北京香山慈幼院校友会：《北京香山慈幼院院史》（内部资料），1993年，第43页。

② 石丽君、杜学元：《熊希龄家庭总部教育思想及其对留守儿童教育的启示》，载《教育与教学研究》，2014年第10期。

③ 北京市立新学校、北京香山慈幼院校友会：《北京香山慈幼院院史》（内部资料），1993年，第42页。

为把学校、家庭、社会三合一的教学理念落到实处，熊希龄提出设立评议会。他说："慈幼院的教育是合学校、家庭、社会为一的，这种问题很大，并非本院教员所能研究解决的，必须集合各大教育家来研究实验的，所以章程上设立了一个评议会，延请北京有学识经验的为会员。"① 当时延请的社会会员多达数十人，包括著名人士张伯苓、李大钊、胡适、蒋梦麟、顾兆熊等，还有美国人格林，评议会主任廖名缙。② 评议会的主要职责是对香山慈幼院推进学校、家庭、社会"三合一"的教育实践进行评议和指导，一定程度上保障了"三合一"的教学理念在实践中取得了积极效果。

2. 教学方法：推广启发式教学方法

熊希龄认为，学生年龄较小，对过多的理论讲解很难理解，积极性不高。香山慈幼院建院初期即注重启发式教学，引导学生自己开动脑筋、动脑动手，以求实际效果。而当时，由于教员对启发式教学方法认识不够，教师偏重于课堂上的知识传授，学生习惯于死记硬背。为此，熊希龄从两个方面下功夫推广启发式教学方法。其一，要求教师实地教学，提高学生积极性，启发学生，理解和掌握知识，学以致用。例如，让学农的学生先跟着老师一起选种、耕地、除草、施肥、喂养牲畜；让学工的学生跟着老师熟悉原材料、工具及操作要领等；要学商的学生熟悉商品、了解价格、学记账、学核算等。等学生有了一定的感性认识，再讲授农、工、商的理论知识。二是要求学生积极参加实践，在实践中发挥学生的创造性。熊希龄坚持"凡事让学生自己计划、自己设计"的教学思路，启发学生求知。例如，学校的花园花卉，由学生去修剪、浇水。图书馆由学生制定规则进行管理。运动会由学生制定方案，组织

---

① 北京市立新学校、北京香山慈幼院校友会：《北京香山慈幼院院史》（内部资料），1993年，第31页。

② 文炜：《熊希龄与香山慈幼院》，载《炎黄春秋》，2016年第5期。

开展。戏剧演出,由学生编排、创意。一切能让学生做的全部交由学生做,教员从旁指导,这种启发式教学方法,受到学生一致欢迎,效果显著。

3. 教学管理:坚持纪律性和自治性双管齐下

香山慈幼院刚成立几年后,人数增加到了上千人,为使教学井然有序,熊希龄建立了一套严格的教学管理制度,如上课期间不许打闹、按时完成作业、遵守作息时间等,如同现在的校纪班规。凡是学生遵守纪律表现突出者,给予奖励,包括口头表扬、书面奖励、实物奖励、记功等;凡是不遵守纪律、屡教不改者,对其进行批评、训诫、入反省室、记过等,严重的要送去感化院感化。感化院主要接收行为不良的学生,学生在感化院学习,除饮食外,其他生活条件都相对较差。只有孩子认识到错误,愿意改正,才可以回归原来的生活。为加强管理,熊希龄还提出学生自治的方法。这是一次大胆的尝试,因为在儿童中间实行自治还没有先例。熊希龄在香山慈幼院设立了一个"市议会",下设"事务所""警察所""初级审判所""邮局""电话局"。又在八个村设立"村长","村长"以下设"户长""桌长"(主要负责维持吃饭秩序)。"市议员""警察所长""村长"等职务完全由学生自己组织选举产生。每天下课后,他们纷纷"走马上任",穿上制服,佩戴标志,站岗执勤,各负其责,进行管理。在学习方面,设立班级学生会主席、学习组长等,加强对班级事务的管理。由于纪律性和自治性双管齐下,每个孩子自我管理意识和纪律意识都很强。

(二)儿童课程观

尽管香山慈幼院是在战火中诞生,办学条件十分艰苦,但是熊希龄仍然注重儿童课程的设置与安排。一是设置十分丰富的课程。各年级儿童都开设国语、算术、图画、音乐、体育等课程,低年级儿童有自然课程，高年级儿童有英语、物理、化学、历史、地理等课程。① 为丰富课程内容，香山慈幼院还提供与课程匹配的声、光、电、热等仪器仪表等，仅化学药品就多达1793种，理化设备1430件，儿童教具589种。② 二是根据儿童特点和实际水平安排不同课程。香山慈幼院的儿童年龄、文化程度、道德水平不一，起初按照认字程度开设课程，熊希龄发现根据识字程度安排课程有很大的局限性，学生成绩不理想，他打破按照识字这一依据安排课程的做法，转为按照儿童个性和年龄重新编班分级，并通过考试将智商较高的编为一级称为高年级，智商较低的编为一级称低年级，普通智商编为一级称中级。具体做法是：4~6岁儿童入蒙养级（低级）；6~7岁入初小（中级），10岁上下的儿童入高小（高级）。除了年龄外，在编排班级时，还考虑儿童性别、兴趣、接受能力，根据实际情况，既开设公共课程，又开设不同课程。为有利于兴趣爱好相同的儿童交流，学校还开辟第二课堂，如有国文学会、英文学会、数理学会、口琴队、歌咏队、小小剧团、小小画社等。三是强调德育课程。在香山慈幼院，德育课是主干课程，凌驾于其他课程之上，内容分为三大部分：爱国主义教育、勤俭节约教育、养成教育。首先，把爱国主义教育放在德育课的首位。熊希龄创办香山慈幼院的初衷是收容、教育孤贫儿童，改变我国贫困落后的面貌，焕发华夏儿女的民族精神。因此，德育课的首要任务是培养孩子的爱国主义精神。在香山慈幼院，无论年龄大小，都会写"国耻"二字，全院把每年5月9日定为"国耻日"，这一天，全院举行仪式纪念，由专业教师给学生们讲述近代签订的不平等条约、侵华战争等，培养儿童知国耻和雪国耻的情感。为强化学生的保家卫国意识，香山慈幼院开展"童子军"活动，凡是中、高年级的儿童都可以报名参加，童子军有自己的制服，包括军帽、军服、领巾、运

---

① 谭萍、龚微：《熊希龄的教育思想和实践》，载《船山学刊》，2009年第3期。
② 北京市立新学校、北京香山慈幼院校友会：《北京香山慈幼院院史》（内部资料），1993年，第41页。

动鞋等,训练内容主要有列队训练、军事体育、军事常识、野营等。1922年5月,熊希龄亲自带领童子军野营于香山森玉笏,看到童子军积极向上的风貌,熊希龄当场题诗一首:"远看塔影漾湖波,又听群儿唱晚歌。为念众生无量苦,万山深处一维摩。丹炉石洞话前因,汉武秦皇迹已陈。欲学长生终是幻,依兰却忆散花人。"并在诗后标注:"余久病未愈,乃率童子军游森玉笏,即支帐住宿于此,以诗记之。"童子军活动对于培养孩子们的爱国主义思想、增强体质非常有益。由于当时军阀混战,童子军还有机会走进战场,救死扶伤,更是在儿童心中埋下了爱国火种。例如,1922年,直奉战争爆发,战场距离北京香山慈幼院很近,师生们可以听到隆隆的炮声,熊希龄召集全院师生发表演讲:"我们慈幼院的孩子是被人救济的,遇到此种机会,我们不要怕,并要牺牲性命去救人才算是慈幼院的真精神。"为此,熊希龄从童子军当中挑选优秀学生组成救援队,奔赴前线,救援难民和伤兵。事后,熊院长感慨:"此其无畏之精神可嘉许者之一也。"其次,把勤俭节约教育贯穿德育课的始终。大多数香山慈幼院的儿童不需要交学费、生活费,主要依靠各方救济、捐助和政府拨款。熊希龄认为,孩子们吃住是公家的东西,习惯久了视为自然,不晓得爱惜节俭。[1] 为培养儿童勤俭节约意识,熊希龄提出在学校开办儿童储蓄银行,发行钞票,钞票只在校园内流通,通过核算每个学生每年所需多少钱,以钞票的形式按月发给每个儿童,由儿童掌管自己的经费,使用经费购买学习用品、生活用品,凡能节省下来的钱归学生个人所有,作为奖励学生的勤俭节约。当时,每个儿童无不精打细算使用自己的经费。据当时香山慈幼院里的一位负责人回忆说:"每日卖出的东西只占原来设想数目的十分之六七,看来余下的十分之三四被勤俭节约了。"第三,把养成教育作为德育课的基本

---

[1] 北京市立新学校、北京香山慈幼院校友会:《北京香山慈幼院院史》(内部资料),1993年,第39页。

要求。熊希龄常讲的一句话是"十年树木，百年树人，做人教育要从儿童抓起"。他专门给蒙养园（低年级）题词"蒙以养正"，从幼儿时期开始培养孩子们的学习习惯、生活习惯。具体地讲，主要养成儿童团结互助、懂礼貌、守纪律、敬师长、讲卫生、爱护公共财物、关心服务集体等好品德、好习惯。为使养成教育见效，学校采用四种措施：其一，设置礼貌周、纪律周、团结友爱周等对学生进行集中教育。其二，邀请社会、心理等专家对不同年龄、特点的孩子们的养成教育进行指导，对特殊儿童进行个别教育，提高了养成教育的科学性和针对性。其三，教师以身作则，发挥示范作用。为给孩子树立榜样，熊希龄要求全体教员、保育员自觉改掉自身不良的习惯，他自己首先带头戒掉了吸烟喝酒的不良嗜好。其四，将养成教育融入课堂。例如，在课堂上，老师和孩子们上课用歌声相互问好："老师（小朋友）你好，老师（小朋友）你好，亲爱的老师（小朋友）你好，你好！"下课也用歌声送别，把歌词中的"你好"换成"再见"。教员还利用课堂教育孩子如何给客人开门、让座、端水等，从一点一滴培养孩子们的文明礼貌行为。

（三）儿童教师观

熊希龄的儿童教师观主要体现在三个方面：第一是建立较为完善的教师管理体系。熊希龄在香山慈幼院设立校务行政委员会，下设事务股、教务股、保育股等，其中教务股内设学业、册籍、图书仪器、教学研究等；同时在教务股附设男女校务部，部内又分事务、教授（教学）、训管三系。整个教职员工有一套严密系统的组织体系，大家各司其职，分工合作，提高了工作效率。第二是坚持"内培外引"，壮大师资力量。香山慈幼院刚刚建立之初，主要是以引进女子师范或高等师范的毕业生为主，还从社会上聘请有专长的教员。后来，为保证师资力量的稳定性，学校内部开始设立男校中学部、中职部和女校师范部，培养师范生。据不完全统计，香山慈幼院从1921年至1936年共培养各类师范生 706 名，不仅扩大了本校的师资力量，而且为社会培养了一批幼教人才。三是分别为教员和保育员划定红线。对教员的要求：要有父母之爱；不当众惩罚儿童；不用恐吓法；勿伤儿童生理、心理之发育等。对于违反要求的教员，轻则批评，重则开除。熊希龄曾因某老师体罚学生而撤了他的职。对保育员的要求：喜爱小孩；性情温良，贤明达理；身体健康，吃苦耐劳；有浅显的医药常识和科技常识等。正是在熊希龄的带领下，香山慈幼院拥有一支品德高尚、爱岗敬业、艰苦奋斗的教师队伍，并涌现出一大批优秀的教师，如为香山慈幼院献出生命的王在湘、童自强、张子招等，为香山慈幼院的教育事业奋斗一生的范淑懿、常周筠、方渭英等。

（四）儿童教材观

在使用教材方面，熊希龄主张不要一味靠各书局和教育部门编写的教材，提倡教师自己编写适合儿童学习并具有时代水平的教材。一次，地理老师请假，熊希龄替他上了一节地理课，那一课学的是湖南省的地理知识，熊希龄看到教材上只有简单的几个地理名词，而且还有一处错误。他说道："教材要多用点图画，或是将近人在湖南旅游的日记载入，才有趣味，要避免此缺点，一定要自己编写教材，这样才适合我们特殊学校的用处。"① 熊希龄带头自编教材，如他编写了"醉桃源系列歌"，包括饭前歌、饭后歌、上床歌、下床歌、上课歌、下课歌等一共12 首，每一首歌都充满生活气息，朗朗上口，富有教育意义，以饭后歌为例："馒头棒子豆芽汤，蒸蒸扑鼻香。我们幸福等天堂，精神体魄强。堂以外，可伤心，穷孩满四乡。如何救彼出饥荒，时时不可忘。"这首儿歌既体现了孩子们欢快的心情，又寄予了熊希龄对孩子们的深切

---

① 北京市立新学校、北京香山慈幼院校友会：《北京香山慈幼院院史》（内部资料），1993 年，第 65 页。

希望，可以说寓教于乐。在熊希龄的倡导下，香山慈幼院一方面组织师生以儿童的接受能力、年龄和兴趣爱好、个性为主旨，整理和编写教材，开发出适合游戏教学、兴趣教学、设计教学、故事教学、艺术教学等多种校本教材；另一方面，要求教员对教材内容要有选择地使用，教材上的内容与实际不符合的，教员要补充教材内容。另外，在授课前，教员要做好充分准备，教材不仅仅是课本，还要有教学计划、讲义、教学参考、教学进度表等，课后还要写教学日记，以丰富教材内容。

总而言之，熊希龄的儿童教育思想并非只是纸上谈兵，而是在香山慈幼院付诸实施，经过实践检验，取得显著成效。在战火纷飞的年代，物质条件极度匮乏，香山慈幼院在熊希龄儿童教育思想的指导下，培养了一大批优秀的人才，不仅没有使战争年代沦落街头的很多孤贫儿童沦为社会的包袱，而且使这些孤贫儿童长大后成为社会各个领域的专业技术人才，为新中国的建设做出了重要贡献。儿童是国家的未来和民族的希望，国家十分重视儿童教育。审视当前，儿童教育中还存在一些问题，如留守儿童问题、校园欺凌问题、隔代培养问题等，都可以从熊希龄儿童教育思想中汲取营养，以提高儿童教育质量，促进儿童健康成长和全面发展。

第三章

中小学友善教育的研究现状

第一节　研究成果文献统计与分析

友善作为中华民族传统美德，也是我国传统文化的精华，一直都是学术界研究的热点与焦点。自从党的十八大将友善列入社会主义核心价值观以来，学术界关于"友善"的研究进入了一个高峰期。目前对友善价值观的研究主要集中在思想渊源、内涵意义、培育与践行三个层面，并已取得了一定的理论成果。对现有成果进行梳理总结，既可对近些年关于友善价值观的研究有一个整体性的把握，又可推动友善价值观向更深层次发展，为构建和谐社会，实现伟大复兴中国梦提供重要理论支持。

对目前中小学友善教育研究成果文献进行统计和分析，有利于了解和掌握当前的研究动态和研究趋势。通过知网、读秀等多种文献搜索，分别对期刊论文、学位论文、学术专著等进行了统计和分析，基本情况如下。

一、基于期刊论文的文献统计与分析

（一）总体趋势

以"友善"为关键词，在知网进行搜索，共搜索期刊论文588篇，论文发表趋势分两个阶段，第一个阶段是从2000年开始，呈现波浪式上升趋势，上升幅度不大，但是整体上呈上升趋势，一直到2012年。从2012年开始呈现直线上升趋势，到2016年开始呈现大幅下降趋势，一直到目前均呈下降趋势。从2001年开始，关于友善的研究呈现上升

趋势，这与当时中共中央印发《公民道德建设实施纲要》（以下简称《纲要》）有关，《纲要》提出要在全社会大力提倡"爱国守法，明礼诚信，团结友善，勤俭自强，敬业奉献"的基本道德规范。友善和团结并列成为公民基本道德规范。2012年呈现直线式上升趋势，主要原因是"友善"被列入社会主义核心价值观公民层面的重要内容。"友善"一词再次引起了学界的关注，随着研究成果的增多，从2016年开始，关于"友善"的研究逐渐降温。

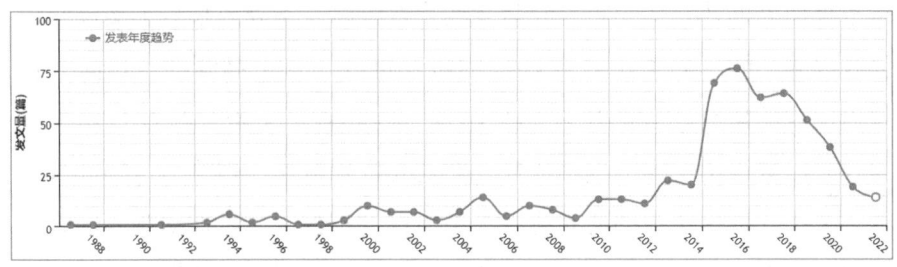

图 3-1　总体趋势分析

数据来源：文献总数：564篇；检索条件：（题名＝友善）（精确匹配）：基础科学，工程科技Ⅰ辑，工程科技Ⅱ辑，农业科技，哲学与人文科学，社会科学Ⅰ辑，社会科学Ⅱ辑，信息科技，经济与管理科学；数据库：学术期刊，单库检索。

（二）主题分布

从"友善"主题研究来看，排在前三的研究主题分别是社会主义核心价值观、友善价值观、友善观，分别占研究成果数量的17.30%、16.67%、11.32%。这说明，关于"友善"的主题研究，主要基于社会主义核心价值观这个视域，探讨友善的内涵、意义、培育等。

（三）基金分布

从课题基金分布来看，国家社会科学基金立项相关主题课题最多，达到了49项，说明"友善"这一主题研究受到了国家的重视。教育部人文社会科学、全国教育科学规划课题等也有一定数量的立项，说明

"友善"在教育方面得到了重视。其他省市哲学社会科学、教育科学规划等都有若干立项,说明"友善"主题研究被普遍关注,成为焦点和热点。

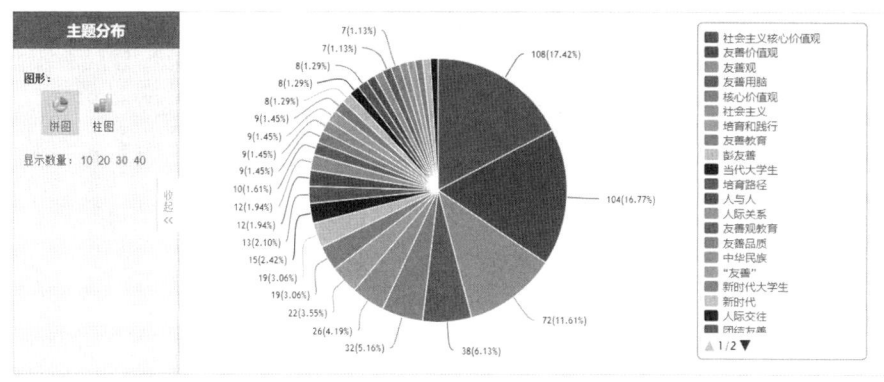

图 3-2 "友善"主题研究的主题分析

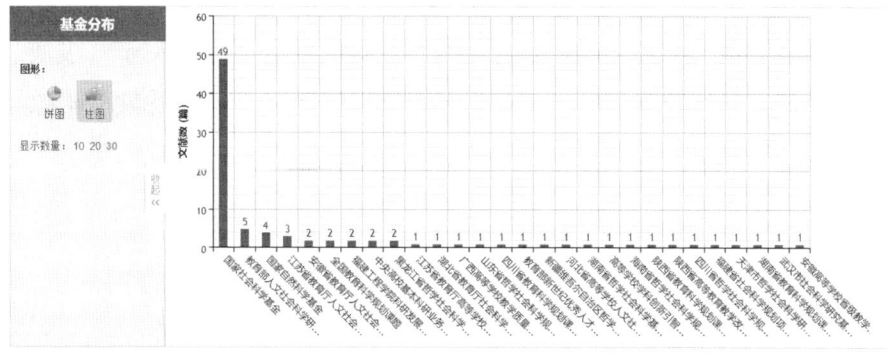

图 3-3 "友善"主题研究的基金分析

(四)研究层次

从研究层次来看,关于"友善"的主题研究主要集中在基础研究方面,占 55.60%;行业指导(社科)、政策(社科)方面也有一定量的研究,分别占 11.91%、9.75%。说明关于"友善"主题研究,在基础教育领域是热点和难点。

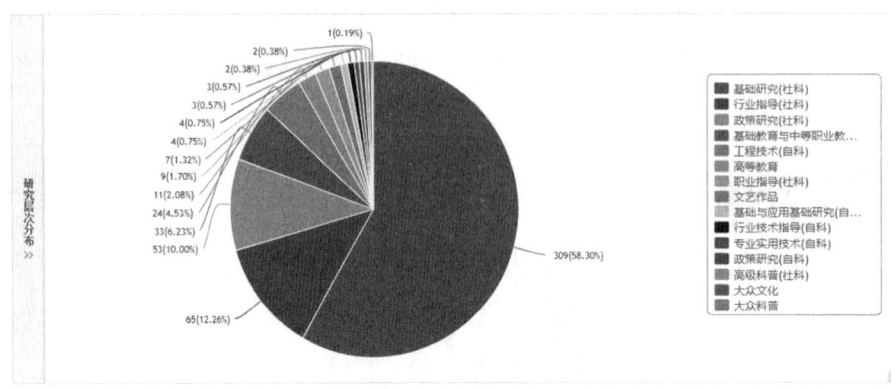

图 3-4 "友善"主题研究的层次分析

(五) 作者分布

从研究"友善"的作者来看，数量排在前五的均在 5 篇以上，分布是闫冰（8 篇）、范五三（7 篇）、房桂干（6 篇）、侯静（6 篇）。此外，发表 3 篇、4 篇、5 篇等的作者也有一定数量，说明关于"友善"的主题研究是比较集中的，一些作者能够围绕同一个主题做深入研究。

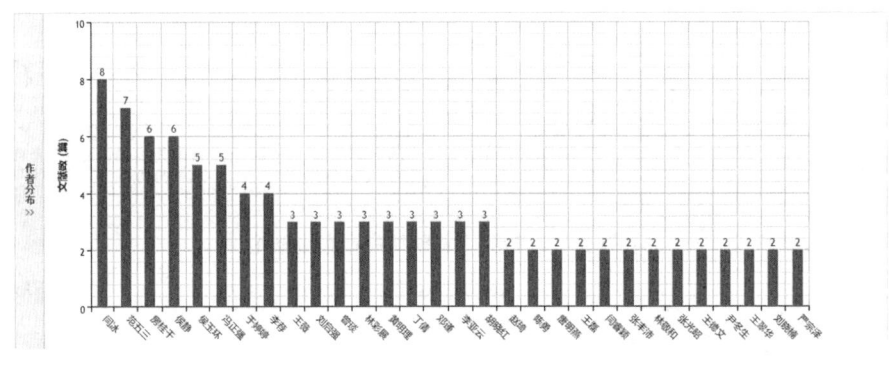

图 3-5 "友善"主题研究的作者分布

(六) 研究机构分布

从图 3-6 可见，关于"友善"主题的研究排在第一的是广西幼儿师范高等专科学校,然后依次是河海大学、厦门大学、东北师范大学、中国人民大学等,说明关于"友善"主题研究,无论是本科院校还是专科院校,无论是重点大学还是普通大学,都有对"友善"进行研究,并没有因为高校的层次及特色而有所不同。

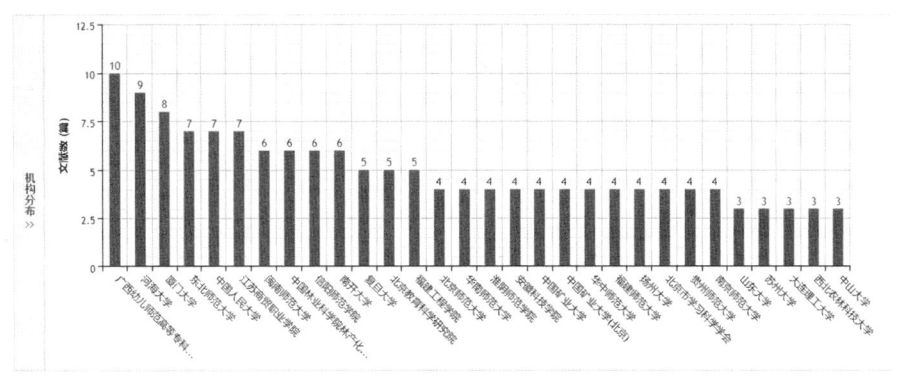

图 3-6 "友善"主题研究的研究机构分布

(七) 学科分类分布

从图 3-7 可以看出,关于"友善"主题研究的学科分类,主要集中在教育学科,占 34.04%;其次是马克思主义和哲学,分别占 18.95%、7.19%。其他学科,如美术、政治、社会、文学、历史、公共管理等学科均有一定的比例。尽管比例有所不同,但是可以得知,关于"友善"主题研究在每个学科中均有一定的研究成果呈现。

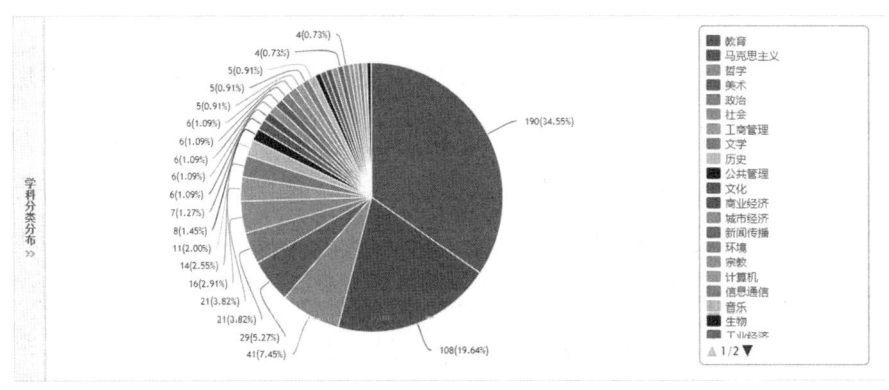

图 3-7 "友善"主题研究的学科分类分布

(八) 期刊分布

从"友善"主题研究发表期刊分布来看,发表较多的分别是《中学政治教学参考》《中小学管理》《学理论》,分别占 11.39%、7.59%、4.43%。由期刊来看,关于"友善"主题研究成果主要发表在基础教育类的期刊上,从另一个方面也说明,"友善"主题研究的热点在基础教育段,尤其是中小学阶段。

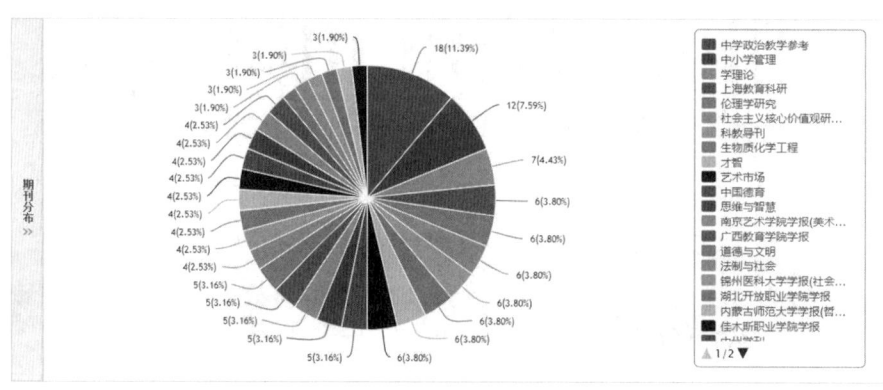

图3-8 "友善"主题研究的期刊分布

二、基于学位论文的文献统计与分析

以"友善"为关键词,通过中国知网检索,共检索到学位论文140篇,其中博士论文7篇,硕士论文137篇。

关于"友善"主题的研究,从2004年开始引起学界的关注,然后慢慢升温,从2013年开始,研究热度骤增,出现直线上升的势头,到了2017年之后,又开始出现波浪式下降趋势。这种态势和期刊论文态势基本一致,之所以出现以上态势,也是和2001年9月20日中共中央印发实施《公民道德建设实施纲要》和2012年党的十八大报告有关,"友善"一词在这两个重要文件中成为关键词。党的十八大之后,一批硕博士论文对友善进行了研究。例如，硕士论文有吴近珍的《大学生友善观现状与培育对策研究——以广西大学为例》、杨美的《当代大学生友善观培育研究——以山西师范大学为例》、陈阿桃的《大学生友善道德认同研究——基于福建师范大学的调查》、张玉莲的《大学生友善价值观培育研究——基于成都地区部分高校实证调查》、李欢欢的《"90后"大学生友善观培育研究——以上海部分高校为例》等，这些学位论文主要侧重实证研究，大部分是以某个单位为例，从某个侧面反映对学生的友善教育现状、问题及对策。

三、基于学术著作的文献统计与分析

相对于期刊论文、学位论文，关于"友善"主题研究的著作成果数量较少。高度相关的主要有3部，其中，《社会主义核心价值观·关键词——友善》（李荣、冯芸，中国人民大学出版社2015年版）指出，在当代社会，不管是对于社会公德、职业道德还是家庭美德而言，友善都是具有根本性的交际准则，它既是社会主义精神文明建设的标尺，也是维护市场经济秩序甚至社会和谐的重要道德保障。因此，友善之于社会主义核心价值观具有重要意义。《友善》（刘晓红，北京时代华文书局2016年版），主要讲述了古往今来的友善故事。这些故事寓教于事，在潜移默化中传递良好的个人修养和行为方式，以引导青少年树立正确的价值观、人生观。《友善乐群》（张涛，复旦大学出版社2016年版）主要介绍了友善乐群这一美德的深刻内涵及其悠久的历史传承，讲述了古今中外关于友善乐群的典型事例，重点撷取家风、家教、家训中的相关故事、名人格言与经典文献进行讲述、解读、赏析，体现了友善这一优良品质在历代家风、家教、家训中的传承、发扬，对人们改善人际关系，建设和谐社会有深刻的借鉴意义。《友善价值观研究》（朱书刚，九州出版社2019年版）结合学习领会新时代中国特色社会主义思想，聚焦实现中华民族伟大复兴中国梦的时代主题，以友善价值观探究为论题，追溯友善之源，回望友善之旅，发掘友善之蕴，探测友善之功，考察友善之境，积聚和传递向上向善的正能量，助力建设新时代美好的精神家园。《当代大学生友善价值观培育研究》（金燕，江苏人民出版社2018年版）从当前大学生友善价值观培育的现状入手，分析社会主义核心价值观中的友善观与西方伦理学的友爱、博爱以及伪善之间的本质区别，指出大学生友善价值观培育，要吸收中外友善价值观培育的合理经验；坚持和目的性与规律性、先进性与层次性、选择性与引导性、理想性与现实性的统一；力求实效。内容包括：友善与友善价值观的应有之义，当代大学生友善价值观培育的动因分析，当代大学生友善价值观培育的基本认识，当代大学生友善价值观培育的资源借鉴，当代大学生友善价值观培育的思路构想，当代大学生友善价值观培育的路径探析。《社会主义核心价值观研究丛书：友善篇》（黄明理，江苏人民出版社2014年版）全景式深度解读社会主义核心价值观的基本内涵、理论渊源、实践探索、现实路径和未来指向，为社会主义核心价值观的培育践行提供重要的理论支撑。

从以上期刊论文、学位论文、著作统计与分析可知，关于"友善"主题的研究成果是十分丰厚的。研究主题聚焦在基础教育领域，研究成果虽然在数量上呈递减趋势，但是研究内容不断深入，研究涉及诸多学科，研究面在逐步扩大。当然，也要看到不足的地方，从研究成果文献数量来看，期刊论文、学位论文研究成果较多，著作类成果相对较少。在质量方面也表现出了参差不齐，学科分布方面也不均衡。

第二节 研究成果内容评述与思考

通过对"友善"主题研究成果内容分析,学者针对"友善"价值观的内涵、"友善"价值观思想渊源、"友善"价值观教育存在的问题以及友善价值观培育路径等一系列问题做了进一步的探索。

一、关于友善价值观内涵的研究

"友善"的内涵是"友善"价值观研究的基础,也是迄今国内学界在"友善"问题上研究最充分的领域。基于不同的视角,许多学者对"友善"内涵的理解也不一样。黄显中认为,友善的本义是指像朋友一样善良。作为公民道德规范的友善,本质上是指友好善良的公民伦理关系和公民秩序。友善规范是抽象的,它的实施需要细分为更具体的义务,即善以待人、和气待人、诚实待人、宽厚待人、平等相待。① 李建华指出,在公民道德体系中,"友善"的内涵包括两个要义,一个是尊重,一个是宽容,即能够以尊重和宽容之心对待其他的社会成员,能够在促进、实现自我权利的同时关照他人的权利。② 沈壮海认为,友善的内涵可以包括谦敬礼让、帮扶互助,志同道合、携手奋进等。③ 罗国杰认为,友善就是友好、友谊,就是要与人为善、善解人意、善与人处、

---

① 黄显中:《论友善》,载《伦理学研究》,2004 年第 4 期。
② 李建华:《友善何以成为一种核心价值观》,载《伦理学研究》,2013 年第 2 期。
③ 沈壮海、刘水静:《友善:处理人际关系的基本准则》,载《人民日报》,2014 年 2 月 17 日,第 16 版。

广交朋友，在人和人的交往中，要关心、爱护、照顾他人，要严以责己、宽以待人，要有爱人之心，力求成人之美。① 金炎指出，友善意味着关爱他人，不苛求于人，不强加于人，进而有助于人，它表明人的胸怀宽广，体现精神境界的纯净和高尚。② 王颖认为，友善就是友好待人、与人为善，具体表现为要有平等观念、宽以待人、助人为乐。③ 焦国成认为，友善首先是一种对人的友好、和善的态度，友善还是行动上的互助，更高的友善境界是习惯性的志愿服务。④ 马文彬、殷戈丽认为友善的内涵包括关爱他人、扶危济困、相互尊重、理解宽容、协调合作。⑤ 黄东桂、何春燕、潘腾腾提到，友善观就是关于友好待人、与人为善的根本观点与根本看法。⑥ 夏晓虹、李轶璇、孙大永指出，友善价值观的内涵包括与人为善、谦虚礼让、和睦相处的态度。⑦ 黄进认为，友善是基于理解与包容的一种开明的心态与豁达的气度，包含与己友善、与人友善、与自然友善三个向度，"友善"并非一团和气，息事宁人，粉饰太平。⑧

---

① 罗国杰：《为何要提倡二十字规范》，载《北京日报》，2002年1月14日，第13版。

② 金炎：《友善是光明与和平的使者》，载《光明日报》，2001年11月29日，第4版。

③ 王颖：《团结友善刍议》，载《高校理论战线》，2003年第9期。

④ 焦国成：《用友善互助提升社会幸福指数》，载《北京日报》，2014年1月24日，第6版。

⑤ 马文彬、殷戈丽：《论友善》，载《华北电力大学学报（社会科学版）》，2004年第1期。

⑥ 黄东桂、何春燕、潘腾腾：《当代大学生友善观确立的困境与应对分析》，载《社会主义主流意识形态与当今中国社会思潮》，2013年第9期。

⑦ 夏晓虹、李轶璇、孙大永：《积极培育和践行友善价值观》，载《中国高等教育》，2015年第8期。

⑧ 黄进：《爱国 敬业 诚信 友善——从公民层面看社会主义核心价值观》，载《四川日报》，2014年4月30日，第6版。

综上所述，学界对于友善内涵的研究是比较深入和全面的，尽管在认识上并未达成一致，但是从其对友善的论述可知，友善的本质是内在的、一致的。学者们只是基于不同的视角来认识友善，有的基于人际关系，有的基于伦理价值，还有的基于态度与行为等。这样"百家争鸣"式地阐述友善的内涵，有利于我们形成对友善本质的理解与把握。也正是在前人研究的基础上，本研究基于研究的需要，把友善内涵进一步细化为五个方面十个维度。五个方面：自我友善、家人友善、师生友善、社会友善、自然友善。十个维度：自我友善分为生理友善、心理友善；家人友善分为对长辈友善、对兄弟姐妹友善；师生友善分为对老师友善、对同学友善；社会友善分为社会公共空间友善、社会公物友善；自然友善分为对动物友善、对植物友善。

二、关于中国传统文化中友善思想的研究

在关于友善问题的现有研究成果中，我们会发现关于中国传统文化中"友善"思想资源的挖掘，是绝大多数研究者着力的重点。他们认为在我国的优秀文化中蕴含最高尚的精神追求，在博大精深的文化中孕育着优秀的精神基因，它们都包含拥有五千年中华文明精神标志，是中华民族不断壮大的动力和源泉。李楠、王磊认为"从甲骨文的造字本义上看，'友'意为两人结交，协力互助，'善'为神态安详、语言亲和"[1]。黄明理在其论著中指出："友的本义是帮助，是朋友间的援手，基本的意思就是志趣相投，协力互助，互相鼓励。善字由羊和目组成，羊象征吉祥，目表示安详温和，因此，善就是两个人互道吉祥话语。"[2]

---

[1] 李楠、王磊：《深入解读社会主义核心价值观——友善价值观的传统价值和现代意涵》，载《学术论坛》，2015年第2期。

[2] 黄明理：《社会主义核心价值观研究丛书：友善篇》，南京：江苏人民出版社2015年版，第2页。

可见他们是从"友善"两个字的起源进行追溯，友善是存在于中华民族血脉中的道德基因。也有学者探讨了儒家文化当中的友善思想。袁济喜在《友善：中国传统美德之彰显》中谈到，孔子曾经说过，友爱以仁义为基础，先有仁义之心再将其上升为友爱。① 耿瀕也提到，孔子推行仁爱，就是把友善当作一种豁达的胸襟情怀。② 王翠华指出，跟友善最接近的是儒家的"仁"或"仁爱"思想。③ 焦国成在《作为公民道德基本规范的团结友善》一文中提到了"君子求诸己，小人求诸人""己所不欲，勿施于人""己欲立而立人，己欲达而达人"等传统理念，并结合儒家对"乡愿"的批判，批评了八面玲珑、四处讨好、不讲原则的伪友善。④ 寇永胜在《弘扬优秀传统的文化，培育爱国敬业诚信友善的价值观》中列举了《论语》《老子》《易经》中有关"友善"的语句。⑤儒家道德体系中的"仁义礼智信"是友善价值观形成基础，被友善价值观念继承发展，并得以弘扬。⑥ 从中国传统文化，尤其是儒家文化当中蕴含的友善思想来看，友善价值观是中华民族优秀传统文化在当代的继承与发展。正如习近平总书记指出的那样，"提倡和弘扬社会主

---

① 袁济喜：《友善：中国传统美德之彰显》，载《中国人文历史》，2014 年第 19 期。

② 耿瀕：《个人层面核心价值观的〈论语〉探源》，载《福建社会主义学院学报》，2014 年第 40 期。

③ 王翠华：《论社会主义核心价值观之友善》，载《湖北社会科学》，2014 年第 5 期。

④ 焦国成：《作为公民道德基本规范的团结友善》，载《中国教育报》，2001 年 11 月 28 日，第 3 版。

⑤ 寇永胜：《弘扬优秀传统的文化 培育爱国敬业诚信友善的价值观》，载《今日中国论坛》，2013 年第 6 期。

⑥ 黄艺生：《友善的道德价值及其培育研究》，四川师范大学，2010 年。

义核心价值观,必须从中汲取丰富营养,否则就不会有生命力和影响力"①。中华优秀传统文化潜移默化地影响着人们的思维方式和行为方式,社会主义核心价值观从中汲取了丰富的营养,友善价值观也是这样。

三、关于西方文化中友善思想的研究

西方文化是基于西方独特的自然与经济条件孕育而成的,在西方文化中也蕴含着丰富的友善思想。苏格拉底认为:"人们的天性有友爱的性情;他们彼此需要,彼此同情,为共同的利益而通力合作。"② 柏拉图在《会饮篇》中则写道:"人们之间的友爱与基于肉体基础上的欲爱有着天然的关系。"亚里士多德认为:"所有城邦都是某种共同体,所有共同体都是为了某种善而建立的。"③ 亚里士多德在另一著作《尼各马可伦理学》中写道:"德行并不会自然地存在于每个城邦公民身上,而是由他们的生活习惯养成。"可见,在古希腊时期,人们的认识已经涉及友善的内涵、作用以及养成。当然,这个时候对友善的理解还比较狭窄,有着自身的局限性。比如,亚里士多德的友善理论是以贵族间的交往关系为基础的,这决定了其友善价值的制定也最终以贵族的意志为标准。苏格拉底指出,"德行是对善的一种追求,善的最高层面是达到幸福的状态"。亚里士多德提出友爱"就是某种德行,或者是赋有德行的事物;或者说是生活所必需的东西"的观点。友善思想成为与人、

---

① 《习近平总书记重要讲话读本》,北京:学习出版社、人民出版社2016年版,第191页。

② [古希腊] 色诺芬:《回忆苏格拉底》,吴永泉译,商务印书馆2009年版,第69页。

③ 苗力田主编:《亚里士多德全集》(第9卷),颜一、秦典华译,北京:中国人民大学出版社1997年版,第3页。

人文精神、人道主义等相辅相成的概念,是友善观念的思想借鉴。① 亚里士多德认为友爱是一种德行,"友爱既是一个人幸福与否的重要因素,又是联系城邦的纽带,对于调节城邦与公民之间及公民与公民之间的关系,比法律更有效"②。黄明理指出,"亚里士多德所认为的德行是人在社会活动的实践品质与拥有理性判断的智慧品质的统一,由此将德行划分为理智德行与道德德行。人们的生活习惯会养成多种品质,而那些值得称赞的品质就是德行"③。古希腊时期的友善论以"德行"为核心,其中亚里士多德的友爱观点最为集中、系统,是整个西方友善思想的基础。近代西方功利主义友善价值观思想是以多数人的最大幸福为其交往的最终目的,并以契约的形式维系人与人之间的交往关系。这一友善价值观思想一方面指明了人们交往的公共性、平等性;另一方面,刺激了人们谋求私利的欲望,一定程度上加剧了人们之间紧张的关系。最为科学的是马克思主义经典作家的友善价值观思想。早在1841年马克思在其博士论文中引用古希腊哲学家普鲁塔克的话就揭示了友善的内涵:"就本质而论,愤怒离仁慈最远,凶恶离敦厚最远,恶意和敌意离博爱和友善最远。"④ 马克思主义经典作家的友善价值观思想更多的是通过批判资产阶级的"博爱"思想体现的,其观点主要有:(1)友善是具体的,而不是抽象的;(2)友善既有包容性,也有原则性;(3)真正的友善只有在共产主义才能实现。马克思主义经典作家的这些友善价值观思想是社会主义友善价值观的理论渊源,也是正确理解友善价值观的主要依据。

---

① 吴丽:《社会主义核心价值观的解读——基于友善价值观的内涵意蕴和时代意义》,载《商业经济》,2015年第7期。

② 王翠华:《论社会主义核心价值观之友善》,载《湖北社会科学》,2014年第5期。

③ 黄明理:《社会主义核心价值观研究丛书:友善篇》,南京:江苏人民出版社2015年版,第23页。

④ 《马克思恩格斯全集》(第40卷),北京:人民出版社1982年版,第283页。

关于友善教育，西方也有不少探索和成果。在国外教育当中，虽然没有直接使用友善价值观教育一词，但是以"友善"为主题的教育非常受重视。例如，英国从20世纪60年代开始实施的"体谅教育"，就是学生道德教育的主要内容，目的是让学生学会关心他人，相互体谅，友善相处。美国学者诺丁斯提出的"关怀德育"，实际上也是友善价值观教育，关怀德育的内容有"关爱自己、关爱身边的人、关爱陌生人、关爱地球"。法国也非常重视学生的道德教育，为培养学生的友善行为，法国道德教育强调教师要为人师表，尤其在言论、行为、态度等方面做出榜样。新加坡对学生的道德教育主要渗透在公民教育当中，在道德教育中尤其强调法制教育。

纵观当代各国友善价值观教育，教育方法各有侧重，尤为重视隐性课程对德育工作发挥的积极作用。通过以上论述可见，国外有关友善价值观教育方式呈现多元化，重视受教育者的社会实践以及良好的道德教育大环境。不足之处在于针对不同群体的友善教育研究很少。另外，当前学者们对中西方各自的思想文化研究取得一定的成果，但两者之间如何相互影响，又各有何区别联系，能否使两者共同为友善价值观的发展提供更多价值，则需要人们做进一步的研究与论述。

四、友善缺失的表现及原因研究

邱玉娥指出，青少年不友善的表现为学习生活中的尔虞我诈、漫骂、斗殴、报复，甚至勒索、敲诈等，并提出要从社会、家庭、学校、网络文化四个方面探究原因。[①] 刘亚男通过问卷调查，在其硕士论文中写道："许多青少年受多元价值影响，友善意识与倾向处于失衡状态，主要表现在：社会责任感较弱，法律意识淡薄；颠覆传统道德，漠视社

---

① 邱翠娥：《浅谈构建和谐社会和青少年诚信友爱教育》，载《湖北师范学院学报（哲学社会科学版）》，2007年第3期。

会公德。"① 郭建宁在《社会主义核心价值观基本内容释义》一书中提出：当前有待完善的市场经济条件下，公民对友善精神患有三症。一是公共空间里的冷漠症，即在陌生人的环境中感到无所适从，用封闭冷漠的方式来保护自己的不安全感；二是社会和谐建构上的便车症，即在构建和谐人际关系中的机会主义搭便车行为；三是助人为乐上的恐惧症，担心自己帮助的人将他受困的原因推到自己身上。主要原因是我国处在前现代社会向现代社会的转型过程中，观念的进步并没有完全跟上。② 黄明理指出：当前我国社会友善弱化，表现在：第一，公共空间里的冷漠症；第二，道德观念上的相对症；第三，生存状态上的犬儒症；第四，危难之中的顺手牵羊症；第五，助人为乐上的恐惧症；第六，道德建构上的搭便车症。对于当前社会友善弱化的原因，黄明理主要从五个方面进行了分析，即道德回报的社会机制不健全，友善理念未能与时俱进，行为主体眼界狭隘和境界低俗，精神生活物质化和文化快餐化，泛道德化批判思维和审丑心态。③ 有研究者针对青年大学生的"友善"缺失现象进行了研究。黄东桂、何春燕、潘腾腾指出，大学生友善观确立的困境主要体现在五个方面，分别是：自我身心健康与和谐发展面临着困扰；与同伴渴望交往却遭遇各种信任危机的阻碍；面临师生交流贫乏、亲子关系淡漠的现实；关心公益、善待社会却遭遇社会信任困境；建设"美丽中国"却面临着环境恶化的考验。④ 综合以上观点，可以看

---

① 刘亚男：《多元文化背景下青少年社会主义核心价值观教育研究》，沈阳：沈阳师范大学，2011年。
② 郭建宁：《社会主义核心价值观基本内容释义》，北京：人民出版社2014年版，第156—160页。
③ 黄明理：《社会主义核心价值观研究丛书：友善篇》，南京：江苏人民出版社2015年版，第99—204页。
④ 李建华：《友善：必须着力倡导的价值观》，载《光明日报》，2013年7月6日，第11版。

出，我国学者能够直面当前社会的现实，指出友善价值观缺失的表现，并从多个维度对造成友善价值观现状的原因进行了分析，为进一步的研究奠定了基础。但是，也应该看到我国学者研究当中的不足之处，比如对不同社会群体的友善现状缺乏深入研究。

友善缺失原因的研究，也有诸多学者提出了不同观点。黄显中认为，市场经济发展的不完善制约着当前社会中的友善行为。① 李慧认为市场经济的发展，让有些人唯利是图，放松了道德约束，全然不管人与人之间友善的传统准则。② 胥刚、张玉梅也认为，在发展经济的同时，贫富差距形成的心理落差也容易引起同学之间的矛盾。③ 这部分学者主要从经济学的视角剖析了原因，也有从文化角度分析原因的学者。吕晶晶指出，传统糟粕文化的影响，尤其是我国几千年来封建经济环境下的小农思想对当下社会仍有着消极的影响，狭隘、自私的道德观使得当今社会愈发冷漠。④ 胥刚、张玉梅认为，西方消极的思想文化对我国友善价值观影响不小，如西方文化中的享乐主义、个人主义、拜金主义等，冲击影响了友善价值观的践行。⑤ 也有学者从社会学、教育学角度剖析原因。夏晓虹、李轶璇、孙大永指出，当前我国对善行义举进行保护的机制及相关的法律法规均不健全。⑥ 当前社会对"友善"教育的重视不

---

① 黄显中：《论友善》，载《伦理学研究》，2004 年第 4 期。

② 李慧：《友善观与大学生思想政治教育》，载《辽宁医学院学报（社会科学版）》，2014 年第 4 期。

③ 胥刚、张玉梅：《论培养大学生"友善"道德的紧迫感和实现途径》，载《攀枝花学院学报》，2015 年第 1 期。

④ 吕晶晶：《以社会主义友善价值观化解道德冷漠》，载《思想政治课教育》，2015 年第 1 期。

⑤ 胥刚、张玉梅：《论培养大学生"友善"道德的紧迫感和实现途径》，载《攀枝花学院学报》，2015 年第 1 期。

⑥ 夏晓虹、李轶璇、孙大永：《积极培育和践行友善价值观》，载《中国高等教育》，2015 年第 8 期。

足也导致了人们友善观念的缺失。① 当前社会不仅缺乏对善行义举的保护机制，还缺乏对损人利己等不友善行为的惩处措施。②

在原因分析上，学者主要从宏观方面论述，缺少微观层面的研究。也正是基于此，本文选择了初中生这一特殊群体作为研究对象，以期从友善意识和友善行为两个具体方面揭示这一群体的友善价值观的现状，并试图从微观分析原因。

五、培育和践行友善价值观的研究

党的十八大之后，中共中央办公厅发布了《关于培育和践行社会主义核心价值观的意见》，各级各类学校开展社会主义核心价值观教育主题活动，关于培育和践行社会主义核心价值观，特别是友善价值观也受到学者的关注和研究。有学者提出，"友善价值观的培育要从社会核心价值体系的指导、传统道德教育的经验、建立良好社会环境和个体自律四个方面入手"③。作为公民美德和社会公德统一的友善价值观，必须在公民道德建设中进行培育，要把友善当成一种社会需要和个体自律，从而提升为一种道德境界、公共秩序。④ "应当让公民通过制度认同来实现道德社会化，制度激励包括奖励与惩罚，通过选择适当的激励机制来激发公民友善动机与行为"⑤。国家要制定相关的法律法规，完善对

---

① 李阳：《大学生践行"友善"价值准则的现实境遇及对策》，载《广东青年职业学院学报》，2015 年第 3 期。
② 沈壮海、刘水静：《友善：处理人际关系的基本准则》，载《人民日报》，2014 年 2 月 17 日，第 16 版。
③ 詹古丽：《论社会主义核心价值观之友善教育》，载《黑河学刊》，2015 年第 11 期。
④ 李建华：《友善：必须着力倡导的价值观》，载《光明日报》，2013 年 7 月 6 日，第 11 版。
⑤ 黄显中：《论友善》，载《伦理学研究》，2004 年第 4 期。

善行义举的保护保障机制。① 曹建忠指出，培育青少年团结友善道德教育要强化"团结友善"的评价激励机制。② 邱玉娥提出，青少年诚信友爱教育要重视社会各种传媒，发挥健康文艺作品的积极作用。③ 李建华认为，培育社会主义友善观关键在于加强公民的道德建设，在社会层面要做到树立民族认同感，加大制度建设和社会宣传力度。个人层面要在提高公民对友善认知的基础上，积极去与人交往，并做到权责的统一。④ 党理轩提出，要发挥榜样的示范带头作用以及完善惩恶扬善的保障机制。⑤ 黄明理从四个方面探讨了培育和践行友善价值观的基本对策，一是将友善纳入国民教育并加强典型引导；二是消除两极分化，构筑友善的利益基础；三是培育民主与平等信仰以巩固友善的基础；四是建立道德回报机制，培养道德回应习惯以增强友善的内在动力。⑥

综合以上研究成果发现，我国学者们对友善价值观教育的探索成果较多，能够从不同的角度提出友善价值观教育的方法路径，逐步深入。不足之处在于所针对的对象不明确，所提出的教育方法路径主要集中在宏观层面，有待在此研究基础上对微观的教育方式路径进行探究。

---

① 夏晓虹、李轶璇、孙大永：《积极培育和践行友善价值观》，载《中国高等教育》，2015年第8期。

② 曹建忠：《"团结友善"青少年道德教育实验研究》，载《小学教育科研论坛》，2003年第4期。

③ 邱翠娥：《浅谈构建和谐社会和青少年诚信友爱教育》，载《湖北师范学院学报（哲学社会科学版）》，2007年第3期。

④ 李建华：《友善：必须着力倡导的价值观》，载《光明日报》，2013年7月6日，第11版。

⑤ 党理轩：《积极倡导团结友善精神》，载《南宁日报》，2014年7月29日，第9版。

⑥ 黄明理：《社会主义核心价值观研究丛书：友善篇》，南京：江苏人民出版社2015年版，第243—270页。

第四章

中小学友善教育的个案分析

第一节　初中生友善价值观及教育现状调查
——基于对一所初级中学的问卷调查

一、调查背景与过程

（一）调查背景

学校作为塑造灵魂、塑造生命的重要场所，是培育和践行社会主义核心价值观的主阵地，要充分发挥学校教育的基础性作用。本文选取了思想活跃、可塑性强，但思想观念多变、道德动机不稳定、易受欲望驱使的初中生这一特殊群体作为研究对象。原因在于，联系现实生活，一些与友善背道而驰的现象引起了笔者的注意："济南一初中生与母亲在公交车上大打出手""海南多名初中学生围殴一女生""宜宾初中生虐狗事件"等，为什么这些不友善的行为发生在初中生身上？当前初中生友善价值观状况究竟如何？如何才能有效加强初中生友善教育？一系列的问题激发了笔者的研究兴趣和研究动力。初中生作为祖国的未来、民族的希望，他们树立正确的友善价值观，不仅关系到学校道德教育目标的达成，还关系到个人未来的价值选择和价值实现，甚至影响未来社会主义现代化建设等重大问题。在这一社会背景下，准确掌握初中生友善价值观的现状，分析影响初中生友善价值观的多维因素，并在此基础上探索针对初中生友善价值观教育的对策，具有重要意义。笔者选了一所初级中学为例，深入实地调研，对当前初中生友善价值观及教育进行了调查研究。

（二）调查目的

本次以问卷调查为主，调查的主要目的是了解初中生友善价值观及其教育状况，分析初中生友善价值观形成及教育的影响因素，为探索初中生友善教育对策提供参考和依据。

（三）调查意义

初中生是未来社会主义事业的建设者和接班人，将肩负着实现中国梦的历史使命。本文选取初中生这一群体作为研究样本，对其友善价值观教育进行研究，可以丰富社会主义核心价值观教育研究成果。从实践意义上讲，初中是学生形成价值观的重要阶段，也是道德品质可塑性最强的阶段。然而，由于受认知发展水平的限制以及各种思潮的影响，加之自制能力较差，初中生往往容易做出与友善相悖的行为。对他们进行友善教育，可以提高其辨别是非的能力，使他们分清什么是真善美，什么是假恶丑，不断克服错误的思想观念，养成良好的友善行为习惯，从而促进其健康成长和全面发展。

（四）调查工具及样本分析

一项调查能否真实反映现状，真实反映问题，很大程度上取决于调查工具和样本的选取。通过对调查工具和样本的分析，该样本抽取方式合理，人员分配比例适当，有一定的代表性，为下一步的分析原因与提出对策提供了依据。

1. 调查工具

本次调查采用的是自编的两份调查问卷，分别是针对学生的《初中生友善价值观状况调查问卷》和针对教师的《初中生友善教育状况调查问卷》。其中，《初中生友善价值观状况调查》包括五个部分：第一部分是个人基本信息，第二部分为个人对友善价值观的认知，第三部分为个人对父母、同学的友善意识与行为状况,第四部分为个人对陌生人的友善意识与行为,第五部分为个人对自然界的友善意识与行为。《初中生友善教育状况调查问卷》则包括四个部分:第一部分是教师的基本信息,第二部分是教师对友善价值观的认知情况,第三部分是教师目前在友善教育方面遇到的困惑,第四部分是友善教育实践情况。

2. 样本分析

本次调查的对象选择了X中学初中部。X中学始建于1970年,原校区占地两万平方米,建有教学楼三座,近年来,招生规模不断扩大,2010年仅初中部人数就达到近3000人,如今已达4000余人,一度出现校外租房办学情况。目前,X中学初中部和高中部实现了分离,X中学初中部实际上成为一所标准化的初中。

选取X中学初中部作为调查对象是基于如下考虑。其一,在教学质量上,X中学初中部处于该地中等发展水平,具有一定的代表性。其二,X中学初中部是当地近5年发展最快、招生规模最大、特征最明显的一所公办学校。其三,据了解,X中学初中部很有代表性,在招生规模、师资力量、生源结构及发展速度等方面与之类似的学校很多,其调查成果具有一定的参考价值。截至目前,X中学初中部共有80个教学班,4000余人。其中,初一36个教学班,共1800余人;初二24个班级,共1200余人;初三20个班级,共1000余人。初中部共有专职教师104人(不含兼职教师)。

为保证调查问卷的有效回收,本次抽样采取随机抽取班级集中填写问卷,当场回收问卷的方式进行。针对教师的调查问卷,不再抽取样本,而是全部作为样本发放问卷,保证了教师问卷调查的代表性。

(1) 学生样本

表4-1 学生样本基本情况

项目	内容	人数	比例
性别	男	313	47%
	女	355	53%
年级	初一	220	33%
	初二	294	44%
	初三	154	23%
生源地	城关镇	158	24%
	其他乡镇	486	73%
	其他县市	24	3%
住宿方式	住校生	128	19%
	校外租房住宿	411	62%
	校外托管	111	17%
	住亲戚家	18	3%
是否是独生子女	是	254	38%
	否	414	62%
是否和父母生活在一起	是	305	46%
	否	363	54%

针对学生的调查问卷一共发放800份，回收680份，剔除无效问卷12份，最终有效问卷668份。从问卷调查结果来看，学生样本所反映的性别、年级、生源地、住宿方式等方面，具有一定的代表性。

(2) 教师样本

表 4-2 教师样本基本情况

项目	内容	人数	比例
性别	男	40	39%
	女	62	61%
任教年级(多选)	初一	45	44%
	初二	39	38%
	初三	35	34%
任教年龄	5 年以下	30	29%
	5~10 年	56	55%
	10 年以上	26	26%
学历	本科及以上	52	51%
	大专	38	37%
	中专	12	11%

X 中学初中部共有教师 104 人，发放问卷 104 份，回收 102 份，有效问卷 102 份。

二、初中生友善价值观状况调查分析

以下从四个方面，即初中生对友善价值观的认知情况、初中生对父母、同学的友善情况、初中生对陌生人的友善情况、初中生对自然界的友善，层层递进，进行梳理和分析，尽可能多地反映初中生友善价值观的真实状况。

（一）初中生对友善价值观的认知分析

初中生对友善价值观的认知水平既是反映初中生综合素质的重要因素之一，也是认同和进行友善价值观教育的前提。为了解初中生对友善

价值观的认知水平,笔者设计了四道题目,通过对学生回答的结果进行分析,结论如下:

1. 初中生对友善价值观有所了解,能认识到友善价值观教育的重要性

任何一种价值观的认同和确立,都是从了解和认识开始的。为了解初中生对友善价值观的认识,笔者设计了两道题目,分别是:"你听说过友善价值观这个概念吗?""你认为对初中生进行友善价值观教育是否必要?"

针对问题一,480人回答听说过友善价值观,约占72%;102人回答没听说过友善价值观,约占15%;86人回答不清楚,约占13%。说明大部分学生都听说过友善价值观。

针对问题二,518人回答有必要,约占78%;87人回答没有必要,约占13%;63人认为无所谓,约占9%。如图4-1所示。可见,大部分学生认为对其进行友善价值观教育是有必要的。

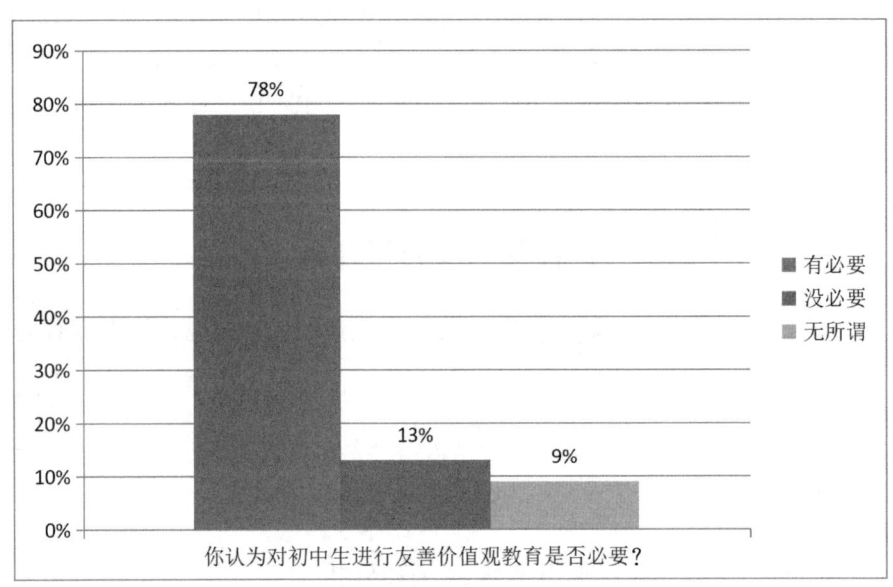

图4-1 初中生对友善价值观教育重要性的认识

2. 初中生对友善价值观理解不深,缺乏树立友善价值观的意识

在"你是否理解友善价值观的含义?"这一问题上,74人表示完全理解,约占11%;386人表示不完全理解,约占58%;208人表示不理解,约占31%。说明大部分学生对友善价值观理解不深,甚至完全不理解。

在"你是否有树立友善价值观的意识?"这一问题上,45人回答"有",约占7%;456人回答"没有",约占68%;167人表示不清楚,约占25%。如图4-2所示。可见,大部分初中生缺乏树立友善价值观的意识。

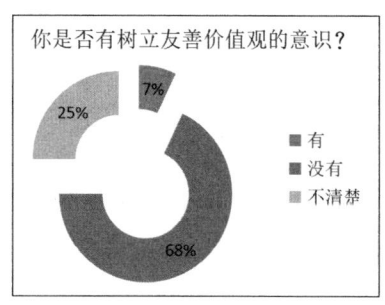

图4-2 初中生树立友善价值观的意识

(二)初中生对父母、同学的友善意识与行为分析

对学生而言,父母可以说是最亲密的人,同学也是与之朝夕相处的伙伴。因此,初中生对父母、同学的友善意识与行为是其树立友善价值观最基本的表现。因为一个人只有对父母、同学友善,才更有可能对他人、对自然界友善。为了解初中生对父母、同学的友善意识和行为,这一部分设计了四道题目。通过对问题的回答结果进行分析,结论如下:

1. 初中生与父母建立友善关系时较为被动

在"你和父母发生了不愉快,你会如何对待?"这一问题上,175人回答"寻找机会和好",约占26%;401人回答"等待父母妥协",

约占60%；92人回答"一直冷战下去"，约占14%。说明学生在与父母建立友好关系时较为被动。

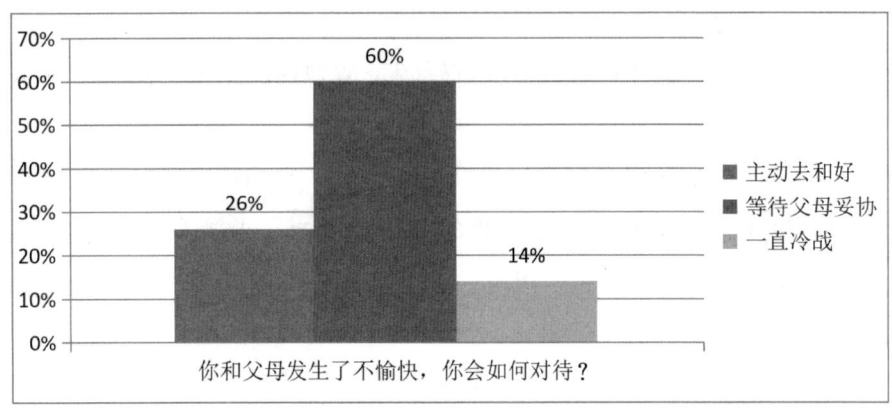

图4-3 初中生与父母建立友好关系的意识

2. 初中生向父母表达友善缺乏实际行动

在"你在家哪些事情一般是由父母帮你做的?"这一问题上，455人选择洗衣服，占68%；379人选择收拾房间，占57%；578人选择刷筷洗碗，约占87%。说明学生还不能以实际行动向父母表达友善。

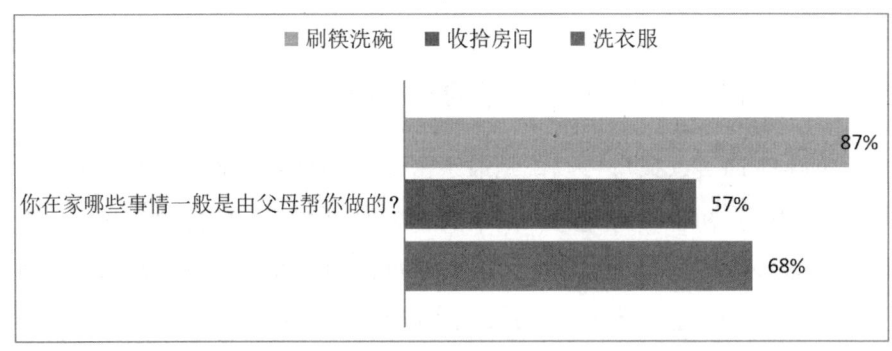

图4-4 初中生与父母建立友好关系的意识

3. 初中生主动表达与同学友善的意识不强

在"生活中，你和同学、好友相遇时，你会先打招呼吗?"这一问题上，有200人回答"会的，一般老远就主动打招呼了"，约占30%；

149 人回答"不确定,要视情况而定",约占 22%;319 人回答"不会,通常是等朋友主动向自己打招呼",约占 48%。说明初中生主动表达与同学友善的意识并不强。

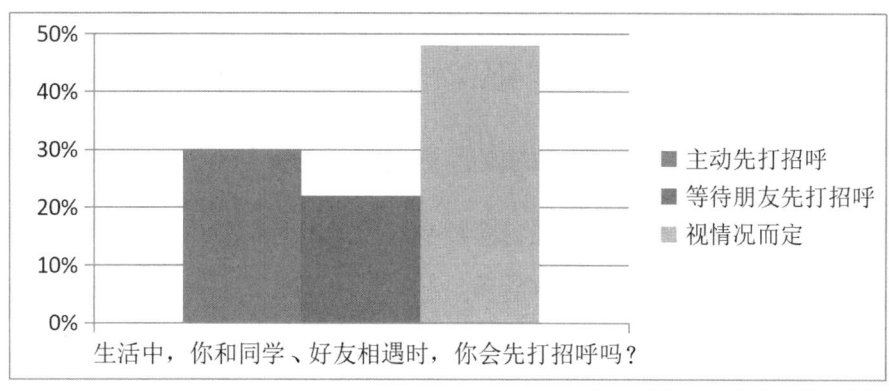

图 4-5　初中生主动表达与同学友善关系的意识

4. 对父母友善意识强烈度明显高于对同学

在"如果父母遇到困难时,你如何对待?"这一问题上,364 人回答"想尽一切办法帮助",约占 54%;187 人回答"在自己能力范围内去帮助",约占 28%;117 人回答"他们的事情,让他们自己解决好了",约占 18%。说明大部分学生对父母的友善意识非常强烈。

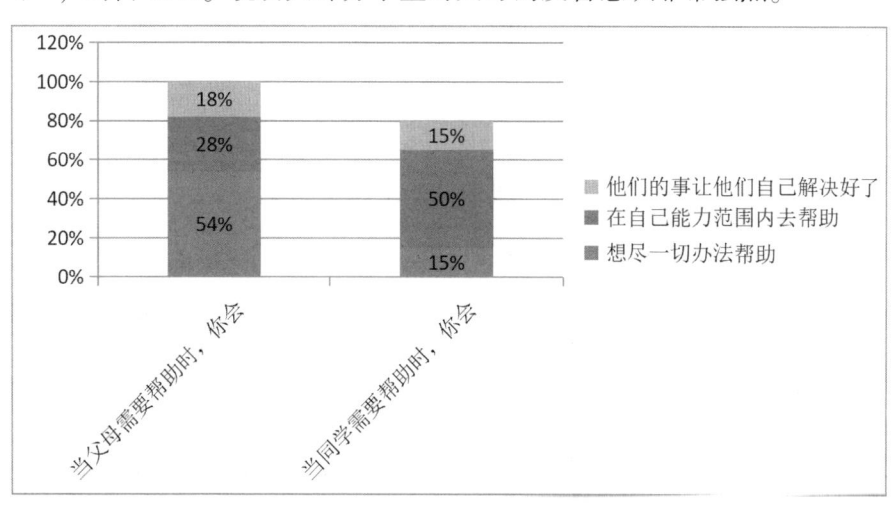

图 4-6　初中生对父母、同学友善意识之比较

同样，在"如果你的同学遇到困难，你如何对待？"这一问题上，回答"想尽一切办法帮助"的有 99 人，约占 15%；338 人回答"在自己能力范围内去帮助"，约占 50%；131 人回答"他们的事，让他们自己解决好了"，约占 15%。说明同学之间较为友善。通过对比会发现，学生对父母友善的意识强烈度明显高于对同学。

（三）初中生对陌生人的友善意识与行为分析

一个人是否对他人友善是这个社会人与人之间能否和谐的关键。当一个人能够超脱亲情、友情和爱情，对陌生人友善时，表明其已经基本树立了友善价值观。通过调查初中生对陌生人的友善意识与行为，可以为下一步培育他们的友善价值观提供参考依据。这一部分一共设计了三道题目，通过分析，结论如下：

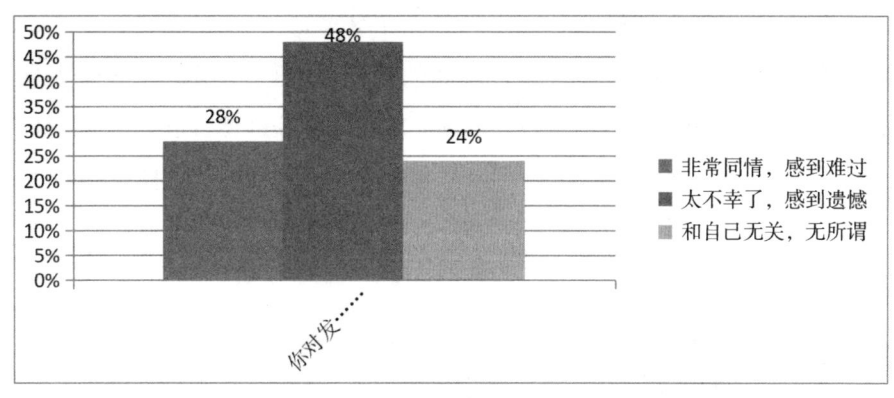

图 4-7　初中生对陌生人的友善意识

1. 初中生对陌生人的友善意识淡薄

当问及"你对发生的马航 MH370 失事，造成 239 人遇难，持有怎样的态度？"时，190 人表示"非常同情，感到难过"，约占 28%；312 人表示"太不幸了，感到遗憾"，约占 48%；166 人表示"和自己无关，无所谓"。可见，相当一部分初中生缺少同情心，对陌生人的友善意识淡薄。

第四章 中小学友善教育的个案分析

2. 初中生的友善行为多与自身利益联系起来

在这里设置了两个日常化的情景：其一，如果你在路上遇到乞讨者，你会如何？121人表示"每次都会捐款"，约占18%；表示"都是骗子，躲着走"的318人，约占48%；回答要"视情况而定"的229人，约占34%。其二，如果遇到老人跌倒，你是否会去扶？35人表示"主动上前搀扶"，约占5%；有428人表示"不会去扶，怕惹麻烦"，约占64%；表示"只有在不会被讹的前提下，才会去扶"的205人，约占31%。如图4-8所示：

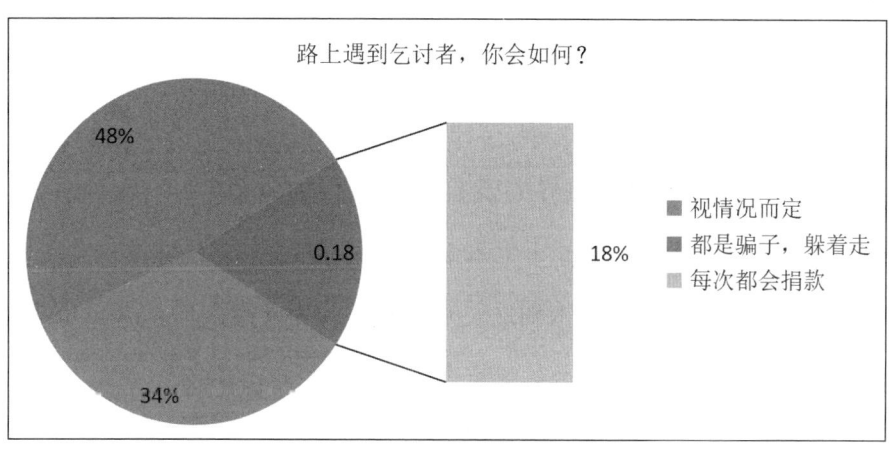

图4-8 路上遇到乞讨者，初中生所持的态度

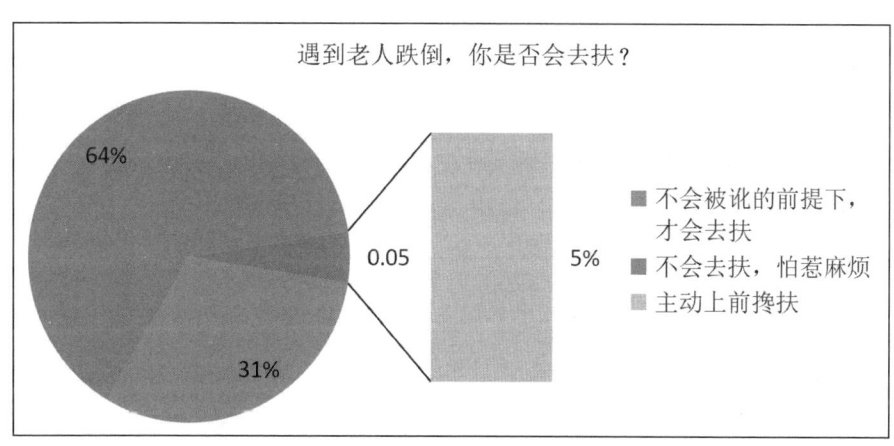

图4-9 路上遇到老人跌倒，初中生所持的态度

121

通过对比图4-8和图4-9，可以看出，虽然同是对陌生人行善，但是初中生的行为倾向却有很大不同。由于去扶老人可能被讹的概率大，所以主动会去扶的只有5%；而见到乞讨者主动捐款的则达到18%。两者差距较大。针对这一题，笔者曾在学生中间进行了简单了解。许多同学表示某地三名学生扶老人被讹事件对他们影响很大，网上各种有关"扶不扶"的舆论也让他们十分困惑。

从另外一方面看，表示"都是骗子，躲着走"和"不会去扶，怕惹麻烦"的占了调查人数的大多数，分别为48%、64%。这一方面说明初中生对陌生人缺乏基本的信任，另一方面则说明学生的友善行为建立在自己的利益之上。只有当自己不会被骗被讹而遭受损失时，大家的友善行为频数才会增多。

（四）初中生对自然界的友善意识与行为分析

一个人，一个集体，甚至一个国家要获得持续健康的发展，必须与自然环境界友好相处。要做到这一点，就必须树立高度的友善价值观，才能实现人与自然的和谐共存。为进一步掌握初中生对动物及自然界的友好状况，这一部分设计了5个问题。对问题的回答结果分析如下：

1. 初中生环境保护意识不强，缺乏行动，且意识和行动呈正相关

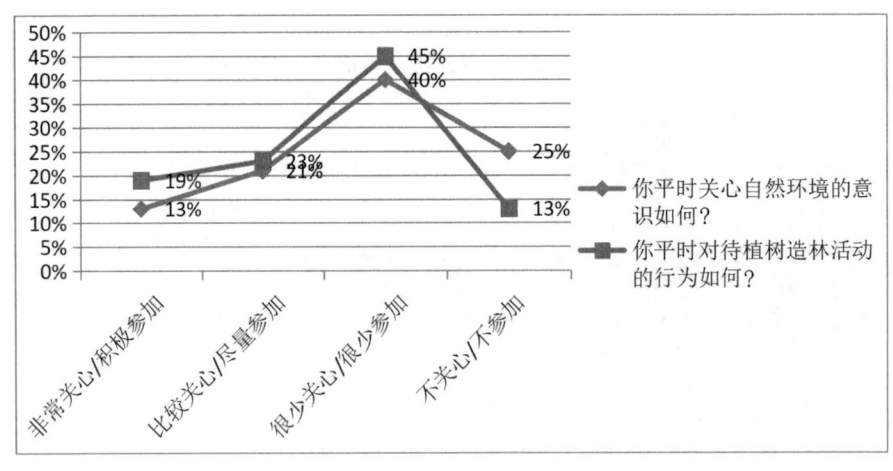

图4-10 初中生对待自然环境的友善意识与友善行为比较

在"你平时关心自然环境的意识如何?"这一问题上,88人表示"非常关心",约占13%;有142人表示"比较关心",约占21%;268人表示"很少关心",约占40%;有170人表示"不关心",约占25%。说明大部分学生缺乏环保意识。

在"你平时对待植树造林活动的行为如何?"这一问题上,有127人表示"积极参加",约占19%;155人表示"会尽量参加",约占23%;301人表示"很少参加",约占45%;有85人表示"不会参加",约占13%。说明学生在环保上缺乏实际行动。

从初中生对待自然环境的意识和行为曲线图可以看出,意识和行为呈现显著的正相关。也就是说,当学生关心自然环境的意识强的时候,其保护自然环境的行为就积极;反之,则消极,甚至不作为。这给我们的启示是,友善价值观教育当中,要高度重视提升初中生的友善意识,这有利于转为友善行为。

2. 救助小动物方面女生多于男生,虐待小动物方面男生多于女生

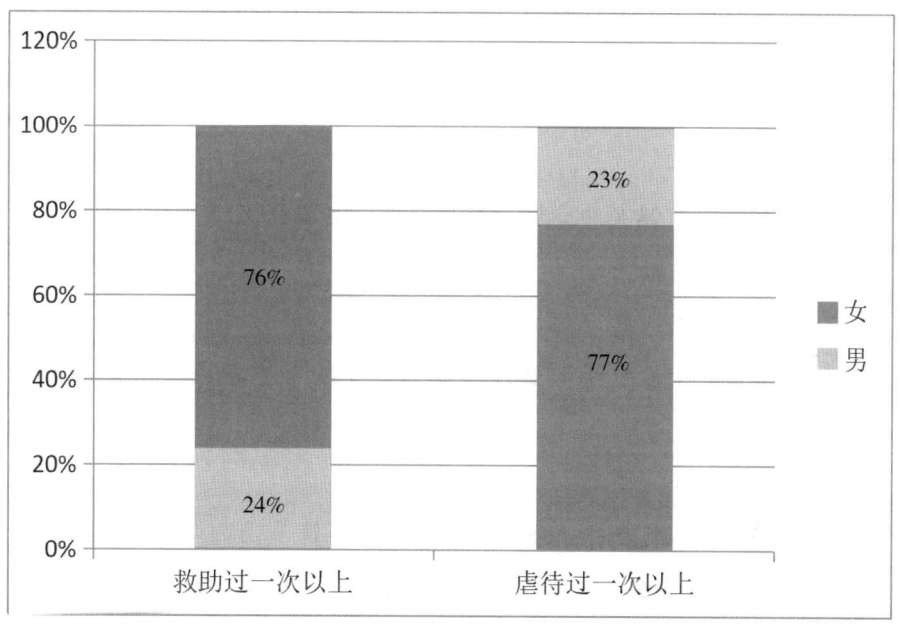

图4-11 男女生在虐待和救助小动物方面的比较

在"你印象中救助过几次小动物?"这一问题上,248人救助过一两次,约占37%;救助过3次(含)以上的181人,约占27%;记不清楚的有90人,约占13%;完全没有的149人,约占22%。说明初中生普遍有救助过小动物的行为,对自然界较为有爱心。

在"你虐待小动物的行为有几次?"这一问题上,一两次的96人,约占14%;三次(含)以上的19人,约占3%;记不清楚的67人,约占10%;完全没有的486人,约占73%。说明虐待小动物现象还是存在的,部分初中生对自然界缺乏爱心。

由图4-11可以看出,在救助小动物方面,女生救助小动物远比男生救助小动物的现象多;而在虐待小动物方面,男生虐待小动物则远比女生虐待小动物的现象多。因此,在进行友善价值观教育时,要充分考虑到男女生的差别,尤其对男生要加强教育。

(五)初中生发生恶性行为的处理方式分析

在调查过程中,笔者对X中学保卫科工作人员做了一次访谈,以下为访谈纪要与问题分析。

访谈纪要

访谈目的:了解X中学初中生恶性行为处罚情况

访谈方式:当面采访

被访谈人:杨一建(化名)

杨一建简介:X中学保卫科保安队长,在X中学从事保安工作满3年。

访谈内容如下(整理)

问:咱们学校这一年,学生打架斗殴的事情多吗?

答:这一年有过几次打架斗殴的事,差不多每个月都至少有一次吧,大部分就是那几个人(特指屡教不改的学生)。

问：学生犯了什么错误会交由保卫科处理？

答：一般都是"大事情",也就是说同学之间大打出手了,老师管不了,就来找我们；还有的是同学之间打群架,没法管,也是由我们来管。

问：学生打架斗殴大多为了什么？

答：大部分都是为了鸡毛蒜皮的小事。例如,上个月刚发生的一件事：一个同学在二楼向楼下吐痰,正好吐到了楼下一个同学的衣服上。就这么点事两个人就打起来了,老师同学都上前去拉也拉不开。最后,当我们赶到,一个同学鼻子直流血,另一个同学也鼻青脸肿。

问：一般遇到这种打架的事情,你们怎么处理？

答：大部分都是批评教育,请家长,写保证书,保证下次不会再犯。

问：写了保证书还会再犯吗？

答：写保证了也会再犯的,有些同学屡教不改。

问：学校还有其他恶性事件发生吗？

答：有的。有一次,一个同学把校园内的十几棵小树苗撇（折）断了,后来我们通过监控,找到了那个同学。后来学生家长照价赔偿了,事情也就过去了。

问：您如何看待学生的这些不良行为？

答：好几千人的学校,出现学生打架斗殴是在所难免的。

1. 惩罚方式传统单一,且缺乏相应的惩罚依据

通过对访谈内容进行分析,可以看到,X中学初中生确实存在不良行为现象。针对打架斗殴等恶性事件,保卫科人员的认识不足,认为学生人数多,发生打架斗殴的事情在所难免。同在学校这个大家庭里,作为朝夕相处的伙伴,同学之间如果能彼此友善,和睦相处,不管人数多少,打架斗殴事件完全可以做到不发生或者少发生,而不能将打架斗殴事件视为正常。针对学生中间发生的恶性事件，如打架斗殴事件，保卫科人员采取的惩罚方式单一，主要是写保证书、请家长、批评训诫。惩罚学生没有相应依据，违背了具体问题具体分析这一原则。表现在两个方面：其一，无论是何恶性事件，基本都采用这些方法，容易导致学生口服心不服；其二，在某同学破坏校园内的树苗这件事情上，简单地采取赔钱了事的处理方式，对学生缺少必要的惩罚和教育。

2. 惩罚效果不奏效或不明显

在访谈中，从两个细节可以看出保卫科惩罚的效果不奏效或者不明显。细节一："这一年来有过几次打架斗殴的事，差不多每个月都至少有一次吧，大部分就是那几个人。"细节二："写保证了也会再犯的，有些同学屡教不改。"出现"总是那几个人"和"有些同学屡教不改"的情况，说明保卫科对他们的惩罚并不奏效，或者说效果不明显，需要换一种新的惩罚机制。

三、初中生友善教育状况调查

只有掌握了 X 中学对初中生友善价值观教育状况，才能在原有教育基础上具有针对性地采取措施。以下从教师对培育学生友善价值观的认识情况，X 中学在培育学生友善价值观方面所做的努力和存在的不足，当前教师在培育学生友善价值观过程中遇到的困惑三个方面，对 X 中学初中生友善价值观教育状况进行说明。

（一）教师对友善价值观的认知分析

教师对培育学生友善价值观方面的认识可以反映 X 中学对学生友善价值观教育的水平；同时，也为下一步加强中学生友善价值观教育提供参考依据。这一部分共设计了三道题目，具体内容如下。

1. 教师对友善价值观及教育有所认识，但仍更为看重学生成绩

从表 4-3 可以看出：教师大都能理解友善价值观的基本内涵，并且认为对学生进行友善价值观教育非常必要。但是,在教育实践中,教师仍然比较看重学生的学生成绩,有重"智育"轻"德育"的倾向。

表4-3 教师对友善价值观的认识

问题	选项	比例
1. 您能否诠释友善价值观的内涵?	A. 完全能	35%
	B. 能简单地解释	56%
	C. 不能	9%
2. 您认为对学生进行友善价值观教育是否必要?	A. 非常有必要	94%
	B. 没有必要	2%
	C. 不清楚	4%
3. 您更看重的是成绩,还是综合素质?	A. 看重学习成绩	21%
	B. 看重综合素质	48%
	C. 两者都看重	31%

(二) 教师在友善价值观教育中遇到的困惑分析

了解教师在友善价值观教育方面的困惑是分析 X 中学友善价值观教育现状以及找到应对方法的有效依据。这一部分,共设计了三道题,调查结果如下:

1. 教师遇到的主要困难:缺乏资金支持、没有有效方法、精力不够

教师在友善价值观教育当中面临的困难有多种,排在前三位的分别是:缺乏资金支持,约占 75%;没有有效方法,约占 70%;精力不够,约占 68%。因此,在友善价值观教育当中,要充分考虑教师面临的这三大困难。

2. 教师遇到困难后普遍消极应对,不能自觉发挥主观能动性

当教师在友善价值观教育当中遇到困难,一般采取的措施就是:找领导解决、找同事商量、不去管它。其中,倾向于"找领导解决"的

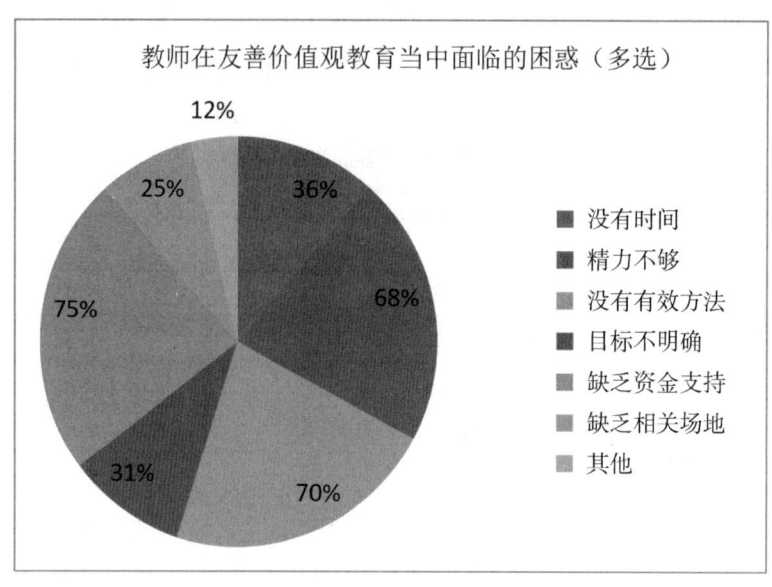

图 4-12 教师在友善价值观教育中遇到的困难因素比较

约占 60%,"不去管它"的约占 52%,"与同事商量"的约占 38%。说明教师在友善价值观教育当中遇到困难时,不能自觉地发挥主观能动性,一多半消极对待。因此,在探索友善价值观教育对策时,要考虑激发教师的积极性与热情。

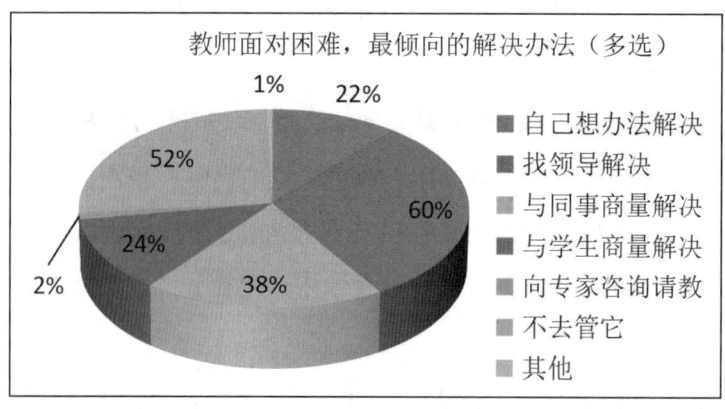

图 4-13 教师在友善价值观教育中遇到困难后所采取的方式比较

3. 教师认为解决困难的有效方法是校领导支持、减少课时及建立保障机制

针对教师在友善价值观教育当中遇到的困难,他们希望解决的办法有多种,其中排在前三位的是:适当减少课时,约占79%;建立相应的保障机制,约占78%;校领导的支持,约占67%。解决教师在友善价值观教育当中遇到的困难,要充分考虑教师的想法和倾向。

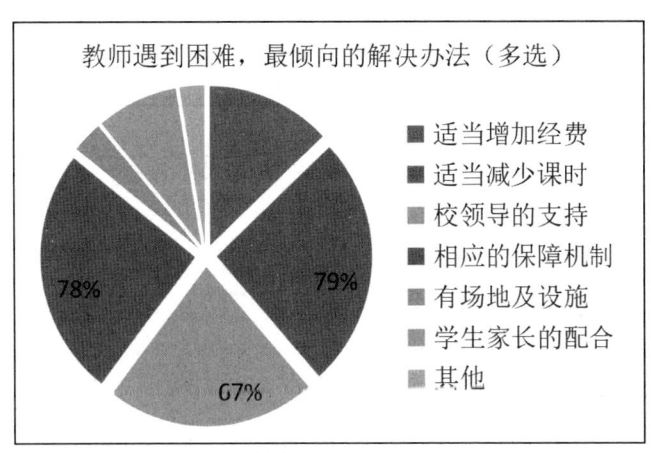

图4-14　解决友善价值观教育中的困难,教师比较满意的方式比较

(三) 学校友善价值观教育实践与未来发展分析

1. 当前友善价值观教育实践意识不强,实践效果不佳

这一部分主要设计了三道题目,主要围绕"友善价值观教育"的实践意识、实践能力以及实践效果展开,分析结果如表4-4:

表4-4　教师在友善价值观教育当中的实践情况

问题	选项	比例
1. 您是否在自己的课堂上融入友善价值观教育?	A. 经常会	9%
	B. 偶尔会	60%
	C. 不会	31%

(续表)

问题	选项	比例
2. 您平日是否有意识地践行友善价值观?	A. 有意识	23%
	B. 顺其自然	67%
	C. 没有	12%
3. 您认为所在学校开展的一些友善教育活动的效果如何?	A. 效果很好	19%
	B. 效果一般	78%
	C. 没有效果	3%

调查显示：大部分教师很少把友善价值观教育融入自己的课堂，并且自身也缺乏主动践行友善价值观的意识；对于学校举办的一些有关友善价值观教育实践活动，普遍认为效果一般。说明 X 中学友善价值观教育实践并不理想，有待提高。

2. 未来友善价值观教育思路不清，目标不明

访谈纪要：为了进一步印证及增加对 X 中学培育学生友善价值观状况的了解，对主管教务的副校长进行了采访。

访谈目的：了解 X 中学初中生友善价值观培育状况

访谈方式：当面采访

被访谈人：吴明（化名）

吴明简介：X 中学初中部副校长，在 X 中学从事思想政治教学工作满 10 年。

访谈纪要

问：咱们学校一直有培育学生友善价值观的传统吗？

答：谈不上传统吧，以前会开展一些相关的活动。自从社会主义核心价值观提出以来，学校才更加注重学生的友善价值观培养。

问：2014 年学校开展了哪些培养学生友善价值观的活动？

答：学校举办了以"社会主义核心价值观"为主题的系列讲座，讲座是面向全校的，主要邀请了兄弟学校还有本校思政老师讲解社会主义核心价值观的具体内容，友善也包括其中。

问：举办讲座活动的效果如何？

答：个人感觉还不错，每场讲座都座无虚位，说明学生参与积极性还是很高的。

问：您当前对培育学生友善价值观持什么态度？

答：我是比较支持的，但是要不影响正常的教学进度，对于初三的学生不应该有太多这方面的活动。

问：在培育学生友善价值观方面遇到过什么难题？

答：难题有很多，许多老师反映很难把友善价值观教育融入教学中，比如数学、物理、化学等。另外，班主任对于这些活动并不积极，他们都想带好自己的课，毕竟管好自己的班级才是本职工作。

问：针对本校友善价值观教育，未来有何打算？

答：让学生树立友善价值观非常重要。学校以后要有具体目标，举办更多的活动，最好有一套完整的方案和相应的机制保障，循序渐进，按部就班地推行下去，让学生品学兼优。

通过对访谈内容进行分析，可以看出，X中学虽然认识到培育学生友善价值观的重要性，也做出了努力并取得了一定的成果，如成功举办社会主义核心价值观系列讲座等。但是，对于未来如何加强友善价值观教育，校方还没有明确的思路和目标，尤其是缺乏一套行之有效的方案以及保障方案长久实施的机制。

第二节　初中生友善教育多维影响因素分析

基于对 X 中学初中生友善价值观状况和友善价值观教育状况的认识，本章从四个方面分析影响初中生友善价值观形成及教育的因素，即个人因素、家庭因素、学校因素和社会因素。本节从理论的角度和调查分析的角度，对影响初中生友善价值观形成及教育的主要因素进行了探讨，为下一步研究初中生友善价值观教育对策提供参考。

一、个人因素

事物的发展总是内因和外因共同作用的结果。内因是事物变化发展的根据，外因是事物变化发展的条件，外因通过内因起作用。[①] 分析影响初中生友善价值观形成及教育的因素，首先要分析初中生自身的原因，初中生自身原因是决定事物变化发展的内因，明确这一原因是研究教育对策的前提和基础。

（一）个人认知发展水平不成熟

美国心理学家皮亚杰通过大量的实验，提出儿童认知发展理论，该理论将个人的认知分为四个阶段，如图 4-15 所示：

[①]《毛泽东选集》（第 1 卷），北京：人民出版社 1991 年版，第 302 页。

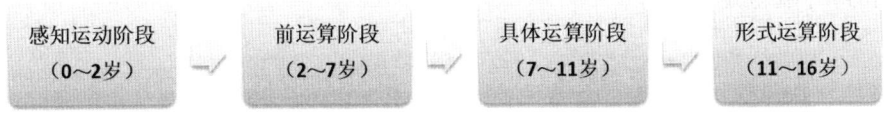

图 4-15 皮亚杰认知发展理论四个阶段

初中生处于形式运算阶段的初级阶段,这一阶段他们具有抽象的逻辑思维,不再恪守规则,如果规则与事实不符,他们会违反规则。因此,在实际生活中,他们常常认为传统的价值观念已经过时了,例如,助人为乐是傻子才做的事情;做了坏事,逃之夭夭才是聪明之举。由于他们毕竟还处在形式运算的初级阶段,虽然具有一定的抽象逻辑思维,但是并不强,对事物的认识多停留在表面。例如,他们认识的友善,多与人情关系、利益关系联系起来,对友善的理解表面化,功利化。正是在这些错误认识的指导下,他们面对诸如金钱、享乐等不良诱惑,缺乏辨别能力和自我约束能力,于是容易迷失方向,做出与友善相悖的恶性事件。

初中生认知水平对友善价值观教育的启示是:在语言上不要过于抽象化,应坚持通俗易懂,生动活泼;在实践活动中,不要流于形式,要坚持实事求是,脚踏实地;在教育过程中,不要急于求成,要坚持循序渐进的原则。① 只有坚持这些原则,初中生友善价值观教育才有针对性,才会有效果。

(二) 个人道德发展水平受到限制

美国心理学家科尔伯格在继承皮亚杰认知发展理论的基础上,提出三水平六阶段的道德发展理论。根据初中生的年龄阶段以及心理特征,他们处在第二种水平即习俗水平,第三、四阶段,即寻求认可定向阶段

---

① 闫冰:《中小学社会主义核心价值观教育须注意几个问题》,载《吉林省教育学院学报》,2014 年第 3 期。

和遵守规范定向阶段。

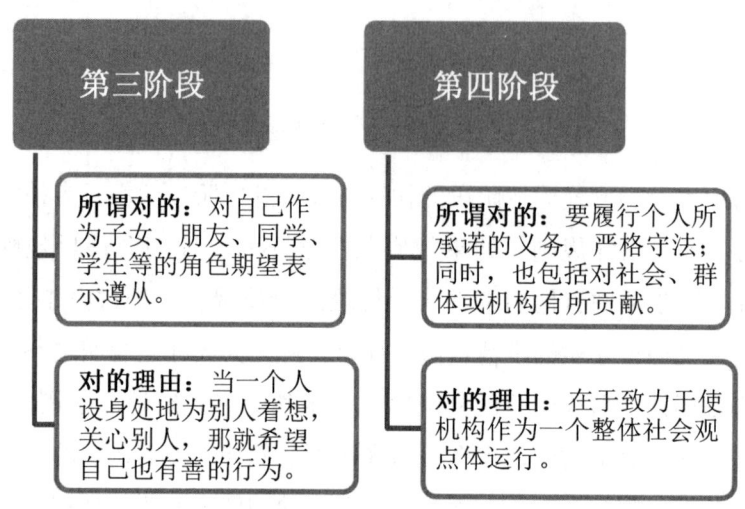

图4-16 科尔伯格道德发展理论第三、四阶段

科尔伯格以人的道德判断力为立足点，进行大量的实验分析，提出了此论点，因此，他认为对学生进行道德教育，主要是促进学生道德判断能力的发展。他还根据学生道德认知发展的阶段性提出了"道德两难法"。所谓"道德两难法"，是指在道德两难故事讨论中，启发学生积极思考道德问题，从道德冲突中寻找正确的答案，从而有效地发展儿童的道德判断力。[①]

反观当前德育教育，无论是家庭教育还是学校教育，尽管都认识到了道德发展的重要性，但是由于采用的道德教育方法不当，尤其是硬性灌输方法，学生道德发展水平受限。因此，不仅不能循序渐进地促进学生向更高道德水平和阶段发展，甚至会阻碍学生道德水平的发展。

---

① 〔美〕科尔伯格：《道德发展心理学：道德阶段的本质与确证》，郭本禹等译，上海：华东师范大学出版社2004年版，第9页。

二、家庭因素

苏联教育学家戈别奇亚说:"家庭对孩子进行道德教育极为重要。"① 孩子的许多品质都是在家庭中养成的,要培育初中生的友善价值观,家庭发挥着不可替代的作用。因此,从家庭角度分析影响初中生友善价值观及教育的因素,是发挥家庭作用的前提和关键。

(一)家庭结构变化使学生"自我中心"意识增强

随着计划生育国策的深入普及,我国家庭结构发生了很大变化,尤其是农村家庭,家庭子女减少,许多家庭只有一个孩子。这次调查资料显示:接受调查的668人当中,是独生子女的已超过三分之一。现在传统的家庭观念也发生了很大的变化,许多人抛弃了传统的多子多福的观念,接受了少生优生的思想,不追求孩子的数量,而把精力放在提高孩子的"质量"上。有资料显示:目前,家庭支出近一半花费在孩子身上。许多孩子是由几个大人陪伴长大的,对孩子的溺爱在所难免,久而久之,孩子形成了"自我中心"的个性。"自我中心"是美国著名儿童心理学家皮亚杰提出的一个名词。"自我中心"的人一般很少关心别人的感受,唯我独尊,嫉妒心强。他们在与人相处和交往当中,首先考虑的是自己的感受。因此,初中生对父母和同学的友善意识和行为并不积极主动。

(二)隔代培养导致学生与父母感情疏离

当地劳动局提供的官方资料显示:该县是劳务输出大县,全县160余万人口,每年外出打工的人数均在40万人以上。大部分初中生的父

---

① 〔苏〕戈别奇亚:《青少年犯罪的心理与教育》,王长青译,载《外国心理学》,1981年第2期。

母在外打工,他们多与爷爷奶奶生活在一起。从调查数据也可以看出,几乎一半的人是和爷爷奶奶或者其他亲戚生活在一起的。还有一部分人由于住校或者托管等原因,一般两周才能和父母相聚。如此,造成了子女和父母沟通交流较少,感情疏远。尽管许多学生表示"当父母遇到困难时,会尽全力帮助",但是通过与学生的访谈了解到,这主要基于父母为了孩子学习生活而外出打工的事实。

我国著名教育家陈鹤琴曾指出:"少年儿童所接受的家庭教育关系着人一生的发展,具有积极的奠定作用。"[1]家庭是孩子的第一所学校,父母是孩子的第一任教师,学生接受的教育是从家庭开始的。父母的教育是在潜移默化中进行的,可以影响人的一生,对孩子能否形成正确价值观起着重要作用。而许多孩子与父母感情的疏远,可以说是一种特殊教育资源的缺失。正如苏联教育家凯洛夫说的那样:"感情有着极大的鼓舞力量,它是一切道德行为的前提。"

这对友善价值观教育的启示是:在教育过程中,要发挥家校的联动作用。正如苏霍姆林斯基在《给教师的建议》一书中说的那样:"最好的教育就是家庭与学校相结合的教育。"[2] 从调查中可以看到,由于许多初中生的父母外出打工,家校联系、家庭教育这一环节相当薄弱。因此,在初中生友善价值观教育当中要充分考虑这些影响因素。

三、学校因素

学校是培育和践行社会主义核心价值观的主阵地,要充分发挥学校教育的基础性作用。分析学校影响初中生友善价值观及教育的主要因素,是发挥学校教育基础性作用的前提。

---

[1] 陈鹤琴:《家庭教育》,武汉:长江文艺出版社2013年版,第18页。
[2] 〔苏〕苏霍姆林斯基:《给教师的建议》(下册),杜殿坤编译,北京:教育科学出版社1981年版,第259页。

(一)应试教育观念没有根本改变

我国著名教育家杨贤江很早就说过:"学校教育所做的事业,绝不仅在知识的授受,而重在品格的涵养。"然而,我国自古以来就有"学而优则仕"的观念,应试教育就是在传统教育理念下催生的。所谓应试教育,简单地讲就是为了考试而考试。应试教育培养的是考试的高手,能力的"矮子",造成了许多人高分低能。在升学考试指挥棒的引导下,分数成了衡量学生是否优秀的标准,成了教师教学好坏的指标,也成了学校质量评估的关键一环,这种异化使教育"作为培养人之为人的精神、完善人的个性、形成学生的人生的信仰、张扬学生的价值与特长、实现人性的超越的功能消失殆尽"。尽管20世纪末,我国提出并实施了素质教育,但是许多教师依然秉持着"分、分、分,学生的命根;考、考、考,老师的法宝"的理念,仅仅盯住学生的成绩,考分决定一切,重"智育"轻"德育"的现象十分严重,德育工作得不到落实。正是传统教育理念的影响,使得他们忙于提高学生成绩,忙于提高升学率,忽视了教育最基本的任务,即教学生如何去发现生活世界中的真诚、善良和魅力,教学生用一颗真诚的心去融入社会、理解他人、关爱生命。[①]

(二)校园文化环境缺乏育德氛围

校园环境一般是指为培养学生而创建的各种环境的总和。一所学校的校风、学风以及精神文明建设的水平,都可以在校园环境中得以体现。因此,优质的校园文化对学生来说具有四大功能,即导向功能、激励功能、规范功能、陶冶功能。校园文化氛围或者说文化环境是校园环境的核心,对于陶冶学生情操,促进学生在德、智、体、美、劳等方面

---

① 肖川:《教育的理想与信念》,长沙:岳麓书社2002年版,第2页。

全面发展,具有不可估量的作用。①

在对 X 中学初中部调查的过程中发现,虽然该校近年迁移到新校址,校园自然环境优美,但是缺乏浓郁的文化氛围。主要表现在:第一,教室、寝室、走廊、墙壁等空间为了保持清洁,没有一字一画,更谈不上"让每一面墙壁说话,让每一个角落育人"。第二,校园没有开辟专门的文化交流学习基地,传统的展览、板报等形式在该校都不见踪影,"处处是文化,事事皆教育"的氛围没有形成。第三,学校广播、电子屏幕没有得到有效利用。据了解,校园广播和电子屏幕等主要用于通知事项、展示欢迎领导标语、庆祝重大节日等,平日很少用来宣传社会主义核心价值观等。另外,笔者还了解到,大部分班级里的黑板报长期空着,没有发挥用处。可见,该校在文化育人、文化育德上没有给予应有的重视和关注,浪费了无形的教育资源,对学生友善价值观的形成及教育难免产生一定的影响。

四、社会因素

社会氛围的好坏对人们思想品质和价值观念的形成和发展有着直接的影响。当前,社会上影响初中生友善价值观形成及教育的因素主要有两点,即网络传媒和地域差异。

(一)网络传媒的误导与诱惑

现在有个网络词语很火——"围观",也就是说,当社会上出现一个热门事件后,许多网民会去关注,并发表自己的观点进行评论。许多网民不明所以,受好奇心的驱使,千方百计地寻求真相,一旦有人"公布"所谓的真相,这部分想知道真相的人就会附和,从而形成一种

---

① 过国忠:《校园环境与育人》,载《宁波大学学报(教育科学版)》,2000 年第 1 期。

传播力量。这就给初中生带来一种错觉，令他们错误地认为那就是大多数人的意见。初中生正处在价值观形成的关键时期，容易受到舆论的误导，而形成错误的思想观念。以某地三名学生扶摔倒老人被讹一事为例。当时有人发帖："帮扶老人，你敢吗？"本意或许是提醒人们，帮助别人也要保持警惕；或许仅仅是为了吸引关注，增加粉丝。然后，一些初中生想当然地认为碰到老人摔倒不去扶是大多数人的意见，是社会主流。于是，形成了多一事不如少一事的态度。从调查结果来看，初中生对摔倒老人的帮扶态度和对乞讨者的帮扶态度的差距，很好地说明了这一点。

现代手机网络在初中生中间非常普及，由于他们对外面的世界充满好奇，经常围观社会热点事件，如果网络媒体不能正确引导，很容易使初中生形成错误的价值观。另外，一部分自制能力比较差的初中生过度沉迷网络游戏，成为虚拟世界的奴隶。由于缺乏现实世界里人与人之间的情感交流，他们分不清虚拟世界与现实世界的差别，甚至不适应真实世界，社会交际能力弱化，人际关系日渐冷漠。这些情况都给友善价值观教育带来极大冲击。

（二）市场经济负面因素的影响

社会主义市场经济的确立，给经济发展注入了前所未有的活力，极大地丰富了人们的物质生活。但是，我们也应该看到市场经济带来的负面影响。一方面，市场经济过分强调个人利益，功利主义价值观念开始盛行。人们在实施某种行为时，更关心是否能够获得个人利益，至少不损害个人利益，这种利己的意识使我国传统的"友善""仁爱"等道德观念弱化；同时，也使道德约束力逐渐下降。置身这样的环境下，难免会使涉世不深的初中生也开始追求个人利益，对人对事坚持利己主义原则，特别是在学校的一些比赛、评优等活动中，为了获利，有时候甚至会采取违背道德原则的不友善行为。另一方面，市场经济带来的另一种现象就是国与国之间的交流更加频繁,尤其社会上各种思想文化相互激荡,诸如西方的拜金主义、个人主义等价值观念,也在一定程度上影响着初中生的友善价值观教育。

另外,市场经济条件下,各地人们迁移比较频繁。根据调查结构显示,有一半以上的学生来自其他县市和乡镇。俗话说:"十里不同风,百里不同俗。"由于来自不同的地方,生活方式、习惯等不同,学生之间沟通交流不畅,彼此缺乏信任,甚至有一些戒备心理。苏联著名教育家苏霍姆林斯基说:"对人的热情,对人的信任,形象点说,是爱抚、温存的翅膀赖以飞翔的空气。"换句话说,没有基本的信任,也就没有友谊。尽管友善并不一定是建立在友谊基础之上的,但是可以肯定一点,有了友谊的种子,友善自然落地生根。X中学初中生的地域性差异在一定程度上影响了彼此友善的意识和行为。

第三节 初中生友善教育内在实践逻辑

个体身心发展在整体上具有一定的顺序性,是一个由低级到高级、由量变到质变的连续不断的发展过程。这启示我们:初中生的友善价值观教育要经历一个知、情、意、行循序渐进的过程。知、情、意、行的各个环节都要坚持由具体到抽象、由浅入深、由简到繁的原则。这样初中生友善价值观教育才会更有效。

通过前两节的论述与分析,我们掌握了X中学初中生友善价值观及教育状况,明确了影响初中生友善价值观形成及教育的主要因素,综合考虑到初中生的年龄、身心发展等特点,从以下几个方面对初中生友善价值观教育提出了具有可操作性的对策,并进行了简短的跟踪评估。

一、内化于心

长期以来,我国的宣传教育工作一直采取直接灌输的方式进行,对于初中生来说,这不仅有悖于素质教育理念,而且效果不佳。歌德曾说过:"哪里没有兴趣,哪里就没有记忆。"要使友善价值观内化于心,就要以学生感兴趣的方式方法进行教育、熏陶。

(一)述说汉字演变,引领学生寻根溯源

培育和践行社会主义核心价值观要扎根中华优秀传统文化,深入浅出地讲清楚中华优秀传统文化的历史渊源、发展脉络、基本走向,让学生逐步明白中华文化的独特创造、价值理念、鲜明特色。学校的友善价值观教育首先要以生动化的方式让学生了解"友善"的文化渊源,这是内化于心的前提。汉字文化博大精深,追根溯源是由象形文字演化而来的,这一演化过程不仅有趣,还可以引起美妙的联想。给初中生讲述"友善"的造字故事,除了能勾起学生的兴趣,还可以加深其对友善内核的理解。

1. "友"字演变故事

友,甲骨文:🖐 = 🖐(像手一样)+ 🖐(像手一样),表示握手结交。造字本义是两人结交,友好互助。金文"🖐"承续甲骨文字形,稍微有了点变化,但是本义没有变。不过,有的金文写作"🖐",加了一个 🖐,像人的嘴巴一样,寓意说话,强调在结交时,相互商量。篆文"🖐"也是承续甲骨文字形,依然保持握手结交的含义。楷书

"友"将隶书"㕛"的"又"简写成ナ,最终形成"友"。① 从词源来看,"友"字始终是褒义,含有友谊、友好、友情等意思。

2. "善"字的演变故事

"善"字在甲骨文中写作" "。从字形来看, = +
," "像一只羊,羊是一种性格温和的动物,在古代,羊是吉祥的代表。" "是一对眼睛,这种眼神表现出一种安详温和的状态,这会让人想到一个成语"慈眉善目"。金文" ",在" "的下方加了" ",好像两个人开口说话,所以,金文的" "表示言语祥和、亲切。篆文" "承续金文字形而成。隶书" "减去一个" ",并将篆文的" "简化成古而成。② 虽几经演变,但今天"善"字多少还带有造字时的意义,无论是做形容词还是做动词,都有吉祥、美好的含义,与当下我们提倡的社会主义核心价值观当中的"友善"具有内在的一致性。

每个字的意思都和其形、其义相关,如果从其"形"来讲其"意",生动有趣,初中生容易接受,不仅容易理解,而且可以加深记忆。

(二)营造文化氛围,让友善教育弥漫校园

马克思说:"人创造环境,同样,环境也创造人。"③ 校园环境对学生教育的熏陶和启迪作用是很大的。一个充满文化的校园环境,对学生

---

① 符马活:《活字纪》,南京:江苏文艺出版社2014年版,第185—186页。
② 符马活:《活字纪》,南京:江苏文艺出版社2014年版,第113—115页。
③ 《马克思恩格斯选集》(第1卷),北京:人民出版社2012年版,第172—173页。

的身心发展以及成长，必然产生巨大的影响。因此，培育学生友善价值观，要建立能诠释友善内涵和意义的校园文化环境。学校可以把板报、条幅、文化墙等作为宣传教育工具，以图片、书法、绘画等形式来诠释友善价值观，积极营造培育友善价值观的良好环境，使校园内的一草一木、一砖一石都体现教育的引导与熏陶。

要利用各种时机和场合，形成有利于培育和弘扬社会主义核心价值观的生活情景和社会氛围，使核心价值观的影响像空气一样无处不在。有条件的学校还可以在课前、课间、课后等时间内充分发挥广播、网络的作用，以声音、动画、情景等各种方式延伸校园文化建设空间，让学生眼之所见、耳之所闻，时时刻刻被友善的点滴所覆盖，最大限度地发挥教育的隐性作用。

（三）歌唱"友善"童谣，让友善意识入心入脑

友善价值观在初中生看来还比较抽象，歌谣是实现友善价值观形象化、具体化的方式之一。以"友善"为主题，创作既能表达初中生思想情感又贴近现实生活的歌谣，可以引起学生的共鸣，赢得他们的喜爱。同时，由于歌谣在吟唱中语言、旋律等和谐优美，可以给学生以美的享受和情感熏陶，令他们在潜移默化中受到友善价值观的教育。

笔者曾利用初二某班的一节自习课，让学生以"友善"为主题自编歌谣，短短的时间里，出现了不少好作品。课间，同学们纷纷把课堂上创作的歌谣拿出来交流传唱。这种相互感知、相互勉励的学习形式，激发了学生的友善意识，对于培育学生的友善价值观具有积极的效果。

学校可以投入一定的资金和人力，在师生中间征集以"友善"为主题的歌谣，评选出优秀作品，可以进行专题展览，也可以编辑成册，还可以进行合唱比赛，以此将培育和践行友善价值观的情感表达出来；同时，也为进一步培育学生的友善价值观奠定了生活基调。

(四) 开设"礼仪"课堂,在体验中认同友善价值观

英国哲学家洛克有一句名言:"美德是精神上的一种宝藏,但是使它生出光彩的则是良好的礼仪。"换句话说,就是一个人的美德首先体现在礼仪上。友善作为美德最主要的内容,也是从知礼仪开始的。开辟礼仪课堂,让学生学会待人接物的礼仪,切身体会其带来的益处,可以增强他们对友善价值观的认同。首先,礼仪教育课堂要包括个人礼仪,比如着装打扮、言谈举止等,符合作为学生的礼仪。其次,人际交往礼仪。一个人在待人接物时热情大方是表示友善的最好体现。第三,在升国旗、唱国歌、开学典礼,以及重大纪念活动等重要场合的礼仪。最后,文明旅游、善待大自然的礼仪。如今,外出旅游对于许多学生来说是经常性的活动,但在旅游过程中不乱刻乱画、不随地扔垃圾,却并非每一个人都能做到。文化学者于丹指出,所谓体验就是"以身体之,以血验之",那是一种非常深刻的浸润。对学生进行基本礼仪教育,目的不是记住它,而是要在生活中去体验。一旦学生在体验中受到尊重、赞美,那么他就会不自觉地认同友善价值观对于人生的意义。

设计一节以"礼仪"为主题的班会课(教学设计)。

1. 主题

友善系于心,礼仪化为行。

2. 设计理念

友善,是中华民族的传统美德之一,不仅能够推动人际交往向着友好和谐的方面发展,消除人与人之间的猜忌隔阂与碰撞摩擦,还能构建起人们心灵之间的桥梁,帮助人们相互理解、相互体贴、互敬互爱、友好相处。礼仪是友善而最生动的体现,通过礼仪教育可以提高初中生的文明素质,而培养文明有礼、道德良好的学生也是初中思想品德这门课的落脚点。古人云:"人无礼则不生,事无礼则不成,国无礼则不宁。"礼仪是我们学习生活之根,是我们健康成长之本,是一个人综合素质的

反映，是衡量一个社会进步与否的重要标尺。本节课的设计本着贴近实际、贴近生活、贴近学生的原则，在内容上，与社会主义核心价值观互相衔接；在形式上，循序渐进，寓教于乐，增强了礼仪教育的针对性、生活化与实效性。同时，还引导学生在生活中不断感悟和体验，并主动践行，把文明礼仪要求内化为个人修养和行为习惯，以期实现教育的最佳效果。

3. 教学对象

心理学研究表明，初中阶段是价值观念形成时期，也是价值观最不稳定的时期。由于现在的00后多是独生子女，并且受到父母的溺爱，虽然大部分都懂得礼仪，但是这种"懂得"大都是耳濡目染，缺乏礼仪知识的全面指导与系统训练。通过调查发现，许多同学在礼仪行为上的表现并不积极主动，因此，对学生进行礼仪教育的空间很大。本节课通过让学生知道礼仪的重要性，掌握社交礼仪基本知识，体验生活社交礼仪，鼓励学生率先践行礼仪要求，并且一同参与到社交礼仪知识的普及中去。

4. 教学目标

（1）知识目标：了解礼仪的重要性，掌握生活中基本的社交礼仪。

（2）能力目标：掌握的基本礼仪知识能在生活中加以运用和体现。

（3）情感、态度与价值观目标：从内心愿意做一个讲礼仪的人，并且能够感染他人。

5. 教学重点

掌握社交的一般礼仪，并且牢记于心。

6. 教学难点

通过礼仪教育，能够将基本社交礼仪外化于行。

7. 教学资源

多媒体。

8. 教学方法

启发、提问、讲授、观察。

9. 学习方法

小组讨论、情景体验。

10. 教学过程设计

(1) 说一说：激发学生兴趣，引导学生进入课堂。

A. **教师活动**

a. 展示：一组以学生为主体的图片（升国旗仪式、入团、听报告、观看比赛等能够表现学生礼仪的图片）。

b. 提问：学生看后有什么感受。

c. 引领：引出礼仪的基本概念以及不同场合对礼仪的要求。

B. **学生活动**

a. 学生观看图片。

b. 学生谈谈自己的感受。

C. **设计意图**：从学生身边、学生熟悉的画面入手，让学生感受到礼仪无处不在，为学生接下来学习礼仪知识、体验交际礼仪奠定情感基调。

(2) 辨一辨：认识礼仪在生活中的重要性。

A. **教师活动**

a. 大屏幕展示几组镜头及材料：学生在食堂不排队，争抢着先打饭；中学生在公交车上"撒野"；没礼貌的大学生求职被拒。

b. 让学生通过讨论，思考这三则材料的启示。

c. 引领：礼仪不仅是一种形式，而且是一个人、一个集体乃至一个国家精神文明的象征。自觉做到讲礼仪，不仅直接关系到我们自身的形象，而且关系到周围的人，关系到我们的集体，甚至关系到我们民族和国家的形象。

B. **学生活动**

a. 学生观看镜头和材料信息。

b. 学生前后桌讨论。

c. 学生代表发言。

C. **设计意图**：通过不同层面的事件，使学生对礼仪的道德意义有更清晰的了解。比如，对个人、对集体以及对国家的影响。激发学生对此种行为产生厌恶，并审视自己的行为。

（3）演一演：体验并掌握日常礼仪规范。

A. **教师活动**

a. 教师可以创设多种生活情景，如学生待客、做客情景；在公交车上无意间踩了别人的脚或被踩脚时的反应；喜欢的文具盒被同学不小心碰到地上摔坏了、升国旗时迟到了等。

b. 教师创设相关情景后，让学生表演。

c. 教师点评。

B. **学生活动**

a. 学生上讲台表演。

b. 其他学生观看，从中发现不妥当之处。

C. **设计意图**：从活动中学习基本的礼仪知识，并在体验中感受不讲礼仪给生活带来的不便，以及懂礼仪给人带来的方便。

（4）读一读：倡议书——做文明有礼的中学生。

A. **教师活动**：展示事先准备的倡议书，邀请班级发言人朗诵。

B. **学生活动**：大声朗诵倡议书，并在倡议书上签字。

C. **设计意图**：通过朗诵和签名，与学生达成讲礼仪的共识，鼓励学生把礼仪落实到行动上。

（5）做一做：奇思妙想，出谋划策。

A. **教师活动**

a. 以"礼仪"为主题，让学生写一句广告语，倡导大家践行礼仪。

b. 以"礼仪"为主题，让学生创作一幅具有一定教育意义的漫画。

c. 民族不同，礼仪也会不同。以小组为单位，通过上网、查阅有关书籍等途径，了解不同民族的礼仪，绘制一份礼仪的手抄报。

B. **学生活动**：学生课后做，可以小组合作完成，也可以自己单独完成。根据学生自己的余力，可以选择其中一题或者多题完成。

C. **设计意图**：让学生通过展示和分享各自的成果，相互评价。教师积极反馈，鼓励学生争做文明礼仪小先锋。

在这一班会课堂上，学生成了课堂的主人，教师发挥了引导作用。通过说一说、辨一辨、演一演、读一读、做一做等几种教学形式，把学生对社交礼仪的认识、体验、激励以及行动贯穿其中，收到了较好的效果。主要体现在三个方面：

第一，从课堂观察来看，学生参与积极性高，课堂气氛活跃。在辨一辨环节，大家通过讨论，认识到礼仪在生活中的作用以及对一个人成长的影响。而在演一演环节，学生很投入，兴致很高，台上表演的同学亲身感受到生活中的礼仪，台下观看的同学通过细致观察，能指出许多不合礼仪的细节。

第二，从课后学生反馈来看，大部分学生对这节课表示满意和喜欢。其中一名同学表示这节课收获很大，还有同学甚至提议能不能平时的思想品德课也这么上。

第三，从课后成果来看，许多同学发挥自己的想象和才艺创作了不少优秀作品，说明这一节课不仅开发了学生的潜能，而且使学生的友善意识具体落在了礼仪行为上。

二、外化于行

马克思指出："全部社会生活在本质上是实践的。"[①] 意思是说，实

[①] 《马克思恩格斯选集》（第3卷），北京：人民出版社2012年版，第8页。

践是人类社会的存在方式,实践在人类社会生活中具有重要地位。因此,任何形式的教育都离不开具体的实践。劳动是人类最基本的一种实践。"劳动不仅是经济的范畴,而且是道德的范畴"[1]。"劳动是一个人在体格、智慧和道德上臻于完善的源泉。"[2] 因此,让学生参加必要的有意义的劳动,有助于培养学生树立友善价值观。

(一) 开展以"尊老爱幼"为主题的家庭实践活动

著名心理专家郝滨说过:"家庭教育是人生整个教育的基础和起点。"家庭教育作为学校教育的基础和延伸,在青少年身心发展当中起着积极的作用,对培养孩子高尚的道德品质尤为重要。因此,不可忽视家庭教育。为更好地强化学生对友善价值观的认同,要有任务、有要求地开展以"尊老爱幼"为主题的家庭实践活动。孝文化是我国家庭教育的优势资源,但是由于现在的孩子娇生惯养,成了家里的"小公主""小皇帝",孝文化在现代家庭中逐渐弱化。因此,在家庭实践活动中要着重强调两个方面。其一,尊老爱幼。教师要把尊老爱幼细化为贴近学生的具体要求,比如在话语、态度、行为举止等方面。其二,要求学生从事必要的家庭劳动。家庭劳动是对尊老爱幼的最实际的表达,通过家务劳动可以树立孩子正确的劳动观念、增强责任心。根据对 X 中学初中生的调查,让父母帮助洗衣服的占68%,让父母帮助收拾房间的占57%,让父母刷筷洗碗的占87%。可见,围绕"家庭劳动"开展家庭实践活动不但必要,而且意义重大。

为贯彻开展以"尊老爱幼"为主题的家庭实践活动这一思想,初一某班语文教师在笔者的配合下,结合语文写作中如何表达真情实感,

---

[1] 〔苏〕马卡连柯:《马卡连柯教育文集》(上卷),吴式颖等编,北京:人民教育出版社2005年版,第166页。
[2] 〔俄〕乌申斯基:《乌申斯基教育文选》,郑文樾选编,张佩珍等译,北京:人民教育出版社2007年版,第67页。

给学生布置了一项作业。作业题目:"我为爸妈做点啥"(老师事前经过了解,该班没有失去父母亲的同学)。作业要求:a. 这样做的原因,描写做的过程以及做后的心得体会;b. 能够表达真情实感;c. 不少于300字。

从学生提交的作品来看,学生不仅从中学到了作文写作技巧——如何表达真情实感,更重要的是通过具体的行动,学生和父母之间的距离得以推近,无论是给父母洗脚,还是给父母写信,学生能够有所体悟,就是学生的成长。如果父母能加以肯定,并以具体的行动表达对孩子的爱,双方形成互动,家庭里就会充满爱。学生在友爱的环境下成长,友善自然会处处体现在日常行为上。

(二)开展以"学习雷锋"为主题的社会实践活动

当代教育家李镇西说:"爱心是教育的前提,教育是心灵的艺术。"[1] 开展以"学习雷锋"为主题的社会实践活动,目的就是培养学生的爱心和社会责任感。首先,学校要有组织、有秩序地引导学生关爱"空巢"老人、残疾人以及贫困地区的少年儿童,可以在当地社区、敬老院、孤儿院等建立长期稳定的实践基地,可以和山区贫困地区的儿童建立互动关系,使学生学雷锋实践教育活动日常化、平常化、行动化,让雷锋精神激励孩子们更好地成长。其次,要利用各种法定节日、传统节日、重要人物和重大事件纪念日等重要时机,组织学生开展道德实践活动,把培育和践行社会主义核心价值观融入活动中。最后,学校可以开展评创"雷锋式小组""雷锋式班级"活动,不断把学习雷锋活动引向深入,组织学生开展力所能及的社会公益活动。

学雷锋,学的是精神,见的是行动。从小事做起,从我做起,从身边做起,有利于学生的核心价值观在参与中养成,在实践中成长。需要

---

[1] 李镇西:《爱心与教育》,北京:文化艺术出版社2011年版,第1页。

注意的是,在实践活动中,教师要有目的地引导学生自我教育,正如苏联教育家苏霍姆林斯基说的那样,能激发学生进行自我教育的教育才是真正的教育,而只有在自我教育中,学生才能真正地把为社会服务看作一个人最主要的美德,这也是现代公民意识的体现。

(三) 开展以"爱护环境"为主题的生态实践活动

"一叶一木皆风景,一言一行要文明。"开展以"爱护环境"为主题的生态实践活动可以从身边做起,从学校做起。把教室里的每个角落都摆上学生自己精心培育的花草,让学生去记录花草的成长过程,感受花草给班级带来的清新气息;同时,也能见证自己的成长过程。在校园里,只要有土壤的地方都种上花草树木,将学校的绿化带分成小块,每个班级可以承包,让学生感受自己的劳动成果带来的校园生态的芬芳。此外,学校要利用植树节、世界地球日、世界卫生日、世界环境日、世界动物日等节日,组织学生开展调查体验活动,打扫社区及街道,参与保护环境宣传活动以及废物利用作品展等实践活动。在活动中引导学生提高学生爱护环境、保护环境的意识与能力,尤其要促其养成低碳环保的行为习惯以及文明友善的生活方式。需要指出的是,男女生在对待自然界意识和行为方面往往有着很大差距,一般来说,男生较有破坏力。因此,在实践中要加强对男生的教育,让男生获得更多的体验,以期缩小男女生之间的行为差别。

三、固化于制

友善价值观教育作为一项长期性、系统性的工作,除了要不断创新方式方法,探索有效形式,还要形成长效机制。只有有了完善的机制保障,才能使友善价值观实现常态化、日常化、规范化。基于对 X 中学初中部友善价值观教育调查的实际状况,需要建立师德建设与评价长效机制、学生道德实践活动长效机制以及学生违反中学生道德规范新型惩罚机制。只有建立、贯彻落实这些机制,学生的友善价值观教育才能落地生根。

(一) 建立师德建设长效机制

尽管素质教育在我国已经实施多年,但是传统应试教育理念在教师的头脑中并没有多大改观。从对 X 中学教师的调查来看,相当一部分教师依然把学生的成绩看作教育教学的目标,而且大部分教师没有带头践行友善价值观的意识。著名教育家赫尔巴特说过:"教育的唯一工作与全部工作可以总结在一个概念之中——道德。"[1] 要培养学生树立友善价值观,教师首先要是道德的典范。正如俄国教育家乌申斯基所说:"教师个人的范例,对于学生的心灵,是任何东西都不可能代替的最有用的阳光。"[2] 我国古语有云:"其身正,不令而行;其身不正,虽令不从。"都说明教师在道德方面的表率作用对学生潜移默化的影响是不可替代的。基于此,学校可以在《关于建立健全中小学师德建设长效机制的意见》指导下,根据学校实际情况,建立师德建设的长效机制。主要包括以下几点。

1. 建立师德学习机制

每学期开始,可以组织各学科教师进行统一集中的师德学习。向全国道德模范学习,向乡村最美教师学习,向全国优秀教师和全国优秀教育工作者学习,学习他们的先进事迹,学习他们高尚的道德品质。通过集中学习讨论,增强师德观念,促其加强自身道德修养,不断开拓师德学习的新境界。

---

[1] 张焕庭主编:《西方资产阶级教育论著选》,北京:人民教育出版社 1979 年版,第 259 页。

[2] 〔俄〕乌申斯基:《乌申斯基教育文选》,郑文樾选编,张佩珍等译,北京:人民教育出版社 2007 年版,第 47 页。

2. 建立师德考评机制

学校要根据师德的内容，对教师的言行举止提出具体要求，进行量化考评。考核的主体力求多元化，包括学生、家长、校领导等。每学期、每学年进行考核公示，以此作为评职晋升的条件之一。对师德方面表现特别突出的教师，学校要给予表扬和适当的物质奖励，并且在学校内加以宣传，从而发挥其示范与榜样作用。

3. 建立师德监督与惩罚机制

在学校里，要以意见箱、热线等方式为学生开通监督渠道，还可以开辟直接由学生至校长这种由下至上的举报窗口。对于跨越师德红线的教师，经查属实，要根据教育部《中小学教师违反职业道德行为处理办法》给予惩罚。

教师是教育的根本，师德是教师的灵魂。要把全面树立良好的师德形象作为学校工作的重要内容来抓，建立完善的师德建设机制，使广大教师自觉、主动地参与到教育教学各项活动中，为学生树立学习榜样。

（二）建立学生道德教育实践长效机制

我国教育家陶行知说过："道德是做人的根本，根本一坏，纵然你有一些学问和本领，也无甚用。"[①] 教育家张伯苓也说过，学生时期当以道德、身体、知识三事为自立基础。[②] 由此可见，道德对一个人的成长成才十分重要。学校要加强道德培养力，可以通过建立学生道德实践长效机制，使已经成熟的道德实践活动常规化、正轨化。

首先，要注重实践活动的友善教育意义，活动不在于多，而在于通

---

① 胡晓风、金成林等编：《陶行知教育文集》，成都：四川教育出版社2002年版，第64页。

② 唐澜波：《爱国教育家·张伯苓》，武汉：武汉大学出版社2012年版，第28页。

过实践活动能让学生收获什么，学到什么。因此，学校对每次活动要精心设计，统筹兼顾，保障实践活动的教育价值。其次，在实践活动中要加强组织、指导和管理，使实践活动有序、有效地展开。再次，要举办实践活动成果展示，包括日记、作文、绘画、板报、调查报告等。对于在实践活动中表现优秀的学生以及学生在实践后创作的优秀作品，要及时给予表扬和奖励。最后，对每一次道德实践活动存在的不足进行反思，总结教训，以供下一次活动参考。

（三）建立学生恶性行为新型惩罚机制

有位哲学家说过："惩罚一个人，不是因为他犯了什么错，而是让他更加完美。"惩罚不是目的，只是一种手段。从对 X 中学初中部的调查中发现，对于学生的恶劣行为，几乎都是由校保卫科的人处理，处理办法以批评教育为主，写保证书、请家长等方式最为常用。然而，这种传统的惩罚方法并不能收到良好效果。惩罚是一门艺术，如果惩罚的度掌握不好，就会适得其反。有心理学研究表明：不当的惩罚不仅无助于消除某种行为，还会对学生的发展产生消极的后果。[1] 一项心理学调查显示，有47%的学生在受到惩罚之后会产生反抗心理，如"怀恨在心""想打人""发脾气"等。[2] 学校要改变传统的惩罚方式，建立由心理学教师或心理咨询师主导的新型惩罚机制。

首先，可以成立由心理咨询师、教师、学生、家长以及校治安人员等参与的惩罚小组。犯有重大错误以及屡教不改的学生，交由该小组惩罚。需要指出的是，除心理咨询师和校治安人员外，其他参与者都是与违反道德规范的学生有关的人员，具体人员名单由心理咨询师根据需要确定。惩罚并不是目的，目的是让学生改正。

---

[1] 杨庆：《关于教师惩罚行为的心理学研究综述》，载《苏州教育学院学报》，2004 年第 3 期。

[2] 张晓蓉：《基于教师视角的师生冲突探析》，杭州：杭州师范大学，2008 年。

其次，在心理学教师或咨询师的主持下，教师、学生、家长及校治安人员积极配合，利用科学有效的心理学理论方法，如斯金纳的强化理论方法、维果茨基的最近发展区理论方法等，以最小的惩罚，帮助学生认识错误、改正错误，尤其要提出具体改正的方法与路径。

最后，在改正过程中，心理学教师或咨询师、教师、学生、家长、校治安人员等要加强监督和提供必要的帮助，直到学生在一定时期内不再有类似恶性行为为止，让惩罚不再是一种形式，不再是一种目的，而是回归到帮助学生认识错误、改正错误，鞭策学生进步的真实本质上来。

第四节 小学生友善教育现状调查
——基于对一所小学班主任的深度访谈

友善是社会主义核心价值观的重要内容，也是中华民族传统美德。加强小学生友善教育，对于丰富小学生道德发展，促进小学生健康成长具有重要意义。如何针对不同群体的年龄、心理、行为等特点，在实践中将友善落实、落细、落小，值得每个人思考。为了探索适宜小学生的友善教育策略，课题组通过访谈的形式对小学生友善教育现状进行了调查。结果表明：小学生友善教育有许多值得肯定的地方，也有许多不足之处。家庭、学校、社会三个层面在小学生友善教育方面都有较大的改进空间，坚持开放、协同、合作的原则，建立长效机制，将小学生友善教育融入生活，扎根实践，内化于心，外化于行，由内而外，由表及里，培养小学生行善、乐善、扬善，成为德智体美劳全面发展的社会主义建设者和接班人。

一、访谈调查概况

（一）访谈对象

为了使访谈更加具有代表性，课题组通过讨论，一致认为访谈对象——义务教育阶段的班主任要来自不同地域、不同学段、不同性质的中小学。通过整体抽样、分层抽样、等距抽样相结合的方式，课题组选择了4位班主任。4位班主任分别称为A、B、C、D。访谈对象基本情况：从年龄上看，都集中在30岁至50岁之间；从学历上看，2位班主任本科学历，1位大专学历，1位中专学历；从经历上看，4位班主任均有5年以上的班主任经验；从任教课程看，2位班主任教语文，2位班主任教数学。需要指出的是，A、B、C、D这4位班级班主任均为随班班主任（跟班走），对班上学生的情况比较了解，这样增强了访谈信度。

（二）访谈提纲

确定好访谈对象后，课题组开始着手设计访谈提纲。为了使访谈提纲更加优化，课题组反复讨论、修改、优化，最终确定了三个方向十二个问题。具体内容如下：

方向	问题	备注
学校教育小学生友善情况	1. 您认为加强小学生友善教育对其成长有何影响？	
	2. 学校环境在小学生友善教育中发挥什么作用？	
	3. 学校为防治"校园欺凌"做过哪些努力？	
	4. 您怎么对待友善和不友善的孩子？	举例

(续表)

方向	问题	备注
家庭教育小学生友善情况	6. 您觉得家庭在与学校合作培养小学生友善方面，可以有何举措？	
	7. 您觉得现代家长对待孩子的态度怎样？	
	8. 您在家访过程中，遇到过哪些印象深刻的家风家教？	举例
	9. 您觉得家长在教育孩子友善方面的不足之处有哪些？	
社会教育小学生友善情况	10. 您觉得哪些社会因素对孩子友善培养影响比较大？	
	11. 您如何看待儿童文学对孩子友善的培养？	
	12. 您怎么看待社会上的"熊孩子"？	
	13. 您觉得大众传媒在培养小学生友善方面发挥的作用如何？	

以上问题，一方面在设计上做到了设计问题的开放性，使访谈对象有话可说，避免了是否、对错等简单的评判性回答，从而确保访谈内容的真实性和有效性；另一方面，做到了问题聚焦到"友善"这一主题上，每一个问题设计，不仅考虑到设计者的提问方式，还站在回答者的角度，考虑与访谈者的生活、工作是否紧密联系在一起，以利于访谈者做出回答。

（三）访谈方式

访谈提纲形成后，课题组专门征求了2位义务教育阶段的班主任的意见和建议，根据她们的意见和建议进行了完善。访谈提纲确定后，课题组2~3人一组对4位班主任开展了个人访谈。访谈的具体形式，既有面谈，也有电话访谈，还结合了新的访谈方式——微信访谈、QQ访谈。为全面、真实地捕捉更多的调查信息，访谈虽然以访谈提纲为依据，但是对提问的方式、访谈对象回答的方式等没有作要求。通过对访谈内容的梳理和总结，呈现了小学生友善教育状况。

二、访谈调查结果

访谈结果表明：小学生友善教育有许多值得肯定的方面，也有许多不足之处。

（一）小学生友善意识培育值得肯定的地方

1. 教师能够认识加强小学生友善教育的重要性

在问到"您认为加强小学生友善教育对其成长有何影响？"时，4位班主任均给予肯定回答。A班主任表示："小学生的思想观念正处在形成时期，就如一幅正在描绘的画，如果缺少了友善就缺少了生气和活力，因为友善就如同这幅画上的太阳。"B班主表示："友善是孩子品德教育的核心，小学生如果缺少了友善教育，那培养出来的岂不是'小怪兽'？加强友善教育对其一生成长都非常重要。"C班主任表示："友善是社会主义核心价值观中的内容，习总书记多次强调要把社会主义核心价值观落实、落细、落小，加强小学生友善教育就是贯彻落实习总书记讲话精神，友善教育要从小抓起，从学校抓起。"D班主任强调："为加强小学生友善教育，学校开展了一系列亲子活动、社区服务活动和一些环保活动。可见学校对加强小学生友善教育的认识是深刻的。"

2. 家长能够积极引导小学生友善行为

根据4位班主任的回答，家长能够积极引导小学生友善行为，主要表现在三个方面：一是能够积极配合学校开展一些献爱心活动；二是在家访过程中，许多父母能够运用生活资源对孩子进行友善教育，比如生活中，早晚要问好，排队不插队，善待流浪狗流浪猫，保护花草树木等；三是有些父母注重儿童文学对孩子友善教育的影响，例如，经常让孩子阅读诸如"廉颇与蔺相如""六尺巷"、雷锋等故事，或是看能够诠释友善的动画节目，如《小猪佩奇》《海底小纵队》《超级飞侠》等，做到寓教于乐。

3. 利于小学生友善教育的社会氛围向好

首先是一大批优秀的儿童文学作品出现，秦文君、孙幼军等一大批儿童文学作家创作了许多优秀的儿童文学作品，有利于丰富孩子的内心世界，满足其精神需要。其次，大众传媒广泛宣传的好人好事，尤其是一些"最美教师""最美孝心少年"等的先进事迹在社会上广泛传播，给小学生树立了学习榜样。最后，随着我国经济社会的发展，人们生活水平提高，社会文明不断发展，人们更加注重自己的言行举止，社会主义核心价值观成为新时代主旋律，为小学生友善教育提供了良好的社会条件。

（二）小学生友善教育不足之处

在访谈过程中，也发现小学生友善教育存在的不足之处，值得引起人们的注意，主要表现在以下几个方面。

1. 学校：环境育人功能未充分发挥，教师传统观念未根本改变

苏霍姆林斯基曾指出："让学校的每一面墙壁都会说话。"也就是重在创设一种与教育目标相适应的育人环境，满足孩子身心发展需要，促进孩子健康成长。在问及学校环境对小学生友善教育的作用时，被访谈对象都过分强调学校环境的审美价值，尤其是自然环境的美观度，忽视了环境的教育价值，特别是人文环境相对贫乏。另外，许多学校环境长期保持不变，这样不利于充分发挥环境的育人功能。二是教师重智育轻德育的观念还未发生根本改变。立德树人，德育为先，扣好人生的第一颗纽扣，培养小学生良好品德，这是义务教育阶段的重要内容。然而，访谈对象一致表示：许多教师重视智育，轻视德育，成绩成为教师衡量学生的主要指标。平时开展友善主题教育活动不多。忽视了一些孩子之间过分玩闹的度，导致一些校园欺凌事件出现。

2. 家庭：家风家训家教普遍缺乏，家长言传身教、严慈相济未做到位

"家庭是人生的第一个课堂"。中国人一向重视家庭在个人成长过程中的作用，所以，素有"天下之本在家"之说。习近平总书记强调："不论时代发生多大变化，不论生活格局发生多大变化，我们都要重视家庭建设，注重家庭、注重家教、注重家风。"[①] 只有每一个家庭都既承担起"帮助孩子扣好人生的第一粒扣子，迈好人生的第一个台阶"的重担，又承载起帮助孩子"在为家庭谋幸福、为他人送温暖、为社会做贡献的过程中提高精神境界、培育文明风尚"的重任，这样家庭培养出来的孩子才能够在"自觉承担家庭责任、树立良好家风"以及为社会做出有益贡献等方面打下良好的思想基础、品德基础和人格基础。然而，在问到"您在家访过程中，遇到过哪些印象深刻的家风家训？"时，3位班主任表示，没有哪个家庭的家风家训给自己留下深刻印象；有1位班主任表示，在家访中曾遇到过一个开超市的家庭，具有"诚实做人，童叟无欺"的家风，对孩子影响很大。由此可见，许多家庭缺乏家风家训。二是家长言传身教、严慈相济没有做到位。中国现代儿童教育的奠基人与开拓者陈鹤琴指出，儿童教育的根本是父母教育。他认为小孩子好模仿，做父母教育孩子的第一原则是以身作则的原则。比如，儿童看见父亲随地吐痰，也会模仿着吐吐看；反之，父亲的勤奋、敬业、智慧、做事条理化，与母亲的善良、温柔、耐心、持家等良好的性格、道德、生活方式、待人态度等，都会对儿童的性格、生活态度等产生影响。然而，许多父母自己不遵守规则，却要求孩子遵守，自己没有助人为乐的精神，却要求儿童要有一颗爱心，显然不会对孩子产生好的教育效果。在访谈过程中了解到，当前普遍存在父母溺爱孩子的

[①] 《习近平谈治国理政》（第2卷），北京：外文出版社2017年版，第353—356页。

现象，甚至当孩子做错了事情或者与其他孩子发生摩擦时，许多父母竭力护短。孩子出现不友善的行为，许多家长认为孩子还小，以此为理由不去管教孩子。这实际上是对孩子的纵容。

3. 社会："熊孩子"现象带来不良影响，人人都是教育者的社会氛围亟待形成

当孩子在公共场合不受一点规则约束，就像在自己家里那样想做什么就做什么，完全不顾及周边人的感受，甚至给他人带来麻烦和困扰的时候，这些孩子就成为大家眼中的"熊孩子"。在访谈中，4位班主任都表示，经常遇到"熊孩子"，一个"熊孩子"就像传染病似的，会让旁边的孩子也变成"熊孩子"。有1位班主任描述：一个周末，她约了朋友去看电影，为了安静地观赏电影，她们选择了一个小放映厅。没想到的是，一个"熊孩子"的出现扰乱了她们的好心情。观影的过程中，这个孩子叽叽喳喳不停，完全就是一副在家里客厅看电影的架势，好像不知道电影院是公共场合。尽管先后提醒了两三次，但他每一次都只是消停了一会儿。更让人没想到的是，一个孩子这样，其他孩子也跟着学，有的站在座位上手舞足蹈，有的在荧幕前跑来跑去。孩子认知水平有限，喜欢模仿，认为同伴能做的事情自己也可以做，这样就使"熊孩子"的不良影响迅速扩大。

在访谈中，4位班主任都强调了家庭和学校教育的重要性，忽视了社会这个重要的教育基础。人人都应该是友善教育的参与者。既然要发挥社会对孩子的教育功能，教育就不仅仅是教师的责任或者父母的责任，而应该是全社会的责任。每个人，哪怕是陌生人的一言一行，也会对孩子产生或好或坏的影响，这种影响也是教育。教育家杜威讲："教育即生活，学校即社会。"陶行知先生也说："生活即教育，社会即学校"。尽管他们强调的侧重点不一样，但是都说明了教育与生活、教育与社会的关系。如果狭隘地把教育理解为学校和家庭的责任与任务，把孩子的成长完全寄希望于学校或者家庭，那么，仅仅靠学校和家庭的力量，无论如何也难以承担起每个人成长的责任，促其全面发展。如果每个人自觉或不自觉，直接或间接地都成为教育者，这种大教育观一旦形成一种社会文化，受益的将是每一个家庭、每一个孩子。

三、小学生友善教育现状反思

小学生是祖国的未来，民族的希望。对其进行友善教育，不仅关系到个人的成长和未来，也关系到中华民族伟大复兴"中国梦"的实现。党的十九大报告指出：要培育和践行社会主义核心价值观，以培养担当民族复兴大任的时代新人为着眼点，强化教育引导、实践养成、制度保障，发挥社会主义核心价值观对国民教育、精神文明创建、精神文化产品创作生产传播的引领作用，把社会主义核心价值观融入社会发展各方面，转化为人们的情感认同和行为习惯。小学生友善教育是一个长期的系统工程，不可能一蹴而就，必须建立长效机制，坚持开放、协同、合作的原则，融入生活，扎根实践，内化于心，外化于行，由内而外，由表及里，培养小学生行善、乐善、扬善，成为德智体美劳全面发展的社会主义建设者和接班人。

（一）创新与发展传统友善思想文化

党的十九大报告指出，要"深入挖掘中华优秀传统文化蕴含的思想观念、人文精神、道德规范"。我国传统思想文化蕴含着丰厚的友善文化基因，有"上善若水，厚德载物"的人生境界，有"勿以恶小而为之，勿以善小而不为"的谆谆教导，有"崇德向善""见贤思齐"的优良品格，有"择其善而从之，其不善者而改之"的深刻自省，还有"老吾老以及人之老，幼吾幼以及人之幼"的大爱精神，等等，都标注着鲜明的传统文化底色，是友善教育的宝贵资源。习近平总书记多次强调要推进中华文化的创造性转化与创新性发展。利用传统友善思想文化加强友善教育，是传统文化创造性转化与创新性发展的最直接的体现。

例如，朗诵国学经典。朗诵注于目，出于口，闻于耳，记于心，是一种复杂的思想情感体验和认同过程。通过有感情地朗诵，学生在体会作者思想感情的过程中能受到潜移默化的思想教育。还可以演绎古典故事，例如，让学生演绎现代版"孔融让梨""黄香温席"等古典故事，在活动中体验并感受友善带来的快乐。应当指出的是，传统友善思想文化难免带有封建时代的烙印，要取其精华、去其糟粕、古为今用、推陈出新，把传统、现在与未来连接起来，在继承传统的基础上，面向未来，创新发展。

（二）开拓与优化友善教育多维空间

马克思指出："全部社会生活在本质上是实践的。"[①] 任何形式的教育都离不开具体的实践。友善教育要立足于实践，包括家庭、学校、社会、网络传媒。其中，家庭是人生整个教育的起点，父母是孩子的第一任老师，父母要积极营造民主平等的家庭氛围，以身作则，尊老爱幼，相亲相爱，为孩子树立榜样。学校是孩子接受教育的主阵地，友善教育要有机地融入课堂教学、校园环境之中。教师作为学生锤炼品格的引路人，要以实际行动感染学生、影响学生，走进学生心灵深处，做学生的良师益友。网络是友善教育的载体，净化网络环境，弘扬社会主义核心价值观，传播正能量，让网络成为友善教育的第二课堂。社会是友善教育的试验场和最终归宿，每个人既是友善教育者，也是受教育者，每个人的一言一行都具有教育意义。所谓"良言一句三冬暖，恶语伤人六月寒"，在公共场所要注意个人言行举止。作为社会风向标的网络传媒要营造有利于友善教育的氛围，让行善、乐善、扬善成为社会的主旋律。

[①] 《马克思恩格斯选集》（第1卷），北京：人民出版社2012年版，第135页。

(三) 建立与实施友善教育长效机制

友善教育不是一蹴而就的,而是一项系统、持续的长期工程,需要长效机制作为保障。一方面,要建立有形的长效机制,包括友善教育的激励机制、评价机制、运作机制、经费支持机制等;另一方面,还要形成无形的长效机制,包括文明的社风、家风、校风等,使友善教育如空气一样无所不在、无时不有,润物细无声地滋养每一个孩子的心田,让友善之花处处开放。

第五节 小学生友善教育个案分析
——基于对一名小学生成长的追踪与观察

当前,校园欺凌成为社会关注的焦点,为防治校园欺凌,许多学校不断加强校园监管。须知防治校园欺凌要打好"组合拳",培育学生的友善意识和行为是"组合拳"中的关键一招。通过对一名小学生的连续观察与总结,从以下四个方面提出培育小学生友善意识与行为之策:加强自我修养,在环境中言传身教;坚持生活教育,在生活中知行合一;重视经典文学,在阅读中陶冶情操;开拓家校结合,在社会中巩固成效。

尊老爱幼、谦敬礼让、关爱他人是其基本体现。友善作为中华民族传统美德,是处理人际关系的基本准则,也是评价人们行为善恶的标准。每一位家长、每一位教师都希望自己培育的孩子明礼友善。从孩子出生开始,如何培育一个孩子的友善意识和行为?笔者经过多年观察与记录,总结了几点有效的策略。下面结合具体的案例进行分析。

一、案例描述

琪琪今年 9 岁,追踪该孩子在成长过程中表现出来的友善意识及种种友善的亲社会行为,作为孩子的家长不仅感到特别欣慰,为孩子的所作所为感动,而且孩子的行为也在影响、鞭策着家长,让家长不断修炼自己,努力做更好的自己。

镜头一:3 岁时蹲喂同伴喝水

琪琪在幼儿园上小班的时候,小朋友们自主在活动室里玩玩具,老师看见琪琪蹲在楚楚的身旁,拿着楚楚的水壶喂楚楚喝水,而楚楚享受着琪琪的照顾,一边喝水一边惬意地玩着玩具。老师看到这温暖的一幕,惊叹一个 3 岁孩子的爱。

镜头二:主动帮别人捡垃圾

琪琪上幼儿园大班时,有一天放学后,和几个小朋友在操场上玩。老师给了琪琪和其他小朋友每人一颗巧克力糖。孩子们拿到巧克力后,迫不及待地剥掉糖纸吃起来。其他几个孩子随手就把糖纸扔到了地上,然后继续玩耍。琪琪发现地上的糖纸后,主动把其他小朋友丢下的糖纸捡起来,跑去扔进了垃圾桶,回来继续跟小朋友们玩起来。这温暖的一幕,不禁令人为这个 5 岁孩子不需旁人监督的自觉而感动。

镜头三:有一颗包容之心

琪琪上小学一年级时,有一次班主任把她写对的作业给打了个叉,家长在检查作业时对她说:"琪琪,这道题你是对的。"琪琪说:"妈妈,我知道,但我们陆老师平时很辛苦的,她跟我们说眼睛已经有点老花了,看东西有点吃力,偶尔看错了没关系。"听了孩子的述说,让人不由得对这个遇事能站在别人立场考虑而不斤斤计较的 6 岁孩子刮目相看。

镜头四：甘当为集体服务的"小雷锋"

琪琪上小学二年级时，有一次周末，家长带她路过学校。家长提议跟她进学校去看看她学习的教室。到了班级，只见她兴致勃勃地开始给老师讲课用的白板笔注墨水。家长看她的动作如此娴熟老练，就问她："是老师平时请你给笔注墨水的吗？"琪琪的回答让人大吃一惊："我自己观察老师给笔注墨，然后下课时间就帮老师给她用的笔加墨，我天天都做这件事，我们老师都不知道墨水是我加入的。"眼前这个愿意默默无闻为集体服务的"小雷锋"真令人感动。

镜头五：爷爷做的菜真好吃

这几天，爷爷做的菜特别咸，吃饭时爷爷总会问："琪琪，今天的菜好吃吗？"琪琪总是说："挺好吃的。"回家的路上，妈妈问琪琪："孩子，你不觉得爷爷这几天做菜特别咸吗？妈妈都难以下咽。""我也觉得有点咸，可是妈妈，如果我跟爷爷说菜太咸不好吃，爷爷会伤心难过的。"

镜头六：善意的谎言

一次，琪琪一家与朋友们一起外出，回来的路上。琪琪家买了点当地特别好吃的橙子。到了南宁，大家要各自回家，朋友让琪琪把剩下的橙子带回家，琪琪说："我们家里还有很多橙子，阿姨还是您拿回去吃吧。"妈妈一听，顿时傻了眼，自家一个橙子也没有，这孩子怎么会这么说话？朋友听后，就乐滋滋地把橙子拿了回去。回到家后，妈妈纳闷地问："宝贝，这几天我们不在家，咱家里可一个橙子也没有啊，你刚才怎么会这么说呢？""我知道。"琪琪肯定地回答。"那你为什么还说我们家有很多橙子呢?""我这么说阿姨才会把橙子拿回去啊,要不阿姨肯定会给我的,因为只有我是小孩子,你不是说过'美丽的谎言'嘛。"妈妈摸着琪琪的头说:"可是妈妈知道你爱吃橙子。""还是让阿姨拿给汉汉哥哥吃吧。"一个9岁的孩子,遇物不自私,首先想到别人,这种品德令人敬佩!

二、案例分析

通过几则案例,琪琪在日常生活中所表现出来的友善意识和行为略见一斑,她懂得尊老爱幼,关心他人;能自觉遵守行为规范,默默无闻地为集体服务,对待事物能先人后己。分析孩子的行为表现,主要具有以下几点较为突出的友善特质。

(一)尊老爱幼关心他人,对事对人先人后己

友善最基本的体现是尊老爱幼、谦敬礼让、关爱他人。中国自古就有"礼仪之邦"的美誉,谦敬礼让是中华传统美德的重要体现。在中国传统道德中,谦敬既是个人自身修养的美德,也是为人处世的道德要求。谦即自谦,虚以处己;敬即敬人,礼以待人。琪琪生活的家庭已经形成了谦敬礼让的家风,一家人都努力践行,榜样的力量是无穷,琪琪在这样的环境中得到了潜移默化的影响。同时,家长有意识地让琪琪从小就阅读中华传统的经典故事,如"孔融让梨""黄香温席"等,从小读经典,陶冶情操。让友善的种子从小种下,才能开花结果。

(二)遵从社会期待,做人们眼中的"好孩子"

儿童发展心理学家科尔伯格把人的道德发展划分为三种水平六个阶段,其中,第二水平第三阶段是习俗水平,愿做一个"好孩子"的定向阶段。处于这一阶段的孩子总是考虑他人和社会对"好孩子"的要

求，会尽量按这种要求去思考问题，认为好的行为就是帮助别人、使别人愉快，这符合大众意见。[①] 琪琪超越了前习俗水平，相对功利取向阶段，达到了习俗水平，愿做一个"好孩子"的定向阶段，她为集体服务的目的以及善意的谎言，说明她并不是追求表扬，只是认为这是好孩子应该做的。从年龄上看，琪琪的道德发展比同龄人快，原因在于关键期对琪琪的正确教育。从心理学的角度讲，人的身心发展的不同方面的发展速度是不平衡的，同一方面的发展速度，在不同的年龄阶段是不平衡的，这给我们的启示是：孩子的发展存在关键期，抓住每一个发展阶段的关键期，施以相应的教育，就会使教育起到事半功倍的效果。而琪琪道德水平发展较快，是从她一出生家庭就注重教育的结果。中国自古有这样一句话：3岁看大，7岁看老。说明幼儿时期形成的人格从某种程度上讲，会影响其一生。因此，要特别注重幼儿时期的教育，0~3岁是孩子道德水平发展的关键期，作为孩子第一任老师的父母要抓住这一关键期。

（三）有较强的规则意识，自觉遵守社会规则

琪琪从不随地乱扔垃圾，没有垃圾桶时就找塑料袋或者先自觉装在口袋、书包中，并在看到他人乱扔垃圾行为时发声抵制；上学自觉要求提前到达，从来不迟到；过街遵守交通规则，有时爷爷过街闯红灯会被琪琪教育。琪琪之所以有这么坚定、强烈的规则意识，是因为从她出生开始，她看到的、听到的是父母遵时工作，准时赴约；是父母从不随地吐痰、随地乱扔，身边没有垃圾桶时先把垃圾装在自己的包中。父母在生活中遵守社会公德、遵守行为规范，并努力做到在生活中事事育人、处处育人。同时，为孩子选择了各种遵守行为规范的图书与视频，让其

[①] 郭本禹：《道德认知发展与道德教育——科尔伯格的理论与实践》，福州：福建教育出版社2005年版，第4页。

耳濡目染。从量变到质变，规则意识逐渐在这个孩子心中发芽开花结果，根深蒂固，最终才能产生无需他人监督的自觉行为。

三、案例启示

回想琪琪成长的点滴，作为父母，特别重视从小对她进行友善意识和行为的培育。一分耕耘一分收获，现将幼儿友善教育行之有效的策略和方法总结如下，希望这些建议能帮助到更多的孩子和家庭。

（一）加强自我修养，在环境中言传身教

家长是孩子的第一任老师，也是最重要的老师。为人父母，要加强自我修养。儒家思想认为，自我修养是个人立身处世，实现人生价值的根本，提出"修身，齐家，治国，平天下"的思想主张。中国古代有丰富的自我修养法则。一是自我学习。《论语·里仁》："见贤思齐焉，见不贤而内自省也。"看见有德行的人，就要自觉地向他人学习。二是自我反省。《论语·学而》："吾日三省吾身。"每天多次反省自己的言行有没有失当的地方。三是自我克制。《论语·颜渊》："克己复礼为仁。"努力约束自己，使自己的言行符合礼的要求。四是自我批评。《孟子·离娄章句上》："行有不得者，皆反求诸己。"遇到困难不去责怪他人，而是自我批评，从自身找原因。父母提高自身修养是教育好孩子的前提，幼儿的学习具有模仿性的特点，父母就是孩子的一面镜子，在真实的生活环境中言教虽然不可少，但身教更有影响力，为孩子树立好榜样，做好"根"的教育，孩子自然能茁壮成长。

（二）坚持生活教育，在生活中知行合一

教育家陶行知先生强调"生活即教育""社会即学校""教学做合一"的教育主张，生活就是教育的源泉。正如陈鹤琴先生所说的："大自然、大社会都是活材料"，在生活中可以给人生提供向上向前所需要

的教育,家长和教育工作者要有意识地坚持在真实的生活情景中对孩子实施及时而有力的引导和教育。注重知行合一,行是知之始,知是行之成,让孩子学以致用。例如,长辈没动筷不能自己先吃饭,为还没回来的家人留出一份饭菜,吃东西时先给家人最后到自己。有的家长注意道德教育,但说得多,做得不够或落实不到位。跟孩子说不能随地乱扔垃圾,自己却从车窗扔垃圾;当看到孩子让人欺负了,心疼之余没能冷静、正确地引导孩子,还对对方的孩子不依不饶等。我们不仅要在生活中加强道德教育的实践性,同时还要积极创造让孩子参加道德实践的条件,如让孩子在家做力所能及的家务劳动,培育孩子的责任意识;协助长辈做一些力所能及的事物,培育孩子的爱人之心;经常带孩子与小伙伴一起玩耍,培育孩子的友善之心等。让孩子在与自然、社会的接触中,在亲身观察和活动中获得经验,养成品质。

(三) 重视经典文学,在阅读中陶冶情操

对孩子友善意识和行为的培养,家长在做好言传身教,在生活中注重知行合一的同时,还要重视经典的文学作品对孩子的影响和引导,让孩子在愉快的阅读中陶冶情操,修身养性。书籍是人类的朋友,是我们的精神食粮,古今中外有许多经典文学作品特别适合让孩子听读。千百年来,像《三字经》《幼学琼林》《弟子规》《三字经》等经典国学备受推崇,家长可以为孩子选择有注音、注释、译文以及与正文相契合的精美插图的版本进行阅读。孩子通过阅读这些经典,既可以修身养性,又可增智广识,还可立德励志。现代也有许多优秀的绘本作品,如《我爸爸》《我妈妈》《彩虹色的花》《我长大以后》《猜猜我有多爱你》等,这些绘本更容易吸引孩子的兴趣,让孩子从心底喜欢,润物细无声。孩子可以从故事里明白如何去爱人,如何去表达爱,如何去成长。这种不留痕迹的教育真正地教育了孩子,启发了孩子。现代社会科技特别发达,信息技术给我们生活带来了极大的方便,用手机下载订阅号,

如"爱阅公益"里面有很多播撒善良种子的故事，随时随地可以选择、播放给孩子听。让孩子经常有机会听读经典文学，塑造完整人格，丰富美好感情，在阅读中陶冶情操，成就不一样的人生。

（四）开拓家校结合，在社会中巩固成效

教育是一项系统工程，儿童的发展受到家庭、学校、社会等各方面因素的影响。我们的学校教育和家庭教育在目标和方向上是一致的，家校要加强联系，配合一致，才能实现同步教育，才能培育出有坚定信念、表里如一、诚信友善的接班人。苏霍姆林斯基说过，最好的教育是家校结合的教育。要开拓家校结合，首先要使家长和教师在道德教育理念上协调一致。例如，孩子受到同伴的欺负，有的家长的观点是以恶报恶，而老师的教育观是让孩子学会自我保护，告诉成人，寻求成人的帮助，不能以恶报恶。两种不同的教育理念会让孩子思想混乱，产生价值观的矛盾。其次，家校要共同重视对儿童友善意识和行为的培育，共同营造有利于儿童成长的学习生活环境，通过图文并茂的环境创设，开展类似于"爱心漂流瓶""大带小"等各种活动，让孩子在真实的社会生活中得到教育和熏陶。

第五章

中小学友善教育的多维视角探索与实践

第一节 基于"矛盾"视角的中小学友善教育探索与实践

影响中小学友善教育的因素是多方面的,友善教育的路径也应该是多维的。学科之间本来并无明显的界限,人们为了研究的方便以及现实的需要进行了划分,但是在研究中,我们要善于打破学科研究的壁垒。基于这一考虑,我们从跨学科的视角,探讨了中小学友善教育的多维路径,并在实践中进行了深度思考。

作为万学之学的哲学与教育之间的关系是非常紧密的,从哲学角度审视中小学生友善教育十分必要。友善教育效果是教育系统中各种矛盾相互作用的结果,主要包括教育者与受教育者、教育内容与教育形式、教育手段与教育目的、教育过程与教育结果等几对矛盾。将中小学友善教育中的矛盾置于哲学范畴之中,处理好整体与部分、主要矛盾和次要矛盾、内因与外因的辩证关系,试图为中小学友善教育提供一个新视角。

党的二十大报告指出:教育是国之大计、党之大计。培养什么人、怎么培养人、为谁培养人是教育的根本问题。育人的根本在于立德。全面贯彻党的教育方针,落实立德树人根本任务,培养德智体美劳全面发展的社会主义建设者和接班人。[①] 加强友善教育是落实立德树人根本任务的重要举措,也是落实、落细、落小社会主义核心价值观的直接体现。从哲学视角审视中小学友善教育中的几对矛盾,试图为中小学友善教育提供新的视角。

---

① 《习近平总书记在二十大上的报告全文》,载《人民日报》,2022年10月27日,第1版。

一、友善教育的哲学之思

几千年来,人们从没有停止对教育的思考,作为"万学之学"的哲学,其与教育之间的关系是人们一直探索的重要课题。杜威指出:"没有哲学的教育是盲的,没有教育的哲学是空的。"[①] 从哲学角度审视中小学友善教育十分必要。友善是中华民族传统美德,也是社会主义核心价值观个人层面的价值目标,加强友善教育对于弘扬中华优秀传统文化、和谐人际关系、防治校园欺凌、促进人的品德发展具有重要意义。审视当前中小学友善教育,存在一些问题,表现在四个方面:一是友善教育功利性明显;二是友善教育实践性缺乏;三是友善教育盲目性突出;四是友善教育系统性不够。从哲学角度看,教育者与受教育者、教育内容与教育形式、教育目的与教育手段、教育过程与教育结果之间的矛盾是友善教育问题的症结。中小学友善教育是一个系统的动态过程,具体地讲是教育者通过一定的教育手段,借助一定的教育形式,把友善教育内容作用于受教育者而达成教育目的。友善教育系统中的每一对矛盾以及矛盾的每一方面都影响着整个教育过程的顺利展开和目标达成,分析友善教育中的每一对矛盾及矛盾的每一方面,在统一中把握对立,在对立中把握统一,有利于提高中小学友善教育效果,促进中小学生道德发展。

二、友善教育中的矛盾分析

中小学友善教育就是教育者通过对受教育者施加影响之后,促使受教育者的言行举止朝着友善方向发展。而在友善教育中,决定友善教育效果的是教育过程中的各种矛盾及其相互作用,包括教育者、受教育者、教育手段、教育内容等。

[①] 〔美〕约翰·杜威:《民主主义与教育》,陶志琼译,北京:中国轻工业出版社2016年版,第10页。

（一）教育者与受教育者之间的矛盾分析

哲学中的主体是指与一定认识客体相关的从事实践认识活动的人。客体是指主体认识和实践的对象。① 从某种意义上讲，教育者和受教育者就是主体与客体的关系，两者的关系是辩证统一的。主体作用于客体，实现对客体的改造，实际上是一种实践活动。实践是教育者与受教育者形成关系的基础。只有在认识的基础上，主体才能遵循客观规律，使改造客体的实践活动更有效。同时，主体改造客体的过程中，客体也在影响着主体，两者良性互动，才能达到统一，这是由实践与认识的关系决定的。实践决定认识，认识依赖于实践，正确的认识能够指导实践；反之，则会阻碍实践。中小学友善教育中，教育者和受教者常常发生矛盾。其一，教育者不了解受教育者产生的矛盾。友善教育不是一般意义上的知识灌输，而是思想上、心灵上的启迪和环境上、文化上的熏陶。教育者仅仅从传递知识的角度认为受教育者接受了友善教育相关知识，就达到了友善教育的目的，并不能满足受教育者的需要。其二，教育者与受教育者之间的地位不平等产生的矛盾。在友善教育中，先有教育者的"输出"，才有受教育者的"输入"，客观上使受教育者处于被支配地位。如果教育者主观上不能意识到这一点，就会使受教育者完全陷入被动，受教育者积极性得不到充分发挥，主观能动性受到限制，"输出"和"输入"之间就不能实现平衡，要么"输出"没有被受教育者接受，没有教育效果；要么没有被受教育者完全接受，教育效果大打折扣，甚至起到负面教育效果。其三，教育者之间教育理念不统一产生的矛盾。友善教育同其他学科教育不同，它不仅是教师的分内职责，而且是全社会每个人的责任，每个人的一言一行都在潜移默化地影响着

---

① 陈先达、杨耕：《马克思主义哲学原理》，北京：中国人民大学出版社 2016 年版，第 69 页。

他人，人人都应该是友善教育者，全社会应该行动起来。假如，一位教师教育学生"老人摔倒要扶"，而家长却教育孩子，"老人摔倒不能扶，可能被讹"。不同教育者之间的矛盾投射到受教育者身上，就会使受教育者在思想上产生矛盾，从而影响友善教育效果。其四，教育者的言行不一致产生的矛盾。教育者主观上教育学生要友善，作为教育者个体，如果不能体现在自身行为上，或者与其言行相悖，那么，也会使受教育者在思想上产生矛盾。教育者和受教育者之间的矛盾，并不是不可以调和的，前提是需要找到教育者与受教者产生矛盾的根源。就中小学而言，一方面，中小学生主体意识增强，教育需求个性化；另一方面，中小学教师普遍自身教育素养不高，教育理念守旧，对中小学生了解不够，对与中小学生之间的关系处理不当，两者在实践中产生了矛盾。中小学教师要自我反省，积极提高个人素养，以身作则，为人师表。中小学生要敢于与教师开展对话，加强沟通，形成统一的思想认识，这是加强友善教育的逻辑起点。

（二）教育内容与教育形式之间的矛盾分析

内容是构成事物的一切内在要素的总和。形式则是事物内在要素的结构或表现方式。[①] 友善教育涉及教育内容与教育形式的问题，友善教育的内容是多方面的，不仅包括人与人、人与社会之间的友善，也包括人与自然的友善；不仅包括语言上的友善，还包括行为举止上的友善。教育形式是友善教育实践活动的表现方式。如孝悌、合作、团结、友爱、帮助、礼貌等都是友善教育的外在表现。两者之间的矛盾表现在四个方面：一是重形式与轻内容产生矛盾。一些中小学在加强学生友善教育时，不在内容上下功夫，而在形式上花精力，把五花八

---

① 陈先达、杨耕：《马克思主义哲学原理》，北京：中国人民大学出版社2016年版，第74页。

门的教育形式作为友善教育创新项目，口号响亮，效果不佳。二是内容多样性与形式单一性而产生矛盾。中小学友善教育的内容是丰富的，表现形式也应是多样的，只有采取与教育内容相对应的多样化教育形式，才能激发学生的兴趣，提升教育效果。中小学以"说教"为主要形式，不能全面涵盖教育内容。三是对友善教育内容挖掘不够而产生矛盾。中国传统文化中有丰富的友善文化资源，古之先贤倡导的"上善若水""守死善道""仁者爱人""重义轻利"等思想，对于今天友善教育仍具有启发意义。习近平总书记强调："对历史文化特别是先人传承下来的价值理念和道德规范，要坚持古为今用、推陈出新，有鉴别地加以对待，有扬弃地予以继承。"[1] 中小学友善教育没有重视发挥古代友善教育思想的作用。四是教育形式缺乏科学性产生矛盾。从心理学的角度讲，人的身心发展具有顺序性、阶段性、不平衡性和差异性特征，只有抓住关键期，因材施教，才能事半功倍。就友善教育而言，要特别强调幼儿时期友善的教育，著名思想家洛克指出："儿童的可塑性很强，容易支配，是培养德行的好时期，要及早对儿童进行道德教育。"[2] 我国教育家陈鹤琴强调：人类的动作十之八九是习惯，而这种习惯又大部分是在幼年养成的。所以，人类在幼年时代，应当注重习惯行为的养成。教育形式要与人的发展的顺序性、阶段性、不平衡性和差异性结合起来，选择科学的教育形式。例如，以"说教"这种形式，对中小学生进行友善教育是没有多大效果的。只有不断地优化友善教育内容，结合实际情况，提高友善教育形式的针对性，才有助于友善教育效果的提高。

教育内容与教育形式之间的矛盾产生的土壤是形式主义和功利主义。形式主义的产生的理论基础在于唯心主义，夸大形式的作用，忽视

---

[1] 《习近平谈治国理政》（第1卷），北京：外文出版社2018年版，第164页。

[2] 〔英〕约翰·洛克：《教育漫画》，杨汉麟译，北京：人民教育出版社2006年版，第38页。

内容，犯了本末倒置的错误。功利主义滋生则有其历史渊源，这与我国传统教育观念有关，也受应试教育的影响，追求名利，不顾实效。消除教育内容与教育形式之间的矛盾需要在思想上牢固树立唯物主义观，反对唯心主义。坚持马克思关于人的发展是全面的发展的观点，把"立德树人"放在首位，落到实处，进一步消除应试教育的影响，构建完善的思想道德评价体系，以人为中心，促进友善教育内容和教育形式的统一。

（三）教育手段与教育目的之间的矛盾

手段与目的是哲学范畴中的一对矛盾，也是人类自觉的对象性活动中两个互相联系的因素。目的是活动主体在观念上事先建立的活动的未来结果，它必须通过主体运用手段改造客体的对象性活动来实现。① 目的同时也是引起、指导、控制、调节活动的自觉动因。它作为规律决定着主体活动的方式和性质。手段是实现目的的方法、途径，是在有目的的对象性活动中介于主体和客体之间的一切中介的总和，尤指实现目的的工具和运用工具的操作方式、活动方式。借助于一定的手段实现一定的目的，是人类自觉的对象性活动的一个根本特点。人是手段与目的的统一体，友善教育的目的就是塑造人的高尚品德，促进人的全面发展。具体地讲，就是增强人的友善认知，激发友善情感，砥砺友善意志，外化友善行为，实现一个知、情、意、行不断发展的过程。友善教育的手段则是达成友善教育目的所采用的一切教育方法、方式与途径。当前中小学友善教育过程中的教育手段和教育目的，两者存在很大的矛盾性。主要表现在：一是教育手段的具体性与教育目的的抽象性之间产生矛盾。友善教育的目的是培养人的友善意识，继而自觉地化为友善行为。

---

① 陈先达、杨耕：《马克思主义哲学原理》，北京：中国人民大学出版社2016年版，第81页。

需要强调的是友善教育的目的应该是纯粹的,不带有其他目的的、发自内心的善意善行,而在中小学友善教育中,一些教育手段使友善教育的目的变了味。比如,当一个人做了一件好事,中小学教师往往为激励其他人,而进行表扬或者奖励行为主体,物质奖励和随意的提前口头式承诺性奖励过度,不仅削弱了教育手段的作用,而且使友善教育的动机披上了一层功利性色彩。久而久之,教育手段和教育目的越来越偏离友善教育的本质,甚至导致友善教育失灵。教育失灵可以简单地理解为不但没有教育效果,反而产生教育负面影响。友善教育目的要有最终目的,也应有阶段性目的,阶段目的要十分明确、具体,针对每一个阶段性目的,选择相对应的教育手段,循序渐进地进行。以维果茨基的"最近发展区"理论为指导,不断地在友善教育上设置具有挑战性的目标,这一目标是距离一个人发展最近的,这个"最近"的分寸是不能轻易达成,通过努力又可以做到,使友善教育在认识和实践上一步一步深入,超越其最近发展区而达到下一发展阶段的水平,然后在此基础上进行下一个最近发展区的发展,实现以目标为本位的教育目的。二是教育手段的现实性与教育目的人本性之间的矛盾。手段具有现实性,直接触及生活中人们的存在,手段的执行者是现实的生存个体。任何实现目的的手段都需要由此时此地的个人来完成,任何手段的实施所产生的现实后果同样由现实的人来承担,从而直接或者间接地改变或提升人的道德素质。[①] 这体现出手段具有鲜明的现实性。友善教育的最终目的是为了人的全面发展,这是马克思主义人本理论的价值要求。需要指出的是,这里的人不仅是指个人道德的全面发展,也指全面发展每个人的道德。从哲学角度看,人是目的与手段的统一,只有两者的结合才是促进人全面发展的归宿。现实的问题是把两者隔离开来,简单地归结为人是目的的,忽视了人作为手段是客观存在的。人们过分强调友善教育目的所达

---

① 邓翠华:《人是目的与手段的有机统一》,载《教学与研究》,2007年第8期。

到的程度，忽视了教育手段与人的联系，教育手段中缺少"人情味"，人的精神需要没有得到应有满足。同时，还出现以考试为手段，以分数为教育目的的友善教育观，更加背离了人是手段同时又是目的这一精神实质。坚持以人为本，使教育手段与教育目的在实践中达到统一，作用于人的发展，才是友善教育的根本出发点和落脚点。

（四）教育过程与教育结果之间产生的矛盾

过程是事物发展所经过的程序、阶段，而结果是在某一阶段内，事物达到最后的状态。① 过程与结果相辅相成。友善教育过程与结果存在三种矛盾：一种是重结果轻过程的矛盾。一些中小学教师在进行友善教育时，喜欢直接告诉学生是非、对错，往往对结果反复强调，忽视了结果产生的来龙去脉。例如，教师会直接告诉孩子去学校一定要向门口的保卫员问好，这是友善的表现，但很少有人告诉孩子：正因为保卫员保卫了我们的安全，我们才得以在校安心地学习，所以尊敬他，向他问好是一种直接的友善体现。如果教育者不能让孩子知道为什么友善，孩子就无法从内心真正地认同友善，也就很难自觉地形成友善行为习惯。教育结果是建立在认知过程之上的，没有认知过程也就无所谓结果，这并不是否定间接经验的价值，而是强调友善教育的实践性，正是由于过分地重视结果，友善教育缺乏实践性，缺乏实践性反过来又会影响教育结果。友善教育总是基于直接经验或者间接经验，受教育者要获得直接经验，需要一个探索、发现、总结、发展的过程；要获得间接经验，也要经过一个认识、体验、实践、发展的过程。教育结果正是在这一系列的过程中孕育的，忽视了过程，就会影响教育结果。因此，友善教育不能忽略过程；相反，要在过程中实现有效的教育结果。第二种矛盾是重过

---

① 陈先达、杨耕：《马克思主义哲学原理》，北京：中国人民大学出版社2016年版，第96页。

程轻结果。教育过程是为教育结果服务的，如果只重视过程，而不计较教育结果，可能会造成教育资源的浪费，也会使友善教育失去方向性。人们口头上表达的"结果并不重要，过程才是最重要的"，是基于这样一种判断，即专注于过程，必然带来满意的结果。这是同一个问题的两个方面，并不能作为重过程轻结果的根据。当中小学友善教育取得满意的结果时，需要总结经验，甚至上升为理论，以更好地指导教育过程。当友善教育结果令人不满意时，要从中吸取经验教训，在以后的教育过程中加以改进，以取得满意的教育结果。三是评价方式的选择使教育过程与教育结果产生的矛盾。教育结果总是通过一定的评价方式来衡量，评价方式又必须立足于教育过程，才能客观评价教育结果。反观当前，中小学友善教育评价缺失了过程性评价，形成以结果论英雄，忽视了人的进步和成长的过程，不利于个体的发展。另外，友善教育是多方面因素共同作用的结果，只有立足于教育过程，选择多元化的评价主体和多样化的评价方式，才能得到客观的教育结果，提高教育结果的满意度。

二、中小学友善教育的启示

友善教育系统中的几对矛盾应置于哲学范畴中解决，处理好整体与部分、主要矛盾和次要矛盾、内因与外因辩证关系，是加强中小学友善教育的一个新视角。

（一）把握好整体与部分的统一

中小学友善教育是由教育者、受教育者、教育内容、教育形式、教育手段、教育目的、教育过程、教育结果等多个方面组成的一个闭环式系统，如果把这个系统看作一个整体，其整体功能的发挥决定着友善教育的成败。因此，要树立全局观念，使友善教育在整体上协调一致，形成合力，既不偏废其一，也不能出现力量相左的情况。友善教育的组成部分也会制约友善教育整体功能的发挥，甚至在一定条件下，关键部分会对整体功能的发挥起着决定作用，这要求我们树立全局观念的同时，要搞好局部，处理好由教育者、受教育者等构成的各种矛盾及矛盾的每一方面，使得组成友善教育系统的各个部分既协调统一，又相互促进。

（二）处理好主、次矛盾关系

中小学友善教育是一个复杂的矛盾体，包含多种矛盾，在这些矛盾之中，每一对矛盾对友善教育所起的作用是不同的，有主、次之分，其中必有一矛盾与其他诸种矛盾相比较而言，处于支配地位，对友善教育成败起决定作用，这种矛盾就是主要矛盾。从对中小学友善教育系统中的几对矛盾分析来看，教育者与受教育者之间的矛盾是友善教育中的主要矛盾。加强友善教育，要集中力量解决这对主要矛盾。首先要提高教育者自身的素质，这是处理好教育者与受教育者的关系、教育内容与教育形式的关系、教育手段与教育目的的关系、教育过程与教育结果关系的关键。教育者要树立终身学习理念，知行合一，言传身教。受教育者要积极主动，内化于心，外化于行。两者之间要加强沟通与交流，在实践中做到教学相长，共同提高与进步。当然，我们也不能忽视友善教育中的次要矛盾，尽管从理论上看，教育内容与教育形式之间的矛盾、教育手段与教育目的之间的矛盾、教育过程与教育结果之间的矛盾是次要矛盾，但就其地位而言，并非是一成不变的，而是在一定条件下可以上升为主要矛盾。友善教育在整体上存在区域性差异和城乡差异，在不同的条件下，主次矛盾并不一样，对于教育者来说，要结合实际，实事求是，抓住主要矛盾；同时，兼顾其他次要矛盾，处理好主、次矛盾的关系，这样才能使中小学友善教育起到事半功倍的效果。

(三) 发挥好内因与外因的共同作用

中小学友善教育的成败是内外因共同作用的结果，外因通过内因起作用。受教育者是友善教育的内因，教育者、教育手段、教育内容等都是友善教育的外因。一方面，友善教育要坚持以人为本，对内因要给予充分的重视，一切教育者、教育内容、教育手段等，都要围绕着受教育者进行，注意了解受教育的特点、需要，遵循受教育者的身心发展规律。同时，在教育过程中，注重发挥受教育者的主观能动性，使受教育者始终成为友善教育的主体。另一方面，不能忽视外部条件在友善教育中的重要作用，外因是进行友善教育不可或缺的条件，要坚持内、外因相结合，在内外因共同作用下，实现友善教育的目的。

总之，友善教育是一项长期、系统的工程，只有全面分析友善教育中每一对矛盾及矛盾的每一方面，把握矛盾的对立统一性，使矛盾双方能互相促进、互相推动，协同发展，把握好整体与部分的统一，处理好主、次矛盾关系，发挥好内因与外因的共同作用，才有助于加强中小学友善教育，促进中小学生道德发展。

第二节 基于"儿童文学"视角的中小学友善教育探索与实践

儿童文学在加强少儿友善价值观教育中有独特优势，表现在丰富友善价值观教育资源、保障友善价值观教育对象的主体地位、增强友善价值观教育的生动性、提升友善价值观教育的感染力四个方面。基于道德教育理论，少儿友善价值观教育需要经过一个"知""情""意""行"循序渐进的过程，以儿童文学作品为载体，通过"判""感""评"

"学"四个相互影响、相互促进的实践环节,能够增强少儿友善价值观教育的实效性,但需要处理好如何利用传统儿童文学作品、国外儿童文学作品、魔幻儿童文学作品这三个问题。

在《辞海》中,儿童文学被定义为:"适合不同年龄的小学生阅读的各种题材的文学作品,包括童话、故事、小说、戏剧、诗歌等",并进一步解释为:"儿童文学浅明易懂、生动活泼,适应儿童心理,富有儿童情趣,融知识性和思想性于娱乐性和趣味性之中,是向小学生进行审美教育、思想品德教育和增长科学文化知识的重要手段。"儿童文学家鲁兵指出:"儿童文学是教育儿童的文学,儿童文学就是为培养德智体美全面发展的新的一代。"[①] 儿童文学具有教育意义,对少儿具有潜移默化的影响。儿童文学"以善为美"的美学特征,以"真善美"为主旨的价值追求,赋予其对少儿进行思想品德教育价值,如茅盾创作的数十篇童话,《书呆子》《一段麻》《寻快乐》《风雪云》《学由瓜得》等,都是对少儿进行思想品德教育的典范。友善是社会主义核心价值观个人层面的根本要求,也是加强少儿思想品德教育的核心要义,结合儿童文学的特征,对其在加强少儿友善价值观教育中的优势作以下归纳总结。

一、儿童文学在加强少儿友善价值观中的优势

(一)追求"真、善、美"的主题作品,丰富了友善价值观教育资源

习近平总书记在文艺工作座谈会上指出:"追求真善美是文艺的永恒价值。"[②] 优秀儿童文学作品字里行间体现着真、善、美,如林格伦

[①] 鲁兵:《教育儿童的文学》,北京:少年儿童出版社1982年,第7页。
[②] 《习近平在文艺工作座谈会上的重要讲话》,载《人民日报》,2015年10月15日,第1版。

的《长袜子皮皮》描绘了一个充满友善和谐的儿童世界;葛翠琳的《野葡萄》通过苦难的历险,诠释了爱与善的真谛。真善美是儿童文学审美价值的追求和生命源泉,真是基础,善是核心,美是灵魂,一部优秀儿童文学作品是真、善、美的统一。优秀儿童文学作品总是通过真善美的艺术形象,给少儿传递向上向善的价值观念,增强其道德判断力和道德荣誉感,塑造少儿优良品格。今天,我国高度重视文化发展,坚持百家争鸣,百花齐放,社会主义文化展露大发展大繁荣景象,在此背景下,涌现出一大批优秀儿童文学作品,从不同角度、不同层面诠释人与人、人与社会、人与自然之间的真善美,如张天翼《宝葫芦的秘密》《大林和小林》、孙幼军《小布头奇遇记》、郑渊洁《皮皮鲁和鲁西西》、黄蓓佳《我要做好孩子》、曹文轩《草房子》等作品,无一不是追求真善美的典范。某种程度上讲,少儿友善价值观教育就是启发少儿崇尚真善美,追求真善美,践行真善美的过程,这与儿童文学追求真善美的审美价值以及所具有的教育意蕴是内在统一的,故而说,优秀儿童文学作品是加强少儿友善价值观教育取之不尽的宝贵资源。

(二)坚持"儿童中心"的创作导向,保障了友善价值观教育对象的主体地位

儿童文学家陈伯吹指出:"创作儿童文学作品,一定要从孩子的实际出发,站在儿童的角度,让儿童对现实有一定了解,并通过作品感染孩子,使其潜移默化地接受道德品德教育。"优秀的儿童文学作品贴近生活,贴近实际,贴近儿童,充分体现儿童的主体性,这是儿童文学创作导向使然。以儿童文学家杨红樱为例,其作品始终关照儿童需要,她笔下《女生日记》中的冉冬阳,《男生日记》中的吴缅,《五三班的坏小子》中的肥猫、豆芽儿、兔八哥,《淘气包马小跳》中的马小跳、安琪儿等,都是少儿能够接受并理解的真善美的形象,出发点和落脚点都指向儿童成长,因此,杨红樱的作品深得少儿喜爱。今天,在新课改背

景下，少儿不仅是课堂的主体，也是教育的主体，只有保障其主体地位，才符合现代教育发展要求，适应教育发展规律。少儿友善价值观教育也不例外，只有把少儿的主体地位贯穿于整个友善价值观教育的过程，才能保障教育效果。儿童文学作品的创作导向与友善价值观教育不谋而合地在坚持儿童主体性上具有契合性，因此，将儿童文学作品纳入友善价值观教育，客观上保障了友善价值观教育对象的主体性地位。

（三）提倡"寓教于乐"的教育方式，增强了友善价值观教育的生动性

当前，对少儿友善价值观教育，无论是家庭还是学校，普遍采取说教式的教育方式，告诉你应该做什么，不应该做什么，应该怎么做等。其效果是，要么孩子把这种教育当"耳旁风"，转身即忘；要么适得其反，孩子厌烦，出现反抗、叛逆心理。说教方式对加强少儿友善价值观教育难以奏效。高尔基说："儿童文学是快乐的文学。"儿童文学一贯提倡"寓教于乐"，"乐"是形式，"教"是目的，即用快乐的方式达到教育结果。"乐"源自儿童文学中的童趣，童趣是人类童年时期的一种天真的自然状态，这种状态反映到儿童文学作品中，变成一种天然的吸引力。这种吸引力也是少儿友善价值观教育不可或缺的，是友善价值观教育的基础和前提。儿童文学作品形式多样，儿童诗歌、儿童戏剧、儿童小说、童话等各有童趣，能够满足少儿多样化的需求，立足于儿童文学，可以有效增强少儿友善价值观教育的生动性。

（四）惯用"拟人化"的表现手法，提升了友善价值观教育的感染力

拟人化是文学中一种比较常见的修辞手法，在儿童文学中被广泛应用，如在《小贝卡奇遇记》在故事中，动物或植物等被赋予了人的语言、思想、行为、情感等，会变魔术的谷谷鸟、草莓王国的草莓公主、

黑心的苦瓜妖……故事的情节、场景都具有人类的生活特点。心理学研究表明：少儿的认知主要以直观的形象为主，常常具有"视物为人"的思维逻辑，即把一切事物作为"人"来对待，并赋予丰富的联想。拟人化的惯用表现手法，使抽象的真善美，具体化为有生命的形象，少儿感到亲切，易受启发。友善价值观教育从而具有感染力，利于达成友善价值观教育目的。

二、儿童文学在加强少儿友善价值观教育中的实践思考

儿童文学对小学生思想道德修养、意志品格塑造和心灵健康成长，发挥着不可替代的作用。"要创作优秀的儿童文学作品，为小学生的健康成长创造良好条件，让真善美滋润孩子心灵。"该讲话为通过儿童文学加强少儿友善价值观教育指明了方向，如何在实践中落细、落实值得思考。少儿友善价值观教育需要经过一个知、情、意、行循序渐进的过程，在儿童文学作品中，通过"判""感""评""学"四个相互影响、相互促进的实践环节，能够增强少儿友善价值观教育的实效性。

（一）以"判"促进少儿友善认知的发展

友善认知是友善行为产生的基础，友善认知集中体现在对友善行为的判断上，即对是非、善恶的断定，小学生对友善行为的判断同他对友善概念的理解有关，其所持有的评判标准主要来自成人。皮亚杰指出："孩子的第一个道德是服从，而所谓善的另一个标准长期以来就是父母的意志。"无论家长还是教师，在借助儿童文学作品，培养友善判断力时，都不要直接告诉孩子哪些是好坏，哪些是善恶，而是要创造民主讨论氛围，让孩子参与其中。研究表明："孩子判断是非能力，只有在集体讨论中，每个成员的意见得到尊重时，才有效果。"以《农夫与蛇》为例，孩子判断善恶主要看行为导致的结果，结果是农夫杀死了蛇，孩子可能判断农夫犯了错误。作为大人，不要急切纠正孩子的错误，而要

循循善诱，加以引导。例如，大人可以抛出以下问题：为什么农夫要杀死蛇呢？杀死蛇之前，发生了什么事？通过层层递进，拨云见日，孩子自然而然就能明辨其中善恶。作为家长或老师，要善于在欣赏和解读儿童文学作品时做孩子的引导者、服务者，摒弃做善恶是非的"仲裁者"，把评判权力让给孩子，以提高孩子的判断力为立足点，促进其友善认知的发展。

（二）以"感"促进少儿友善情感的发展

友善情感的发展主要来源于友善情感体验，所谓情感体验，就是用感性带动心理的体验活动。随着年龄增长，少儿情感和内心活动也在不断丰富和发展，易受情景影响，表现出直接的情感体验。儿童文学作品是以创造生动的情景来表达儿童情感的，那么，要促进儿童友善情感的发展，就要让其参与其中，直接体验。以热播动画片《海底小纵队》为例，由八个可爱小动物组成的海底探险小纵队，以在海底探险为主线，为海洋生物排忧解难，每个故事情节均体现海底小纵队助人为乐、团结友善的精神。大人可以创设情景，让孩子扮演海底小纵队的角色，体验友善带来的快乐，激发孩子向善、乐善、扬善的情感。另外，一些儿童诗歌、儿童散文等，读起来朗朗上口，可以引导孩子经常大声朗诵。朗诵注于目，出于口，闻于耳，记于心，是一项复杂的思想情感体验和认同过程，可以丰富人的感情，陶冶人的情操。苏霍姆林斯基指出："感情有着极大的鼓舞力量，它是一切道德行为的前提。"通过有感情地朗诵，不仅能让孩子在体会作者思想感情中受到潜移默化的思想教育，而且能够促进其友善情感的发展。

（三）以"评"促进少儿友善意志的发展

友善意志的发展主要表现在两个方面：其一是自制性方面，即能够克服困难，抵制诱惑，控制自己不友善行为的意志力；其二是自觉性方面，即能够正确认识，根据需要，主动支配自己友善行为的意志力。任何儿童文学作品都是对现实生活的升华，少儿在儿童文学作品中认识和体验到的善恶，反映到生活中，孩子的行为举止就是其意志力的体现。奖励与惩罚是评价的两种手段，奖励与惩罚的适度运用能够强化孩子友善意志的自制性和自觉性，当其将儿童文学作品中恶的一面迁移到生活中而为之时，及时适度地对其进行批评和惩罚；当其将儿童文学作品中善的一面迁移到生活中而为之时，及时具体地进行表扬和奖励。通过奖励的正强化和惩罚的负强化，增强友善行为的自觉性和不友善行为的自制性，从而促进小学生友善意志的发展。需要指出的是，过多地运用奖励会导致应有的正强化功能减退甚至丧失；过分地运用惩罚跟过多地运用奖励一样会产生不良后果。社会学习理论认为，只有合理地运用表扬和奖励，适度地批评和惩罚，才能有效促进少儿友善意志的发展。

（四）以"学"促进少儿友善行为的发展

加强友善价值观教育的目的是让少儿养成友善行为习惯，榜样教育对少儿友善行为习惯的养成行之有效。所谓榜样教育，是一种以典范个体的优秀品质去影响人们的思想、感情和行为的教育方法。[①] 班杜拉认为，道德行为是通过学习获得的，强调榜样对道德行为的影响，主张通过"观察—模仿"完成。儿童文学当中有许多友善的个体形象，比如《长袜子皮皮》中的皮皮，《大侦探小卡莱》中的小卡莱，《爱的教育》中的安利柯等，都是心地善良、待人热情、助人为乐的榜样，可以引导少儿向这些榜样学习。需要强调的是，在观察阶段，班杜拉指出："支配行为的认知过程是语言而不是印象。"也就是说，少儿对儿童文学作

[①] 易莉、徐惠：《社会学习理论中的榜样教育》，载《江西教育》，2006年第2期。

品中的榜样光有印象是不够的,还需要语言来解释,如当孩子观看或阅读儿童文学作品后,要引导其用自己的话复述榜样的事迹,谈谈对榜样的认识以及榜样哪些方面值得自己学习等。班杜拉认为,在模仿过程中要注重行为的转化,即把榜样行为中所蕴含的精神品质具体化,使少儿能够简单易懂地理解这些精神品质,将之快速准确地转化为自身内在需要,再将这种内在需要外化为自己的言行举止。

三、儿童文学在加强少儿友善价值观教育过程中须注意三个问题

(一)对传统儿童文学作品坚持扬弃地吸收

每个时代的儿童文学作品都是在一定时期的历史背景下产生的,带有时代烙印,与现代生活不一定相适应。对待传统儿童文学作品,要站在历史唯物主义和唯物辩证法的角度,坚持古为今用,"扬弃"地吸收,去粗取精、去伪存真,经过科学的"扬弃"后为我所用。以流传千古的《三字经》《弟子规》为例,两者可谓传统儿童文学的典范,时至今日仍备受推崇,其字句简短精练,诵之朗朗上口,符合少儿年龄、心理特点,便于理解。但是,其中蕴含的君臣之礼、等级关系等封建时期的糟粕思想要坚决剔除,对其中教人崇德向善的部分则予以积极吸收和弘扬。

(二)对国外儿童文学作品坚持批判地借鉴

随着改革开放的深入,许多国外的儿童文学作品涌入国内。对待国外的儿童文学作品要坚持洋为中用,批判地借鉴。国外有些明显渗透个人主义、利己主义等思想的儿童文学作品,与我国倡导的集体主义思想观念格格不入,须坚决批判;但对于国外那些关注大自然,充满智慧和想象力的儿童文学作品,应该结合友善价值观教育的实际,有的放矢地

借鉴。坚持在友善价值观教育中避免两个极端出现,即全盘吸收国外儿童文学作品和全盘否定国外儿童文学作品。

(三) 对魔幻儿童文学作品坚持联系实际生活

魔幻是儿童文学较为显著的特点之一,如童话、寓言、神话等极具魔幻特征,这类作品中描绘的世界,通常是虚拟世界,超越现实,正因为如此,迎合少儿大胆的想象力,深受欢迎。但任何儿童文学作品描绘的世界都脱离不了现实,总是源于社会与生活。魔幻只是手段,反映现实才是本质,脱离本质谈手段,会陷入荒芜和空洞,不仅无法回应少儿疑问,也会使友善价值观教育失去感染力,应该把这类儿童文学作品与实际生活联系起来,让小学生在更丰富多彩的世界里,感受人与大自然和谐相处的美妙,感受技术发达的社会里人与人之间相互帮助、友善相待的文明,以及人与社会融为一体,共同战胜邪恶,维护人间正义的责任。

第三节 基于"动机理论"视角的中小学友善教育探索与实践

在加强社会主义核心价值观教育、落实中小学生思想品德教育核心要义、防治中小学生园欺凌多重主题背景下,广大中小学校广泛开展友善价值观教育活动。动机理论在友善价值观教育中有独特价值。基于动机理论探索友善价值观教育视角,即友善价值观教育要坚持近、远景动机相结合,注重内、外部动机相融合,保持正、负强化动机相协调以及不可忽视人的需要动机,能为中小学生友善价值观教育提供有益参考。

一、中小学生友善价值观教育的缘起

友善是中华民族的传统美德,也是人际交往基础。自 20 世纪 90 年代我国实施素质教育以来,中小学生友善教育逐渐受到关注。新形势下,友善作为社会主义核心价值观个人层面的重要内容,在中小学校全面加强有其深刻的背景。

(一)社会主义核心价值观教育的客观要求

党的十八大立足于中华优秀传统文化,将社会主义核心价值观凝练为国家、社会、个人三个层面十二个词,其中个人层面包括爱国、诚信、敬业、友善。国家十分重视中小学生社会主义核心价值观教育,中共中央办公厅印发的《关于培育和践行社会主义核心价值观的意见》指出:"要把培育和践行社会主义核心价值观融入国民教育全过程,从小抓起、从学校抓起。"习近平总书记在北京市海淀区民族小学调研时强调:"要让社会主义核心价值观的种子在小学生心中生根发芽。"[①] 为此,广大中小学积极开展丰富多彩的社会主义核心价值观教育实践活动。友善价值观作为社会主义核心价值观当中个人层面的重要内容,必然成为社会主义核心价值观教育的一部分。所谓友善价值观,是指个体对友善内涵认识的基础上产生认同感,形成符合社会期待的是非善恶评判标准,并以此为依据转化为友善意识和友善行为的价值取向。[②] 习近平总书记在中共中央政治局第十三次集体学习时强调:"一种价值观要真正发挥作用,必须融入社会生活,让人们在实践中感知它、领悟它。要注意把我们所提倡的与人们日常生活紧密联系起来,在

[①] 丁静、张建新:《让社会主义核心价值观的种子在少年儿童心中生根发芽》,载《中国青年报》,2014 年 6 月 2 日,第 2 版。

[②] 闫冰:《初中生友善价值观教育研究》,广西:广西师范学院,2015 年。

落细、落小、落实上下功夫。"① 加强中小学生友善价值观教育正是社会主义核心价值观落细、落小、落实的表现。教育部党组、共青团中央联合印发的《关于在各级各类学校推动培育和践行社会主义核心价值观长效机制建设的意见》指出:"要深入持久、扎实细致地推进社会主义核心价值观培育和践行工作。"客观上要求友善价值观教育也要长期、持续地开展下去。

(二)落实中小学生思想品德教育核心要义

友善是中华民族的优良传统,也是中小学思想品德教育的核心要义。培养中小学生友善价值观是学校德育的重要目标。思想品德教育重点在教育中小学团结友爱,助人为乐,树立正确人生观和价值观。新时期,中小学思想品德教育面临巨大挑战。家庭方面,由于大多数中小学生是独生子女,家长对孩子溺爱的现象十分普遍,孩子易形成自我为中心的性格,生活中常常唯我独尊,缺乏友善意识和行为。另外,由于近年大量农民涌入城市务工,许多中小学生由隔代的爷爷奶奶等老人教养,父母与孩子感情疏离。苏联教育家凯洛夫指出:"感情有着极大的鼓舞,它是一切道德行为的前提。"父母的缺位,使孩子情感淡薄,缺乏爱心,这从内在要求中小学思想品德教育须突出友善教育。社会方面,许多言行不一、知行失范现象出现,导致学生友善价值观模糊,甚至自相矛盾。例如,无论家庭还是学校,都是教育学生助人为乐,能帮就帮,而现实生活中,助人被讹事件频发,社会上"碰瓷"现象不断,让中小学生无所适从。中小学生抽象逻辑思维不强,对事物的认识多停留在肤浅表面,常被假象迷惑,不能正确判断是非善恶,进而导致善小而不为,恶小而为之情况发生,迫使中小学思想品德教育要在友善价值观教育上下功夫。

---

① 《习近平谈治国理政》(第1卷),北京:外文出版社2018年版,第165页。

(三)防治中小学校园欺凌行为根本之策

校园欺凌,也称校园暴力,一般指同学间发生的欺负弱小、言语羞辱及敲诈勒索甚至殴打的行为。① 一段时间以来,中小学校园欺凌行为频频见诸报端,呈现有增无减趋势。据不完全统计,仅2016年上半年被媒体广泛报道,受公众关注的中小学校园欺凌事件就达20起。为此,时任国务院总理李克强专门对校园暴力频发作出重要批示:校园应是最阳光、最安全的地方。校园暴力频发,不仅伤害未成年人身心健康,也冲击社会道德底线。教育部要会同相关方面多措并举,特别是要完善法律法规、加强对学生的法制教育,坚决遏制漠视人的尊严与生命的行为。从中央到地方,再到各中小学校,纷纷采取措施,如教育部联合十部门印发《关于防治中小学生欺凌和暴力的指导意见》,要求加强教育预防、依法惩戒和综合治理,切实防治学生欺凌和暴力事件的发生。北京、甘肃、贵州等省市积极开展校园欺凌与暴力专项整治活动。各中小学修订完善学校规章制度,严格执行中小学生手册,加强对学生管理,短期内校园欺凌得到有效遏制。需要指出的是,加强治理和监管并不能从源头上根除校园欺凌,根除校园欺凌不在一招一式、一计一策,需要多管齐下,打好"组合拳"。加强中小学生友善价值观教育是"组合拳"中关键一环,犹如"木桶效应",防治校园欺凌不取决于最长的那块木板(监督、治理),而取决于最短的那块木板(教育、预防),友善价值观教育正是各中小学亟待加强的。作为一种判断是非善恶的价值取向,友善价值观一旦形成,具有持久的稳定性。古人云:"少年若天成,习惯如自然。"中小学生正处于价值观形成的关键期,须对其加强友善价值观教育,促其养成友善行为习惯,如天性一般牢固成自然。

---

① 李纯青、解孟林:《校园欺凌的应对与预防》,北京:知识出版社2017年版,第6—7页。

二、动机理论在友善价值观教育中的价值

一个人之所以会出现某种行为,其直接的推动力来自动机。所谓动机,是指引起和维持个体的活动,并使活动朝向某一目标的内在心理过程或内部动力。人的行为活动无论是友好还是邪恶,都要受到动机的调节和支配。动机既是个人行为的动力,也是引起人们行为活动的直接原因。动机具有激发功能、指向功能、强化功能,其特有的功能决定了在友善价值观教育中的价值。

首先,提高友善价值观教育对象的积极性。心理学认为,需要是个体内部的一种不平衡状态表现,是个体对内部和外部达到一种稳定状态的要求,并成为引发个体行为活动的动机;动机在需要的基础上产生,由需要所激发。友善价值观教育归根结底是通过向学生输入一种判断是非善恶的价值取向,以激发其友善行为需要。友善行为的产生建立在动机之上,内化为个体的内部或外部需要,会大大提高友善教育对象的积极性。马斯洛指出:驱使人类行为的动力是人的一些基本需要。在友善价值观教育过程中,不断地通过奖品等满足学生外在需要,通过关爱等满足内在需要,在满足需要的基础上,激发友善动机,促进中小学生主动地接受友善价值观教育,自觉产生友善行为。

其次,明确友善价值观教育的目的性。动机具有引导个体行为向着某一特定目标的指向功能。友善价值观教育的特定目标是产生友善行为,以动机引导学生产生友善行为,就是让学生知道,为什么要施友善,这是产生友善行为的出发点。当教师或家长引导学生施以友善行为能够收获别人的感谢,甚至报酬时,感谢与报酬就成为友善行为的动机;当教师或家长引导学生施以友善行为能够得到赞赏、精神快乐时,赞赏和快乐就是友善动机。一旦学生明确友善的目的,就容易产生友善行为动机,进而转化为友善行为。友善价值观教育要立足于利他动机,利他动机是指推动个体从事毫无利己,有益于他人的内驱力,引导、教

育学生友善他人不是获得什么，而是生活的一部分，自我价值的外在体现。

最后，增强友善价值观教育的实效性。友善价值观教育实质是一个让学生习得友善行为的过程。学习效果与动机有关，一般地讲，动机可以提高学习效果。当然，动机并不必然提高学习效果，比如人们常说的"好心做了坏事"，就没有达到应有的效果，但这并不能否认动机是影响行为、提高学习效果的一个重要因素。通过研究学习动机、学习行为和学习效果三者之间的关系（见表5-1）可知，当动机和行为都积极时，学习效果好；反之，学习效果不好。当动机消极或积极时，并不必然导致学习效果好与不好，说明学习动机不是影响学习效果的唯一条件。但是，抓住了学习动机这个关键，能明显增强学习效果。

表5-1 学习动机、学习行为和学习效果之间的关系①

	正向一致	负向一致	正向不一致	负向不一致
动机	+	−	−	+
行为	+	−	+	−
效果	+	−	+	−

注：+表示好或积极，−表示坏或消极。

三、动机理论下的中小学生友善价值观教育视角

动机理论在友善价值观教育中的价值决定了中小学生友善价值观教育的视角。探究发现，四种基于动机理论下的教育视角，对加强中小学生友善价值观教育有借鉴意义。

---

① 彭小虎、王国锋、朱丹：《儿童发展与教育心理学》，上海：华东师范大学出版社2014年版，第177页。

(一) 友善价值观教育要坚持近、远景动机相结合

中小学生的动机是多样和复杂的,根据动机作用时间长短,可以分为直接的近景动机和间接的远景动机。直接的近景动机,着眼于眼前,动机明确而具体,动力作用较为短暂,但容易实现。间接的远景动机指向未来,动机较为抽象,具有强而持久的动力作用,实现较为困难。两种动机是相互联系,相互补充的。中小学生友善价值观教育首先要着眼于直接的近景动机。这是由中小学生认知特点决定的。根据皮亚杰认知发展理论,中小学生处于具体运算阶段和形式运算阶段初期,他们的认知特征表现为:逻辑思维初步发展,对事物的认知具有很大的形象性,一般离不开具体事物的支持。直接的近景动机,中小学生能够接受和理解。另外,直接的近景动机符合维果茨基的最近发展区理论要求。维果茨基指出,一个人的心理发展是在低级心理机能的基础上,逐渐向高级心理机能转化的过程,介于学生能够独立完成的认知任务水平与学生在成人指导下能够完成的认知任务水平之间的差距即最近发展区,他强调教育要着眼于最近发展区,才有效果。[1] 直接的近景动机是中小学生友善价值观教育的逻辑起点,立足于这一点,并在实践的基础上,逐渐向间接的远景目标靠近,近、远景动机相互结合,循序渐进,才能形成友善价值观教育的巨大推动力。

(二) 友善价值观教育要注重内、外部动机相融合

根据动机的动力来源,可以将动机分为内部动机和外部动机。内部动机是指由某一行为活动本身产生的快乐和满足引起的个体完全自主地

---

[1] 彭小虎、王国锋、朱丹:《儿童发展与教育心理学》,上海:华东师范大学出版社2014年版,第42—43页。

参与实践。内部动机是个体的兴趣、爱好和追求所在。例如，人们常讲的助人为乐就属于内部动机作用。外部动机是行为活动以外的客观因素引起的个体被动的参与实践。例如，在中小学思想品德教育实践中，老师要求学生"一日一善"，把友善体现在行动上，否则，思想品德科目成绩会受影响，学生迫于老师的要求或为了成绩不受影响而被动地每天做一件好事，就属于外部动机作用。心理学领域形成基本一致的看法是，外部动机和内部动机共存，并相互影响，内、外部动机并没有明显的分界点，两者经常交叉在一起，并且相互转化。任何外在的要求、外在的力量作用而产生的外部动机，只有转化成内在需要，才能成为个体从事某一行为活动的推动力。某种程度上讲，外在动机实质是内部动机。内部动机所产生的个体从事某一行为，由于出于完全自愿和自觉，必然受到外在力量的影响，个体内部动机无形中掺杂了外部动机，内外部动机合力推动个体更好地从事某种行为活动。因此，在友善价值观教育当中，一方面要注重学生内部动机培养；另一方面，也不能忽视外部动机，教师和家长应充分利用或创造条件，将外部动机转化为内部动机，使内外部动机紧密地融合在一起发挥作用。

（三）友善价值观教育要保持正、负强化动机相适应

行为主义的强化理论认为，人类的行为都是由刺激（S）—反应（R）构成的，在刺激和反应中间不存在中间过程。行为的动力也不可能在中间过程中寻找，而应在行为外部寻找。通过一系列的研究表明：强化正是行为外部寻找而来的动力。强化是指个体在活动过程中增强某种反应可能性的力量。强化分为正强化和负强化。正强化是指在个体出现某种期待的行为后，追加刺激物，如肯定、表扬和奖励，增加此类行为活动发生的概率；负强化是指当个体没有出现期待的行为时，消减刺激物，如不表扬、不奖励或者减少表扬和奖励，从而减少此类行

为活动发生的概率。行为主义强化理论强调：强化能够维持、促进学习动机。在友善价值观教育中，当学生能够对他人友善时，家长和教师可以采用奖励的形式，如赞许、奖品、权利、高分等，强化这种友善行为发生的概率；当学生对他人不友善时，家长和教师通过撤销奖励，如削减权利、降低分数等，减少这种不友善行为的发生。需要指出的是，无论是正强化还是负强化，都要相适宜，表现在正、负强化要及时、具体地出现在被强化行为之后，不能在间隔一段时间后才追加奖励或减少奖励；同时，正强化和负强化必须建立在客观、一致的情况下，不能因人而异，因时而变。正、负强化不能偏废其一，过分强调正强化或者负强化都会削弱强化动机的效果，正负强化要保持适度水平，相协调，相适应。

（四）友善价值观教育不可忽视人的需要动机

需要是产生动机的根源。美国心理学家马斯洛指出：人的一切行为都是由需要引起的，需要是分层次的，他把人的需要自下而上分为五个层次，依次是生理需要、安全需要、归属和爱的需要、尊重需要、自我实现需要。马斯洛认为，五个需要层次是有先后顺序的，只有当前一个较低层次的需要得到基本满足之后，后一个较高层次的需要才会产生。[1] 学生的生理需要和安全需要是友善价值观教育的前提，归属和爱的需要是友善价值观教育的基础。无论学校还是家庭，对孩子进行友善价值观教育，都要检查孩子生理需要和安全需要是否得到满足。古人云："仓廪实而知礼节，衣食足而知荣辱。"这句话从一个侧面说明满足人的生理需要和安全需要在先，知礼节、知荣辱在后。调查发

---

[1] 时蓉华：《社会心理学概论》，上海：东方出版中心2005年版，第117—121页。

现，当前中小学生的生理需要普遍得到基本满足，安全需要还没得到完全满足，尤其心理安全需要尚未得到应有的满足。一方面是教师和家长的斥责和惩罚带来的不安全感。在对南宁市某小学调查中，有一个细节引起笔者关注：当一个班级换新班主任时，学生在一块讨论较多的是这位班主任厉不厉害，容不容易接近和相处，班主任的教学水平他们并不在意，某种程度上说明学生缺乏安全感。另一方面，同辈群体的欺凌行为带来的不安全感，尤以城市外来务工人员的子女受校园欺凌影响较大，自卑心理强，缺乏归属感。友善价值观教育要在满足前两个需要后，立足于归属和爱的需要进行。所谓归属和爱的需要，是指每个个体都被他人或群体接纳、爱护、关注、鼓励及支持的需要。人具有社会性，具有集体的归属感，希望归属于某一个或多个群体，这样可以使自己从中得到温暖，获得帮助。教师和家长要尽可能地给学生创造充满爱的集体，马克思指出：只有在集体中，个人才能获得全面发展其才能的手段。陶行知认为：集体生活是儿童之自我向社会化道路发展的重要推动力；为儿童心理正常发展的必需。一个不能获得这种正常发展的儿童，可能终其一生只是一个悲剧。可见集体的力量是巨大的。友善价值观教育要在集体当中满足学生归属和爱的需要。一方面，家长要积极为孩子创设民主、平等的家庭环境；另一方面，教师要注重师生、生生之间的人际交往及集体荣誉感，让学生在"家""校"这两大集体中受到欢迎和接纳，获得亲情、友谊。在这种氛围中进行友善价值观教育，学生乐于接受，积极性高，教育效果好。从某种程度上讲，家长、教师在满足孩子归属和爱的需要本身也是一种潜移默化的友善价值观教育。

第四节 基于"家风家训"视角的中小学友善教育探索与实践

习近平总书记指出:"家庭是社会的基本细胞,是人生的第一所学校,不论时代发生多大变化,不论生活格局发生多大变化,我们都要注重家庭、注重家教、注重家风。"① 所谓家风,是指一个家庭或家族在共同生活中,经过培育并代代相传沿袭下来的,体现家族成员精神风貌、道德品质、整体气质的家族文化风格、风气、风尚。② 家风一般通过家庭成员的言行举止表现出来,具有代代相传、代代受益的属性。作为家庭积淀而成的精神文化,家风一旦形成,对一个人,一个家庭或家族具有深远而持久的影响。我国古代非常重视家风,早在西晋时期,著名文学家潘岳就著《家风诗》,强调家风的作用。古之先贤更是把家风概括为"五常八德","五常"即仁、义、礼、智、信,"八德"即忠、孝、仁、爱、信、义、和、平。③ 今天,人们怎么看待家风?中央电视台曾以"家风是什么?"为题,在全国许多地方进行采访调查,调查显示:人们普遍对家风缺乏认识,但又高度认同家风的重要性。家风引起人们的关注与思考,温故知新,重掘家风蕴含的时代价值,再育新时期文明家风具有积极意义。

---

① 《中共中央国务院举行春节团拜会——习近平总书记发表重要讲话》,载《人民日报》,2015年2月18日,第1版。
② 任飚:《家风》,北京:人民出版社2015年版,第2页。
③ 傅永聚:《中华伦理范畴》,北京:中国社会科学出版社2006年版,第1页(序)。

一、家风的时代价值与内在诉求

（一）家风的时代价值

1. 家庭教育的宝贵资源

世界著名教育家杜威主张"教育即生活"，我国著名教育家陶行知倡导"生活即教育"。尽管他们强调的侧重点不一样，但都指出教育与生活的联系，教育与生活是同一过程，教育存在于生活之中，两者相互结合而发生作用。家风的形成正是以生活为前提，通过家庭生活产生影响而具有教育效果。

家风是在长期家庭生活中逐渐形成的，生活之中有取之不尽、用之不竭的教育资源。正如杜威所说：教育有大小两种，小的一种是学校提供的；大的一种，即具有最后的影响力的教育是各种实际生活提供的。① 凝聚生活精髓的家风对人的教育是全面的，持久的，潜移默化的。首先，家风在实际生活中若隐若现，不知不觉中影响人的心灵，塑造人的人格，引导人的成长与发展。一个人的性格特征、行为习惯、道德素养，几乎每个方面多多少少都会有家风的印记，故而说，家风对一个人的影响是全面的。家风对人的教育又是持久深远的，其影响的不仅是一个人，一代人，而是代代相传，代代受益。众所周知，人才辈出的颜氏家族，彪炳史册者不胜枚举，颜之推、颜杲卿、颜真卿等一代又一代的贤良，无不受益于承载家风的《颜氏家训》，时至今日，《颜氏家训》历久弥新，颜氏家族大师名家，仍历历可数。吴越钱家也是一个绵延千年、人才辈出的家族，就近现代来说，有钱三强、钱学森、钱伟长等科学界的泰斗，也有钱穆、钱钟书、钱玄同

---

① 〔美〕约翰·杜威：《学校与社会·明日之学校》，北京：人民教育出版社2005年版，第15页。

等国学大师，这与承载钱家家风的《钱氏家训》的影响不无关系。家风对人的教育如春风化雨，润物细无声，对人产生潜移默化的影响，这种影响被称为"熏育"，它不是生硬的说教，也不是严厉的管教，而是长辈的行为举止感染、启迪晚辈，使晚辈在耳濡目染中接受教育。正如杨善洲的女儿杨惠兰在追忆父亲时谈道："我的家庭不是名门书香世家，我家的家风也没有铭刻成书，但是爸爸用他自己的言行举止给我们留下了终生受用的精神财富。"家风的熏育作用，克服了"见理不见人"的教育弊端，体现了"以人为本"的教育理念；同时，打破了现代家庭教育的被动局面。

2. 社会和谐的基础保障

和谐是培育和践行社会主义核心价值观的重要内容，也是构建社会主义和谐社会倡导的主旋律，家风对于营造社会风尚，构建社会主义和谐社会至关重要。习近平总书记在同全国妇联新一届领导班子成员集体谈话中指出："树立良好的家风关系到家庭和睦，关系到社会和谐，关系到下一代健康成长。""千千万万个家庭的家风好，子女教育得好，社会风气好才有基础。"[①] 马克思主义唯物辩证法认为：整体由部分组成，部分制约整体，关键部分甚至决定整体功能的发挥。家庭是社会的基本单元，社会由千千万万个家庭组成，家风正，则民风淳；民风淳，则社风清。家风相连形成民风，民风相融促成社会风气。好家风汇聚的是社会好风气、社会正能量。于社会而言，家风是一种巨大的精神力量，是构建社会主义核心社会的不竭源泉。抓家风，实则抓住了构建社会主义和谐社会的关键部位。古人云："近朱者赤，近墨者黑。"好的家风利家利民利国，相反则害己害人害社会。良好家风的构建与传承对你我他来讲，不是小事私事，只有每个家庭都弘扬优良家风，以千千万万家庭

---

① 中共中央党史和文献研究院编：《习近平关于注重家庭家教家风建设论述摘编》，北京：中央文献出版社2021年版，第5—6页。

的好家风支撑起全社会的好风气，不断地厚植构建社会主义和谐社会的根基，才能为实现"中国梦"奠定坚实基础。

3. 文化价值的回归与重塑

党的十八大以来，以习近平同志为核心的党中央高度重视中华优秀传统文化的继承与发展，并指出要认真汲取中华优秀传统文化的思想精华和道德精髓。追溯中国传统文化发展的轨迹，可以发现家风在文化传承所具有积极意义。随着市场经济的发展以及全球化的全面展开，我国传统文化受到多维因素影响，尤其是多元文化的冲击，致使许多传统文化基因逐渐淡出人们视线，家风则是其一，作为极具中国特色的一种传统文化，人们对家风普遍缺乏认知，是我国传统文化价值的弱化，也是传承与发展乏力的表现。今天人们高度认同家风的重要性，重新对家风进行思考，实质是家风作为中华传统文化的重要组成部分的价值回归。价值何在？在于传承与发展。以孝文化为例，孝文化是中华传统文化的基础和精髓，也是先贤留给今人的一份弥足珍贵的文化遗产。《礼记·祭义》有云："孝子之有深爱也，必有和气；有和气者，必有愉色；有愉色者，必有婉容。"当下，随着经济快速发展，人们物质生活水平有了很大提高。许多人认为让父母吃得饱穿得暖就是孝，殊不知愉悦父母的精神生活，让父母乐享天年才是孝的真正归宿。然而，社会上，不顾父母基本生活者有之，"啃老"一族更是日趋增多，这是孝文化的失落，同时也正是家风回归的价值所在。孝道与家风有密切联系，家风传承孝道的基本要义，也是孝道教化之根径。《孟子·尽心上》中讲："亲亲而仁民，仁民而爱物。"只有爱自己的亲人，才会学会爱他人，只有爱他人，才会爱天地万物。这是一种大德，更是家风在传承孝文化过程中的价值增值。除了孝文化，我国传统文化中的诚信文化、礼仪文化、廉耻文化、友善文化等，也是家风彰显时代价值的追求。

（二）家风传承的内在诉求

家风的时代价值决定了家风传承的内在诉求。从理论上看，人们的生活离不开有价值的事物，哲学意义上的价值是指一事物对主体的积极意义，即一事物所具有的能够满足主体需要的积极功能和属性。人们在认识各种具体事物的价值的基础上，会形成对事物价值总的看法和根本观点，这是价值观，价值观作为一种社会意识，对人们的行为具有重要的驱动和导向作用。家风源于人的实践，服务于人的成长与发展，充实人的精神家园，是人的内在需要。人们对家风的思考与认知，对人们行为的最直接的导向和驱动就是传承家风，惠泽子孙后代。

从实践上看，我国传统文化之所以源远流长，是因为薪火相继。文化传承是中华民族的优良传统，尤其新中国成立以来，中国共产党始终是中国传统文化的继承者、弘扬者，始终以科学的态度和精神对待传统文化，既一脉相承，又推陈出新，不断在继承和发展中国传统文化上开拓前进。毛泽东曾指出，"从孔夫子到孙中山，我们应当给以总结，承继这一份珍贵的遗产"，主张传承传统文化，坚持百花齐放，百家争鸣。今天，我国更是把传承中华传统文化提到文化强国的战略高度，认为传承好传统文化对构建中华民族共有精神家园，增强国家文化软实力，建设社会主义文化强国，具有十分重要的意义。正如习近平总书记指出，"一个国家、一个民族的强盛，总是以文化兴盛为支撑的，中华民族伟大复兴需要以中华文化发展繁荣为条件"[①]。要充分发挥优秀传统文化教化人、培育人的作用，塑造中国心、民族魂，助推中国梦、强军梦的实现。可见中华传统文化是实现"中国梦"的力量之源，也是人们溯本求源，开创未来的美好期盼。家风是

[①] 《习近平同志在山东考察时强调：认真贯彻党的十八届三中全会精神 汇聚起全面深化改革的强大正能量》，载《人民日报》，2013年11月29日。

中华传统文化的精髓，也是人们筑建精神家园的着力点，传承家风必然成为人们的内在诉求。

需要指出的是，传承家风不是为了复古，而是为了复兴，不是抱残守缺，而是要吸收家风中的有机营养，为中国特色社会主义现代化建设服务。家风在特定的封建社会土壤中形成，尽管是传统文化中的精华，但是随着时代发展，必然瑕瑜错陈。我们对待家风的态度很重要，从某种程度上讲，对待家风的态度比传承家风、针对开掘家风的价值还重要。针对如何对待家风这一问题，习近平总书记站在辩证唯物主义和历史唯物主义的立场上指出："对历史文化特别是先人传承下来的价值理念和道德规范，要坚持古为今用、推陈出新，有鉴别地加以对待，有扬弃地予以继承。"① 因此，传承家风不能照搬照抄，邯郸学步，而是要秉持"扬弃"理念，去粗取精，去伪存真，剔除其封建性的糟粕，吸收其民主性的精华，在传承过程中做好创造性转化和创新性发展相统一：一方面使家风传承与现代社会相协调，与现代家庭文明相适应；另一方面，要融入现实的、当代的生活，赋予家风新的内涵，这样家风传承才能焕发勃勃生机，具有生命力。

二、家风在培养小学生友善价值观中的独特作用

家风在培养小学生友善价值观中有着独特作用，表现在能够充分汲取中华传统文化的营养，能够真正落细、落小、落实，能够有效促进"家""校"共同育人，有助于建立长效机制。学校通过家风教育侧重培养小学生友善意识，家庭通过家风培育侧重养成小学生友善行为，社会传媒通过家风弘扬侧重营造友善环境，三者以家风为着力点，形成合力，有助于小学生形成友善价值观。需要指出的是，在借助家风培养小

---

① 《习近平谈核心价值观——民族的根和魂》，载《人民日报（海外版）》，2014年7月31日。

学生友善价值观的过程中,必须处理好家风中糟粕与精华的关系,应然与实然的关系,国内家风与国外家风的关系以及对创造性转化和创新性发展的关系。

习近平总书记在北京市海淀区民族小学,参加庆祝"六一"国际儿童节活动时指出:"各方面要共同努力,让社会主义核心价值观的种子在少年儿童心中生根发芽。"① 友善是社会主义核心价值观个人层面的重要内容,也是培养小学生道德品质的关键所在。小学生阶段是价值观形成的重要阶段,培养小学生友善价值观不仅关乎其健康成长及个人今后的价值选择和价值实现,甚至关乎国家未来和民族振兴。家庭具有重要的立德树人功能,主要通过家风而实现。家风一般指一个家庭或家族在长期的家庭生活中形成的传统风尚。② 家风贴近生活,贴近实际,具有潜移默化、代代相传、代代受益的特征,人们常讲:"勤俭家风出清官,孝悌家风出孝子,尚武家风出良将。"说明家风在塑造一个人方面的独特作用。家风注重以文化人,以文育人,其所蕴含的和、仁、义、孝、诚等内容是培养小学生友善价值观的宝贵资源,且在以下四个方面具有独特作用。

(一) 充分汲取中华传统文化营养

习近平总书记指出:"培育和弘扬社会主义核心价值观必须立足中华优秀传统文化,使中华优秀传统文化成为涵养社会主义核心价值观的重要源泉。"③ 家风是中华优秀传统文化的精髓,本身蕴含丰富的友善思想资源,如《颜氏家训》《朱子家训》《孝经》《弟子规》等,尽管内容不同,但都是教人崇德向善。在中国传统文化中,孔子的"己所

---

① 《习近平谈治国理政》,北京:外文出版社 2014 年版,第 180 页。

② 林伯海、师晓娟:《家风的意蕴及其当代价值》,载《思想政治教育研究》,2017 年第 5 期。

③ 《习近平论党的宣传思想工作》,北京:中央文献出版社 2020 年版,第 114 页。

不欲勿施于人",重道义,轻私利的人际和谐思想,孟子的"老吾老以及人之老,幼吾幼以及人之幼"社会大同观念,墨子的"兼爱,非攻,爱无差等"国家交往之道等,无一不是以友善为价值追求。家风与中华传统文化相互交融,相得益彰,家风得以在形成过程中充分汲取中华传统文化中的营养,薪火相传,历久弥新。正是由于家风作为一种凝聚中华传统文化精髓的文化资源,能够潜移默化地影响人,感染人,培养人,真正实现了以文化人,以文育人。

(二)能够真正落细、落小、落实

习近平总书记指出,"一种价值观要真正发挥作用,必须融入社会生活,让人们在实践中感知它,领悟它"。他同时强调:"要注意把我们所提倡的与人们日常生活紧密联系起来,在落细、落小、落实上下功夫"。[①] 小学生是可塑性较强的群体,以家风为载体,能真正把小学生友善价值观培养生活化、常态化,是社会主义核心价值观落细、落小、落实的具体表现。落细,就是从生活细节抓起。生活中,一句嘘寒问暖的话语,一个弯腰捡拾垃圾的动作,一张充满爱的笑脸,都蕴含在家风中,无形之中陶冶小学生情操,启发小学生友善观念。落小,就是从小处着手,古人云:"勿以善小而不为,勿以恶小而为之。"一方面,要教育小学生从点点滴滴的友善行为开始做起,使家庭生活中的细枝末叶体现友善,持之以恒,积善成德;另一方面,祸患常积于忽微,要教育小学生防微杜渐,如果认为恶小可为,无关紧要,久而久之,则会失之毫厘,谬以千里,导致整个价值观扭曲。落实,就是父母言传身教,以身作则,把友善体现在行为上,以实际行动为小学生做榜样,使小学生通过对父母长辈行为的观察模仿习得友善行为习惯。

[①]《习近平在中共中央政治局第十三次集体学习时强调:把培育和践行社会主义核心价值观作为凝魂聚气强基固本的基础工程》,载《人民日报》,2014年2月26日,第1版。

(三) 有效促进"家""校"结合，实现共同育人

苏霍姆林斯基说过："如果一个孩子没有良好的家庭教育，那么不管老师付出多大的努力，都收不到完美的效果，学校里的一切问题都会在家庭里折射出来，而学校复杂的教育过程产生困难的根源也都可以追溯到家庭。"随着社会经济发展，人们生活节奏加快，父母长辈常忙于工作、事业，把孩子教育问题寄托于学校，尽管学校不断加强教育，但是由于家庭教育不足，甚至缺失，形成教育上的"木桶效应"。换言之，教育成效不取决于最长的那块木板（学校），而由最短的那块木板（家庭）决定。最好的教育应该是家庭教育和学校教育的有机结合，家风正好是两者的结合点。首先，家风是联通家庭与学校的桥梁。家风尽管在家庭中形成，但是传统家风的教育主要靠学校完成，许多中小学校开设传统文化教育课堂，要求学生诵读《三字经》《弟子规》等，悟其内涵，滋润情感，其落脚点在于家庭实践，家庭是最好的试验场，家长是最有发言权的"裁判员"，教师和家长以家风为立足点，形成合力，可以有效促进小学生友善价值观培养。

(四) 有助于建立友善价值观培养的长效机制

教育部和共青团中央印发的《关于在各级各类学校推动培育和践行社会主义核心价值观长效机制建设的意见》指出："各级各类学校要建立长效机制，深入持久、扎实细致地推进社会主义核心价值观培育践行工作长效化常态化科学化。"培养小学生友善价值观不是一蹴而就的，要经历一个长期过程，须建立长效机制作为保障。长期以来，人们往往只关注建立有形的长效机制，如制定培养活动方案、计划、总结、制度，常常忽略了无形长效机制的建立。某种程度上讲，家风就是培养小学生友善价值观的长效机制。家风本身是在长久的家庭生活中形成的，贴近生活，贴近实际，经常性地尊老爱幼、和睦邻里等示范是培养

小学生友善价值观的无形长效机制，坚持无形长效机制和有形长效机制相结合，才能使小学生友善价值观培养真正实现长效化、常态化、科学化。

三、家风培养小学生友善价值观的路径思考

（一）学校通过家风教育侧重培养小学生友善意识

培养小学生友善价值观的提前是培养其友善意识，学校是培育小学生友善意识的主渠道。根据基础教育的要求，学校可以通过听、说、读、写等多方面的感官刺激，加强小学生友善价值观教育，培养其友善意识。听，就是教师要把历史上关于家风的精华，如《弟子规》《孝经》等讲解给学生听，根据小学生年龄特点，多讲生动活泼的家风故事，多教追求真善美的人物事迹。说，就是让生生之间、师生之间多多交流，如通过说说身边的家风故事，分享对家风的理解，把文明的家风内化于心。读，就是诵读家风经典，如《三字经》《弟子规》等，要求小学生经常诵读，在情感上陶冶学生，在潜移默化中让小学生体验家风。写，就是要引导小学生把好家风化作具体的要求，如孝敬父母、团结邻居等，在日记中记下来。只要家风中的友善元素有机融入小学生基础教育中，就能深入浅出地培养其友善意识。

（二）家庭通过家风培育侧重养成小学生友善行为

我国幼儿教育家陈鹤琴指出："人类的动作十之八九是习惯，而这种习惯又大部分是在幼年养成的，所以，幼年时代，应当特别注重习惯的养成。"小学生时期是养成友善行为习惯的关键期，在关键期内施加相应的影响，往往会起到事半功倍的效果。培育文明家风的过程实际上也是培养小学生友善行为习惯的过程，这一过程中，父母长辈要以身作则，父母的良好品质是教育孩子的宝贵资源，父母素质低下则是孩子成

长与发展的潜在风险。正如苏霍姆林斯基所说的那样:"父亲和母亲们,你们在孩子身上延续着自己。"在父母教育中要突出母亲的教育,习近平总书记在同全国妇联新一届领导班子集体谈话时强调:"要注重发挥妇女在弘扬中华民族家庭美德、树立良好家风方面的独特作用,这关系到下一代健康成长。"①老舍也曾在《我的母亲》一文中写道:"从私塾到小学,到中学,我经历了起码有几十位老师,但是,我真正的老师,把性格传给我的,是我的母亲。"因此,要发挥母亲培养小学生友善价值观的独特优势。一般来讲,母亲常常给人以贤惠、善良、勤劳等印象,母亲常常陪伴孩子左右,举手投足之间都在影响孩子,感染孩子,母亲在培养小学生友善价值观的同时,要加强自我教育,自我示范。古人云:"少成若天性,习惯如自然。"小学生阶段一旦养成友善习惯,会如天性般稳固,因此,家庭要在养成孩子友善行为习惯上下功夫。

(三)社会传媒通过家风弘扬侧重营造友善环境

马克思说:"人创造环境,同样,环境也创造人。"社会环境对人的影响很大,和谐的社会环境对小学生的成长有利,法国作家罗兰曾说过:"生命不是一个可以孤立成长的个体。它一面成长,一面收集沿途的繁花茂叶。"如果社会环境不好,则会损害小学生的身心健康。作为社会传媒要积极弘扬社会正能量,坚持贴近生活,贴近实际的原则,深入农村每个村寨,深入城市每个社区,大力开展评选"最美家庭""最美婆媳""最美邻里""最美姐妹花""最美兄弟情"等一系列弘扬现代文明家风的活动,让社会每一个角落都闪烁友善之光,让每个小学生时刻在友善的环境下成长。同时,要根据小学生的兴趣爱好、认知特点

---

① 《习近平同全国妇联新一届领导班子成员集体谈话时强调:坚持男女平等基本国策 发挥我国妇女伟大作用》,载《人民日报》,2013年11月1日,第1版。

等，借助音乐、美术、儿童文学等文艺形式，开展以小学生为主体的家庭好故事、家庭"好风景"、家庭好成员等实践活动，启迪小学生从我做起，向善、乐善、扬善。

三、家风培养小学生友善价值观须处理好四个关系

（一）处理好家风中糟粕与精华的关系

家风是中华传统文化中的精华，但是家风是在小农经济时代的封建制度环境下形成的，不可避免地带有阶级烙印，具有历史局限性，如《孝经》根据不同人的等级差别规定了行"孝"的不同内容，把维护宗法等级关系与为君主服务联系起来，带有明显的封建落后性。针对如何对待传统家风中的糟粕与精华这一问题，习近平总书记站在历史唯物论和唯物辩证法的角度指出："对历史文化特别是先人传承下来的价值理念和道德规范，要坚持古为今用、推陈出新，有鉴别地加以对待，有扬弃地予以继承。"① 因此，对待传统家风，要树立"扬弃"理念，不能照搬照抄，邯郸学步，要去粗取精，去伪存真，剔除其封建性的糟粕，吸收其民主性的精华。如对家风中带有"别尊卑，明贵贱"的封建等级观、"三从四德"的女性观等坚决予以剔除，对家风中蕴含"富贵不能淫，贫贱不能移，威武不能屈"精神意志、"先天下之忧而忧，后天下之乐而乐"的忧国忧民意识等精华要予以传承、吸收。

（二）处理好家风中应然与实然的关系

应然与实然是事物存在的两种状态，简单地讲，应然是指事物应该达到的状态，而实然是事物存在的实际状态。受多维因素影响，实然与应然之间总是存在偏差。例如，我们常常依据传统家风，教育孩子尊老

---

① 《习近平论党的宣传思想工作》，北京：中央文献出版社2020年版，第114页。

爱幼是一种家庭美德，而在"老人摔倒扶不扶"问题上，孩子出于对自己和家庭的保护，又陷入矛盾，这实际是"知与行"的脱节。在处理家风应然与实然的关系上，应该坚持知行合一，即对传统家风的认知不能停留在观念上和思想上，还要融入实际生活，践行在行动上，言传身教。只有把知和行统一起来，才能称得上"真善"，为培养小学生友善价值观提供有益养分。

（三）处理好国内家风与国外家风的关系

国内家风与国外家风是在两种完全不同的制度、思想观念及文化下形成的，随着经济全球化的普遍展开，尤其是留学热潮高涨的今天，如何处理好两者的关系显得十分重要。习近平总书记指出："我们不仅要了解中国的历史文化，还要睁眼看世界，了解世界上不同民族的历史文化，去其糟粕，取其精华，从中获得启发，为我所用。"西方家风中普遍蕴含着宗教元素，突出个人主义色彩，这与我国新时期的文明家风格格不入，必须坚决剔除。同时，西方家风也有其精华，如股神巴菲特曾说："我想留给子女的东西，应该是足以让他们能够一展抱负，而不是多到最后让他们一事无成。"这种勉励后辈自立自强的家风，是一种积极的正能量，可以借鉴与吸收。因此，经过科学的扬弃后使之为我所用是对待国外家风的根本。

（四）处理好创造性转化和创新性发展的关系

创造性转化，就是要立足于新时代的实际，对那些仍有借鉴意义的家风内涵、家风表现形式等加以改造，赋予符合新时期特点和要求的内涵和表达形式，使传统家风更具活力和生命力。例如，《孝经》开篇指出："身体发肤，受之父母，不敢毁伤。"可以和生命教育联系起来，在家风中融入生命教育。创新性发展，就是立足于新时代的进步与发展，对传统家风的内涵补充完善，使传统家风更具影响力、感召力。例如,《孝经》依据父母的生老病死等生命过程,提出"孝"的具体要求:"居则致其敬,养则致其乐,病则致其忧……"今天我们可以把"老有所养、老有所医、老有所为、老有所学、老有所乐"等内容充实其中,让传统家风更能引起人们共鸣,体现在行动上,融会到生活中。因此,对待传统家风要坚持创造性转化和创新性发展相统一,只有不忘传统家风,才能开辟未来;只有善于继承家风,才能创造更好的美好生活。

第六章

中小学友善教育模式与评价体系构建

第一节　中小学"五措并举·分层递进"的友善教育模式

加强中小学社会主义核心价值观教育是每所中小学的必修课,要深入持续地开展社会主义核心价值观教育,就要在落实、落细、落小上下功夫,现在缺少的就是典型案例的示范引领。笔者在研读大量的学术文献资料的基础上,以"中小学生"为研究对象,以"友善"为主题进行了长达8年的实践探索。一边研究,一边实践,经过反复修正、凝练和总结,形成了"五措并举·分层递进"的中小学友善教育模式。"五措并举,分层递进"的中小学友善教育新模式,从中小学生兴趣爱好出发,充分挖掘中华优秀传统文化资源,探索总结形成,其突出的特点主要表现为:强调学生为本,坚持"五措并举";细化友善内涵,实施"分层递进";注重循序渐进,遵循"知·情·意·行";突出评价融通,构建"美德银行"。这些经验的总结经历了一个较长过程。以下,笔者从为什么探索中小学友善教育的模式说起。

一、探索中小学"五措并举·分层递进"友善教育模式的缘由

党的十八大将社会主义核心价值观凝练为国家、社会、个人三个层面,即倡导富强、民主、文明、和谐,倡导自由、平等、公正、法治,倡导爱国、敬业、诚信、友善,积极培育和践行社会主义核心价值观。习近平总书记在不同场合强调:"要让社会主义核心价值观的种子在小学生心中生根发芽。""社会主义核心价值观要在落细、落小、落实上

下功夫。"中共中央办公厅印发《关于培育和践行社会主义核心价值观的意见》等文件，为贯彻落实国家关于"培育和践行社会主义核心价值观"的文件精神，广西壮族自治区高校工委、教育厅高度重视，明确提出将培育和践行社会主义核心价值观教育目标纳入各级各类教育培养目标体系，积极探索培育和践行社会主义核心价值观的实践模式。

为了解广西壮族自治区中小学友善教育现状和成效，研究团队负责人随自治区党委宣传部、自治区高校工委、教育厅联合组成的工作组赴桂林、柳州、来宾等地调研，先后调研桂林育才小学、桂林市中山中学、桂林市榕湖小学、桂林市中华小学、灵川县第二中学、三河渡初级中学、潭下镇小学、柳南实验小学、柳州景行小学、柳州第十二中学、柳州民族高中、湾塘路小学、文惠小学、硅厂小学、来宾第六中学、来宾高级中学、祥和小学、良江镇中学、来宾民族小学等19所中小学。有许多值得肯定的地方，比如中小学教师都能认识到培育和践行社会主义核心价值观的重要性，开展社会主义核心价值观教育常态化等，也存在不足之处，表现在以下几个方面：

（一）社会主义核心价值观教育落实、落细、落小

调研发现，中小学社会主义核心价值观教育方式单一，挂横幅、贴海报是普遍做法，培育和践行社会主义核心价值观还停留在喊口号阶段。在访谈中，一些中小学表示：社会主义核心价值观内涵丰富，涉及全面，找不到社会主义核心价值观落细、落小、落实的抓手，亟待对社会主义核心价值观落细、落小、落实进行探索、实践和示范。友善是社会主义核心价值观的重要内容，探索中小学友善教育遂成为本研究团队关注的焦点问题。

（二）中小学友善教育形式单一

怎样加强中小学生友善教育？调研中发现，一些中小学多通过讲

座、观影等形式开展友善教育，中小学生难以参与其中，中小学友善教育活动缺乏感染力，学生主体性难以发挥。教育效果不够理想。一些与友善背道而驰的现象引起了公众的关注与担忧，一些中小学生的恶劣行为强烈地冲击着社会公众的神经，中小学生虐待流浪狗、流浪猫事件频频出现于报端，中小学校园欺凌行为屡禁不止……如何打好防治校园欺凌的"组合拳"，落实立德树人根本任务，促进中小学健康成长和全面发展，成为本研究团队面对的热点问题。

（三）中小学友善教育活动难以常态化开展

友善教育是一项长期系统的工程，不是一蹴而就的。调研发现，有些中小学开展友善教育"三天打鱼两天晒网"，缺乏持续性；有些中小学开展友善教育"雷声大雨点小"，不求实效；有些中小学开展友善教育"毕其功于一役"，急于求成；还有些中小学开展友善教育与常规教育教学有机结合少，这些情况都导致中小学友善教育难以常态化开展。教育没有"边角余料"，学生在校的任何时间和空间都可以赋予教育意义。如何使友善教育能与中小学日常教育教学活动充分相结合，成为本研究团队要解决的难点问题。

（四）中小学友善教育评价体系尚未建立

调研发现，目前中小学尚无一套针对友善教育、可操作性强的友善教育效果评价体系，友善教育的不可视化，使得不能及时准确地调整完善教育策略，导致有些友善教育活动低效开展，浪费大量教育资源。如何在评价上贯通中小学各学段，覆盖各年级班级，实现过程性评价与结果性评价的统一是研究团队要解决的关键问题。

二、探索中小学"五措并举·分层递进"友善教育模式的内容

(一)解决问题的过程与方法

明确问题之后,探索解决问题经过了一个较长的实践过程,通过调研、论证、探索、修正、完善等一系列实践过程,最终形成了一套解决问题的系统方法。

1. 解决问题的过程

解决问题的过程,大致可以划分为几个阶段:

第一阶段:发现问题

培育中小学生社会主义核心价值观的重要性不言而喻,各中小学已经认识到,但是能否采取行之有效的措施,确保教育效果是关键。本研究团队实地走访调研,通过一系列师生座谈、随机访谈、调查问卷、实地观察等,形成了2份调研报告,分别是《广西中小学社会主义核心价值观教育现状调查报告》《X中学初中生友善教育个案研究报告》。报告厘清了中小学社会主义核心价值观教育存在的问题,为使社会主义核心价值观教育落细、落小、落实,本研究团队从关注社会主义核心价值观教育转变到聚焦中小学生友善教育。

第二阶段:理论论证

以"友善"为主题,以问题为导向,研究团队开始从理论层面进行研究,首先是研究中华优秀传统文化关于友善的文化渊源与发展变迁,并结合国内外学者对友善的研究成果,从理论层面首次将友善的内涵划分为五个内在联系、循序渐进、有机统一的层次,即"自我友善""家人友善""师生友善""社会友善""自然友善"。如图6-1所示。这样就为在实践中开展友善教育提供了依据。为实现这五个层次的友善教育,研究团队从马克思主义哲学、儿童心理学、儿童文学、文艺学等

跨学科综合研究角度论证了"演·唱·说·书·画"五措并举的中小学友善教育模式的科学性、合理性和可行性。

第三阶段：实践探索

基于理论研究成果，以"演·唱·说·书·画"为举措，充分关注学生在友善品德方面的"知、情、意、行"，根据友善的五个层次，顺次展开，每学期循环往复一次，当第一个层次达到设定的目标后，开始第二个层次的友善教育，第二个层次达到后，开始下一个层次的教育。如图6-2所示。为了使中小学友善教育更加系统化，研究团队制定了《中小学友善教育实践活动方案》，该方案对中小学友善教育的目标、内容、步骤及注意事项等做了详细的说明，以该方案为抓手，指导多所中小学开展一系列实践活动。

2. 解决问题的方法

（1）以"中小学生"为对象，以"友善"为主题，通过对友善内涵进一步细化为五个层次，使每个层次更加贴近中小学生的日常生活，让中学生看得见、感受得到、做得到，为解决社会主义核心价值观如何落细、落小、落实问题树立了标杆。

（2）以"演·唱·说·书·画"为形式，以"中学生"为主体，切合中小学生成长规律和兴趣爱好特点，解决了友善教育活动单一、感染力不强、学生主体性难以发挥的问题。

（3）把友善教育活动与中小学日常教育教学活动相融合。例如，通过国旗下友善主题"演讲"与每周一升国旗结合起来，课间传唱友善主题歌谣与"每日大课间"结合起来，说主题友善故事与"每周五主题班会"结合起来，友善主题书法、绘画展与"每学期主题活动"结合起来，解决了友善教育常态化开展问题。

（4）构建了一个过程性评价和结果性评价相统一的评价体系。过程性评价体现在建立的"中小学友善教育'美德银行'评价体系"，该评价体系以现实中的银行为模板，在学校、年级、班级构建美德银行，学校就是"总行",年级是"分行",各班就是一个个"支行",银行将学生成长过程中的点滴美德,以"友善币"的形式储蓄成为"个人美德存款",每月、每学期、每学年、中小学不同学段的友善评价以"美德存款"数额来衡量,实现了对中小学友善教育及时跟踪的过程性评价。结果性评价体现在依据李克特量表(Likert scale)为参照,编制中小学生友善教育实效性评价量表,借助SPSS(19.0)对学生友善教育效果进行综合分析。两者结合起来构成了中小学友善教育评价体系。

(二)中小学"五措并举·分层递进"友善教育模式的基本内容

1. 把友善内涵细化为五个方面十个维度,五个方面内在联系、循序渐进、有机统一,即"自我友善""家人友善""师生友善""社会友善""自然友善"。十个维度与中小学生日常生活紧密联系。如图6-1所示。

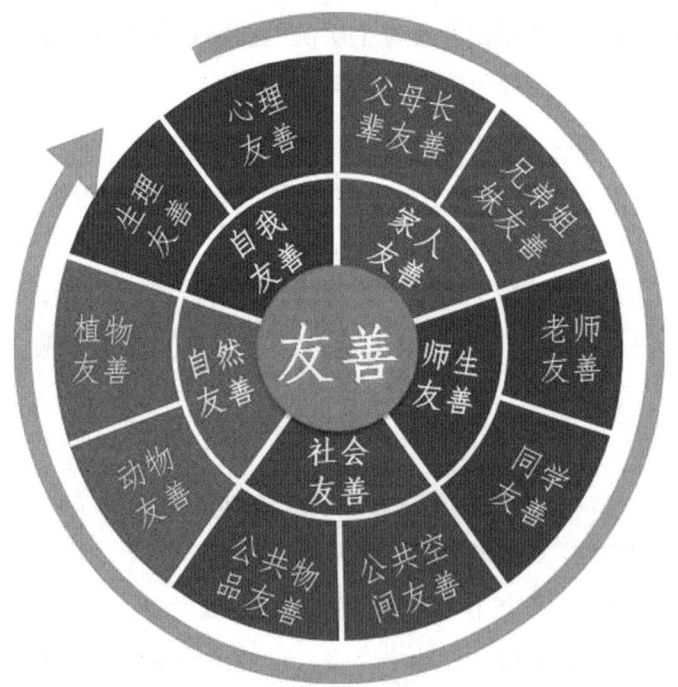

图6-1 友善内涵结构图

2. 构建"演·唱·说·书·画"五措并举的中小学友善教育形式

（1）国旗下作友善主题演讲，激发学生友善情感

设计每周一的"国旗下演讲"，演讲主题围绕"友善"主题进行，教师指导，学生演讲。通过学生自身演讲，激发学生友善情感，引起学生共鸣，达到受熏陶、感染人的目的。

（2）传唱友善主题儿歌童谣，陶冶学生友善情操

利用"每日大课间"，通过广播等媒介，在校园传唱友善主题歌谣。儿歌童谣语句简单，韵律优美，节奏分明，易懂易记，体现真善美，学生喜爱，乐于倾听，营造了师生、生生相互友善的校园氛围，陶冶了学生高尚的情操。

（3）述说友善主题故事，选树友善先进榜样

设计人人述说身边的友善主题故事，在同辈群体中选树友善先进榜样。利用主题班会，让学生说说发生在你我他身边的友善故事，因为都是身边发生的真人真事，更有感染力，为学生提供了学习榜样，起到了引领作用。

（4）书写友善主题名句，滋润学生友善心灵

与每学期其他主题活动相结合，组织举办书法展，通过书写展示中华优秀传统文化中的名言名句名段，如"上善若水""老吾老以及人之老，幼吾幼以及人之幼"等，从中感受中华优秀传统文化蕴含的真善美，滋润学生心灵，倡议学生向善、乐善、扬善，既传承和弘扬了"友善"这一中华传统美德，又实现了传统文化的创造性转化和创新性发展。

（5）绘画友善主题作品，启迪学生友善成长

与每学期其他主题活动相结合，组织举办绘画展，通过绘画作品展现生活和自然蕴含的真善美，启发学生热爱生活，追求人与人、人与社会、人与自然的和谐友善，憧憬人生美好的未来图景。

3. 形成"分层递进"的中小学友善教育实践路径

首次将友善细划分为相互联系、由近及远、循序渐进的五个方面，即与自己友善、与家人友善、与师生友善、与社会友善、与自然友善。使友善教育更加具体化，更加贴近中小学生的生活和实际，符合维果茨基提出的"最近发展区"理论，并通过"知·情·意·行"循序渐进，循环往复，螺旋式上升，不断达到五个层次，符合教育教学规律。如图6-2所示。

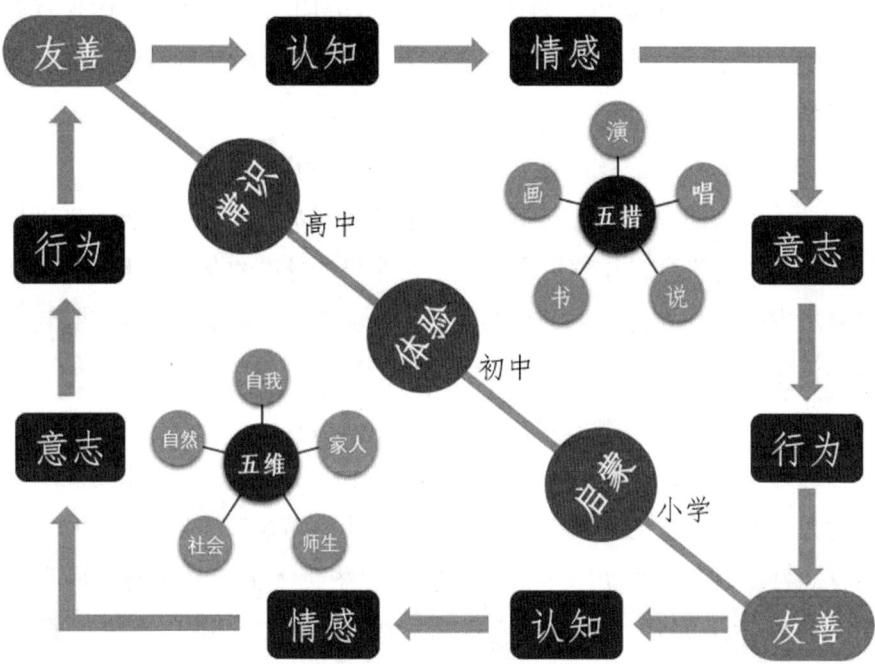

图6-2 中小学友善教育实践思路导图

第二节 中小学"美德银行"友善教育评价体系构建

评价是一种价值判断的活动,是对客体满足主体需要程度的判断。教育评价是对教育活动满足社会与个体需要的程度做出判断的活动,是对教育活动现实的(已经取得的)或潜在的(还未取得,但可能取得的)价值做出判断,以期达到教育价值增值的过程。从人们对教育评价的观点来看,可以将教育评价视为根据一定的教育价值观或教育目标,运用可行的科学手段,通过系统地搜集信息资料和分析整理,对教育活动、教育过程和教育结果进行价值判断,从而不断自我完善和为教育决策提供依据的过程。教育评价提供了衡量教育过程或结果好坏的标准,自然它对整个教育教学活动具有一种导向或指导作用。它就像一根"指挥棒"一样支配着或引导着教育教学工作者的各个环节,包括教育目标的制定、教育内容与方法的选择、教育过程的展开等。同时,教育评价还能够帮助教师发现教育教学过程中所存在的各种缺陷与问题,能够帮助教师弄清、查明影响教育效果的各种因素,从而为教师适当处置学生、改进自己的教育教学工作提供依据。因此,良好的教育评价能为学校或教师的决策提供诊断性的咨询服务。过程性评价和结果性评价是教育评价的两种方式,两者是辩证统一的。过程与结果是相辅相成的。过程是事物发展所经过的程序、阶段,而结果是在某一阶段内,事物达到最后的状态。所以说结果的好坏,都是伴随着过程所表现的一点一滴的积累所导致的。因此,在教育评价当中,既要注重过程性评价,也要注重结果性评价,不能偏废其一,抑或是厚此薄彼。中小学"美德银行"友善教育评价体系就坚持了过程性评价和结果性评价的统一。

一、中小学友善教育过程性评价

目前,学术界对过程性评价的概念还没有统一的界定。《现代汉语大辞典》将"过程"一词解释为"事物发展或事物进行的经过","性"是指"人或事物本身所具有的能力、特点、作用等","评价"是指"衡量人或事物的作用或价值"。所以,从字面意思来理解的"过程性评价",指的是衡量某一事物的发展或经过所具有的特点、作用等的价值。过程性评价的"过程"是相对于"结果"而言的,过程性评价是一种"全面"的评价,无论从评价的价值取向,还是从评价的内容方法上看,过程性评价都更能全面地发挥评价的各种功能。过程性评价融于教育实践过程中,它的一个显著特点就是能够随时掌握学生的最新情况,教育者可以以此作为依据,有针对性地调整自己的教育策略以更适合学生。另外,教育工作者还可以把过程性获得信息反馈给学生,学生基于持续性的过程性评价意见和建议,形成个人改进和发展预期和规划。需要强调的是,过程性评价的功能主要不是体现在评价结果的某个等级或者评语上,更不是要区分与比较学生之间的态度和行为表现,而是一种把每个评价对象个体的过去与现在进行比较,或者把个体的有关侧面相互进行比较,从而得到评价结论的教育评价的类型。

基于过程性评价理念和要求,结合中小学生的特点,对于中小学友善教育的评价,我们构建了中小学友善教育"美德银行"评价体系。该评价体系以现实中的银行为模板,在学校、年级、班级、小组构建"美德银行",学校是"总行",年级是"分行",各班是"支行",各支行根据本班情况成立若干储蓄所。学生把践行社会主义核心价值观的美德行为,以"美德币"的形式存储,形成"美德存折",实现对学生践行社会主义核心价值观的过程性评价。如图6-3所示。

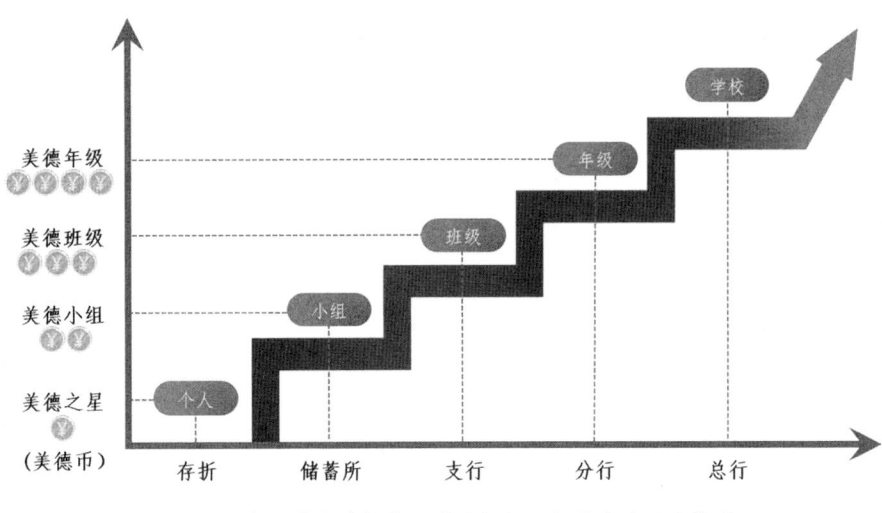

图 6-3 中小学友善教育"美德银行"评价体系思路导图

每个学校的实际情况有所不同,在实践操作层面会略有不同。下面,我们来看一下南宁市民族大道东段小学根据本校的实际制定的中小学友善教育"美德银行"评价细则。

表 6-1 中小学友善教育"美德银行"评价细则

项目	内容	进阶条件	要求
美德存折	"美德银行"存折用于存录学生的美德,分行行长(班主任)和任课教师根据学生每天的行为表现,奖励对应的美德币,并将美德币贴在美德银行存折上。	每积够6枚美德币,即可兑换1个"成功宝贝"形象币。在存折上对已兑换的美德币做好标记。	每个学生一个学期一本存折,如学生平时获得较多美德币,可以挨着贴。
美德币	美德总行发行"诚信""友善""文明""卫生""守纪""爱心""勤劳""节俭""阅读""合作""乐学""担当"12种美德币。分行行长(班主任)和任课教师根据学生的行为表现奖励相应的美德币,及时肯定学生的点滴进步。	每积满6枚美德币,即可兑换1枚"成功宝贝"形象币。	每位任课老师要用"赏识、激励"的理念去评价每位学生,每学期给每位学生至少6枚美德币。

(续表)

项目	内容	进阶条件	要求
形象币	六个成功宝贝的"形象币",体现了学生全面发展、多才多艺、健康、阳光、乐学的生命样态。	每积满6枚形象币,即可兑换一张美德喜报。	①形象币贴在各班分行排行榜上,各分行行长负责兑换喜报。②总行印有专门用于兑换的喜报。
美德之星	教师要善于及时发现学生的闪光点,充分挖掘学生潜能,激励学生不断进步,让学生找到自信,让学校、学生、家长共同分享学生成功的喜悦。总行和分行通过颁发喜报表彰"美德之星"。每位学生都有获得美德之星的机会,每班每周推选校级"美德之星"2名,德育处将在每周一晨会上颁发校级"美德之星"喜报;每班每周评选班级"美德之星"8名,美德喜报由班主任颁发。各班每周"美德之星"榜将张贴在教室门口个性班牌处。喜报颁发的形式多样,可选择在晨会、班队会、暮省、家访日、家长视导日等仪式中颁发。	凭"美德之星"喜报可兑换美德徽章。一级星:6张二级星:12张三级星:18张四级星:30张五级星:60张六级星:90张	①每学期每个孩子都能获得不少于3次的"美德之星"喜报。②每周星期四开始在线填报校级美德之星,星期五下午4:50之前填报完毕。
美德徽章	美德徽章有一级星、二级星、三级星、四级星、五级星、六级星,学生通过争章活动积蓄美德,体验成功。	每获得一个美德徽章,就可以到相应等级的"星级相框"拍照;美德总行将奖励四、五、六级星的同学一份奖品,并通过LED大屏幕和微信公众号展示宣传荣获四、五、六级星徽章的学生的照片,让全校学生学有榜样。	一、二、三级星徽章的兑换、发放和拍照由班主任在班级内开展,每学期期末上交名单至大队部汇总;四、五、六级星徽章的发放和拍照由大队部负责,大队部每个月统一在晨会上给进阶的学生颁发相应等级徽章。兑换时间:每周五下午

(续表)

项目	内容	进阶条件	要求
美德小队	各分行以"美德小队"争章形式进行"成功宝贝"形象币评比,小队队员要互帮互助,共同进步。	小队每积够30枚形象币,该小队即可获得"美德小队"喜报。	各分行行长根据学生情况,将学生分成若干个小队。
美德班级	每周美德班级评比:由影子校长、执行校长和大队部对全校班级进行课堂纪律、教室卫生、大课间课程、眼操、文明习惯等项目评分,达到全优的班级获得本周校级美德班级,并在每周一晨会上颁发美德班级星级奖牌。	每个月4个星期都被评为周"美德班级"的班级,评为月"美德班级"。一个学期中,获得最多周次周"美德班级"的班级,评为本学期校级"美德班级"。	"美德班级"作为每学期评选"红旗中队""优秀班集体""动感中队"的重要依据。
美德大兑换	美德大兑换是对一个学期"美德银行"课程的总结,时间定在每学期的散学典礼上。	美德总行除了为每个学生准备一本儿童图书外,还为每个班约70%的学生准备了丰富多样的学具、玩具作为奖品,供学生用积蓄的美德来兑换。	散学典礼前,各分行行长要统计好学生积蓄的美德币数量。

注:该表来源于成果的实践单位——南宁市民族大道东段小学。

从南宁市民族大道东段小学制定的友善教育"美德银行"评价细则及在实践中的操作来看,需要注意以下几个方面。

(一) 该评价体系在实施中要注重"阶梯性"

首先要明确学校是"总行",年级是"分行",各班是"支行",各班组成的小组是储蓄所之间的关系,划定各自的职责范围,可以以银行为例,为学生介绍"美德银行"运营理念及目的。其次,美德之星—美德徽章—美德小队—美德班级的进阶要有梯度,要灵活运用

"最近发展区"理论,让学生跳一跳摘桃子,具有一定的挑战性。每个年级因为学生的年龄不同、学习经验不同,在进阶时不能一刀切,采取同一把尺子来衡量,高年级要比低年级要求高点,把握好尺度。

(二)该评价体系在实施中要注重"公平性"

美德币的获得不能太过于随意,要把美德币和具体的美德行为相挂钩,只有学生表现出了美德行为,才能获得美德币。在美德币发放、兑换等过程中,难免会出现争议,每个班级要成立由教师、学生组成的评议小组,旨在维护该评价体系操作过程中的公平性,以公平性来赢得权威性,取得学生的信任感。

(三)该评价体系在实施中要注重"主体性"

该评价体系构建的目的,并不仅仅用于衡量、激发学生的美德行为,而且还在于让学生在评价体系中发挥主人翁的作用。换句话说,就是学生是该体系的主人,该体系运作主要由学生负责管理,教师只是起到引导和辅助作用。通过该体系,不仅能够锻炼学生的动手能力以及解决实际问题的能力,而且有助于实现学生自我管理、自我评价、自我提高。

(四)该评价体系在实施中要注重"及时性"

强化理论是过程型激励理论之一。该理论由美国心理学家斯金纳首先提出,他认为人的行为是对其所获刺激的函数。如果这种刺激对他有利,则这种行为就会重复出现;若对他不利,则这种行为就会减弱直至消失。"美德银行"的一个重要理念就是学生实施了美德行为,获得了"美德币",要确保"美德币"能及时兑换学生喜欢的学习用品,比如学习文具、课外书、科学小实验器材、运动用品等。建议"美德银行"

每个月至少要开展一次"美德币"兑换获得,让学生因自己的美德行为及时得到肯定和奖励,进而激发和强化学生的这一美德行为。

(五) 该评价体系在实施中要注重"连续性"

中小学友善意识与行为的培育不是一蹴而就的,需要一个长期持续的过程,不能紧一阵子,松一阵子,也不能这学期开展友善教育,下学期就戛然而止。那么,基于"美德银行"评价体系的运行也应该是连续的、常态化的。只有连续式强化,也即对每一次或每一阶段的正确反应予以强化,就是说当个体作出一次或一段时间的正确反应后,强化物即时到来或撤去,学生才能不断地出现某种行为,久而久之,内化为一种行动自觉。

二、中小学友善教育结果性评价

中小学生友善教育结果性评价须考量评价对象的主体性、评价内容的生活化、评价目的的发展性等三个主要因素,并体现在对自己友善、对家人友善、对师生友善、对社会友善、对自然友善等相互联系、相互促进、循序渐进的五个层面之中。我们在此基础上编制中小学生友善教育结果性评价量表,并在实践中进行了测验。

(一) 中小学生友善教育结果性评价因素考量

从实践与认识的辩证关系上讲,正确的认识能够指导人们有效地开展实践活动。构建中小学生友善教育实效性评价体系,要在正确理念的指导之下,才能保证其科学性和有效性。从评价活动的各要素来看,评价对象的主体性、评价内容的生活化及评价目标的发展性是建构中小学生友善教育实效性评价体系须综合考量的三个因素。

1. 评价对象的主体性

主体性一般是指人在实践过程中表现出来的能力、作用等居于主导性地位。① 评价活动是教育活动的一部分，学生是教育活动的主体，自然也是评价活动的主体。建构中小学生友善教育实效性评价体系应体现评价对象的主体性，并贯穿于评价活动的全过程，从评价体系建构开始就有学生参加，充分发挥学生的主观能动性。主体性既是人作为主体所具有的性质，又是人作为主体的根据和条件。人作为主体是有自由意志的，能够以自身为根据，自我判断、自我评价、自我决定。学生作为独立个体，不仅有意识，还包括态度、信念、情感、意志等，能对自己的思想、愿望、行为和个性特点作出客观判断和评价。建构中小学生友善教育实效性评价体系并不止步于学生参与，还要由学生自我评价，通过自我评价促进自我发展。

2. 评价内容的生活化

马克思主义认为，全部社会生活在本质上是实践的。道德教育不仅要关注学生的学校生活，更要关注学生的未来生活。② 友善来源于社会生活，社会生活是实践的，因而实践是友善的发生基础，也是友善的存在形态。评价个体是否友善，最根本的标准是评价其实践能力。学生的友善认知、友善态度、友善意志及友善行为都是在生活实践中发生和发展的。只有在生活实践中，才能真正认识和评价个体或是群体对他人、对社会的价值和意义。如果不从生活实践出发来评价学生的友善水平，就会出现"知行不一"的现象，不利于学生友善意识与行为的培养。

---

① 展伟、黄晗：《友善观教育：拒阻青少年校园欺凌的重要路径》，载《教学与管理》，2018年第36期。

② 戴观波：《试论道德教育对学生生活的引领与陪伴》，载《教学与管理》，2019年第15期。

建构中小学生友善教育实效性评价体系要立足于实践，贴近学生，贴近生活，贴近实际，回归中小学生生活世界，其实质是从生活的价值和意义上去理解评价对象这个主体，赋予中小学生友善教育实效性评价体系合理性和有效性的逻辑基础。

3. 评价目的的发展性

马克思主义认为，人是目的与手段的统一。目的是活动主体在观念上事先建立的活动的未来结果。这个结果的达成需要借助一定的手段。手段是实现目的的方法、途径，尤指实现目的的工具和运用工具的操作方式、活动方式。① 需要指出的是，目的不一定是在当前的现实中存在的，甚至表现出与当前现实的不一致。通过一定手段达成目的，实际是要克服这种不一致。评价活动是友善教育的手段，提高中小学生友善教育的实效性，促进中小学生道德发展则是目的。建构中小学生友善教育实效性评价体系并在实践中应用，实际上是一个自我诊断、自我教育、自我完善的发展过程。以评价结果为导向，基于"最近发展区"理论原则，循序渐进地进行，最终实现评价对象作为主体性的发展。

（二）中小学生友善教育结果性评价的维度

明确友善的内涵是开展中小学生友善教育结果性评价的前提条件。关于友善的内涵，学界并没有形成共识。黄显中指出友善的要义是尊重与宽容，它的价值主要在于引导公民人格完善与社会秩序优化的统一。② 郭建宁把友善概括为"待人平等、待人如己、待人宽厚与助人为

---

① 臧琳琳：《马克思"人是目的与手段的统一"思想的哲学阐释》，济南：山东师范大学，2011年。

② 黄显中：《论友善》，载《伦理学研究》，2004年第4期。

乐"等。① 沈壮海指出，社会主义核心价值观当中的友善应是"谦敬礼让、帮扶互助、志同道合、关爱自然"②。根据学者的研究成果，结合实际需要，友善可以界定为中小学生对自己或他人在人与人、人与社会及人与自然环境相处的实践中所表现出来的行为结果好坏、是非的总体性评价，具体表现为相互联系、循序渐进的五个层面：对自身友善，对家人友善，对师生友善，对社会友善，对自然友善。这五个方面构成了中小学生友善教育实效性评价体系的维度。在生活实践中，从不同维度评价中小学生友善意识与行为，构成了中小学生友善教育实效性评价体系的核心要义。根据中小学生友善教育实效性评价体系建构维度，并借鉴美国社会心理学家李克特5分量表（李克特量表［Likert scale］是评分加总式量表最常用的一种，属同一构念的这些项目是用加总方式来计分，单独或个别项目是无意义的。它是由美国社会心理学家李克特在原有的总加量表基础上改进而成的。该量表由一组陈述组成，每一陈述有"非常同意""同意""不一定""不同意""非常不同意"五种回答，分别记为5、4、3、2、1，每个被调查者的态度总分就是他对各道题的回答所得分数的加总，这一总分可说明他的态度强弱或他在这一量表上的不同状态），学生参与编制了中小学生友善教育结果性评价量表，如表6-1所示：

---

① 郭建宁：《社会主义核心价值观基本内容释义》，北京：人民出版社2014年版，第68页。

② 沈壮海、刘水静：《友善：处理人际关系的基本准则》，载《人民日报》，2014年2月17日，第16版。

表6-1 中小学生友善教育结果性评价量表

主题	一级指标	二级指标	三级指标	标准
小学生友善价值观	对自己友善	生理友善	A1. 保护身体意识	非常同意、同意、不一定、不同意、非常不同意五种回答，分别记为5、4、3、2、1。
		心理友善	…………	
	对家人友善	对父母长辈友善	B1. 帮助父母做家务劳动	
		对兄弟姐妹友善	…………	
	对师生友善	对老师友善	C1. 遇见老师主动问好	
		对同学友善	…………	
	对社会友善	对社会公物友善	D1. 爱护公共财物	
		对社会人际友善	…………	
	对自然友善	对动物友善	E1. 他人虐待流浪狗、猫	
		对植物友善	…………	

每一陈述有非常同意、同意、不一定、不同意、非常不同意五种回答，分别记为5、4、3、2、1，每个被调查者的态度总分就是他对各道题的回答所得分数的加总，这一总分可说明个体态度强弱或在某些行为方面的不同状态。为保证中小学生友善教育实效性评价量表可靠性和稳定性，对该量表进行信度分析，具体如下：

可靠性统计量		
Cronbach's Alpha	基于标准化项的 Cronbach's Alpha	项数
0.721	0.785	60

从可靠性统计的计量结果可以看出，Cronbach's Alphs 值为 0.721，基于标准化项的 Cronbach's Alpha 值为 0.785，可见该量表具有一定的可靠性。

（三）中小学生友善教育结果性评价的实践

从某校选取一个班级作为实验班，相当水平的另外一个班级作为参照班级。其中，实验班学生人数54人，参照班学生人数48人，年龄集中在10~12周岁之间。对实验班的同学进行为期一学年有针对性的友善教育，参照班保持原有状态，通过对实验班和参照班进行前测和后测，使用SPSS19.0分析发现实验班友善教育实效性明显，在某些方面表现突出。

1. 基于实验班的友善教育实效性评价分析

表6-2 实验班前、后测对比表

	$M\pm SD$（前）	$M\pm SD$（后）	t
对自己友善	3.023±0.265	3.751±0.230	$t=-15.237^{**}$
生理友善	2.675±0.452	3.429±0.389	$t=-9.270^{**}$
心理友善	3.441±0.326	4.074±0.303	$t=-11.608^{**}$
对家人友善	3.441±0.234	4.101±0.247	$t=-14.240^{**}$
对父母长辈友善	3.651±0.347	4.209±0.342	$t=-8.407^{**}$
对兄弟姐妹友善	3.231±0.337	3.993±0.367	$t=-11.231^{**}$
对师生友善	3.743±0.238	4.071±0.235	$t=-7.168^{**}$
对同学友善	3.530±0.314	3.975±0.300	$t=-7.509^{**}$
对老师友善	3.956±0.312	4.166±0.370	$t=-3.181^{**}$
对社会友善	3.489±0.184	3.867±0.200	$t=-10.192^{**}$
对社会公物友善	3.259±0.277	3.725±0.327	$t=-7.977^{**}$
对社会人际友善	3.719±0.025	4.009±0.245	$t=-6.082^{**}$
对自然友善	3.642±0.252	4.139±0.197	$t=-11.286^{**}$
对动物友善	3.771±0.322	4.213±0.251	$t=-7.894^{**}$
对植物友善	3.512±0.339	4.066±0.300	$t=-8.934^{**}$

注：$**p<0.01$。

(1) 对自己更加友善。通过独立样本 t 检验发现，对自己友善方面，实验班前、后测存在显著性差异：$t=-15.237$，$df=52$，$p<0.01$。同实验班前测相比，通过友善教育的学生对自己更加友善。具体表现在生理和心理两个方面，其中，生理友善存在着显著性差异：$t=-9.270$，$df=52$，$p<0.01$。心理友善存在着显著性差异：$t=-11.608$，$df=52$，$p<0.01$。学生在生理和心理方面更加友善，且生理友善程度高于心理友善程度。

(2) 对家人更加友善。通过独立样本 t 检验发现，对家人友善存在着显著性差异：$t=-14.240$，$df=52$，$p<0.01$。同实验班前测相比，通过友善教育，学生对家人更友善。表现在对父母长辈友善存在着显著性差异：$t=-8.407$，$df=52$，$p<0.01$。对兄弟姐妹友善存在着显著性差异：$t=-11.231$，$df=52$，$p<0.01$。同实验班前测相比，学生对父母长辈及兄弟姐妹都更加友善，且对兄弟姐妹的友善程度高于对父母长辈的友善程度。

(3) 对师生更加友善。通过独立样本 t 检验发现，对师生友善存在着显著性差异：$t=-7.168$，$df=52$，$p<0.01$。具体表现在对老师和同学友善两个方面，其中，对同学友善存在着显著性差异：$t=-7.509$，$df=52$，$p<0.01$。对老师友善存在着显著性差异：$t=-3.181$，$df=52$，$p<0.01$。与实验班前测相比，通过友善教育，学生对师生更加友善，且对同学友善程度高于对老师。

(4) 对社会更加友善。通过独立样本 t 检验发现，对社会友善存在着显著性差异：$t=-10.192$，$df=52$，$p<0.01$。具体表现在两个方面，对社会公物友善存在着显著性差异：$t=-7.977$，$df=52$，$p<0.01$。对社会人际友善存在着显著性差异：$t=-6.082$，$df=52$，$p<0.01$。说明与实验班前测相比，通过友善教育，学生对社会更加友善，且对社会公物友善程度高于对社会人际。

(5) 对自然更加友善。通过独立样本 t 检验发现，对自然友善存在着显著性差异：$t=-11.286$，$df=52$，$p<0.01$。表现在两个方面，其中，对动物友善存在着显著性差异：$t=-7.894$，$df=52$，$p<0.01$。对植物友善存在着显著性差异：$t=-8.934$，$df=52$，$p<0.01$。说明通过友善教育，学生对自然更加友善，且对植物友善程度高于对动物。

2. 基于参照班级的友善教育实效性评价分析

表6-3 参照班前、后测对比表

	$M\pm SD$（前）	$M\pm SD$（后）	t
对自己友善	3.241±0.341	3.364±0.219	$t=-2.103$**
生理友善	3.006±0.575	3.187±0.351	$t=-1.855$
心理友善	3.475±0.295	3.541±0.316	$t=-1.056$
对家人友善	3.522±0.212	3.541±0.3160	$t=0.432$
对父母长辈友善	3.600±0.280	3.600±0.305	$t=0.000$
对兄弟姐妹友善	3.444±0.369	3.482±0.335	$t=0.530$
对师生友善	3.800±0.256	3.856±0.249	$t=-1.078$
对同学友善	3.694±0.344	3.750±0.345	$t=0.789$
对老师友善	3.906±0.311	3.961±0.290	$t=0.905$
对社会友善	3.701±0.533	3.602±0.207	$t=1.198$
对社会公物友善	3.593±0.325	3.583±0.261	$t=0.173$
对社会人际友善	3.809±1.053	3.621±0.323	$t=1.179$
对自然友善	3.633±0.229	3.819±0.533	$t=-2.216$**
对动物友善	3.729±0.288	3.892±0.829	$t=-1.288$
对植物友善	3.538±0.309	3.746±0.760	$t=-1.758$

注：**$p<0.01$。

表6-3中，考虑到友善价值观念的增强，是否会随着年龄及认知水平的提高而增长，课题组选取了一个与实验班在学习成绩、师资力量、教学条件、学习环境等大体相当的班级作为参照班级，在没有进行

有目的的友善教育的情况下，进行了前测和后测。通过独立样本 t 检验发现，参照班级在两个方面发生了显著性差异，一是对自己友善在前、后测存在着显著性差异：$t=-2.103$，$df=46$，$p<0.01$。二是对自然友善在前后测存在着显著性差异：$t=--2.216$，$df=46$，$p<0.01$。然而，在对家人友善、对师生友善、对社会友善等方面均没有存在显著性差异，说明在没有友善教育的情况下，该班级学生的友善程度虽有变化，但是变化不明显，且存在不平衡状态。

3. 基于实验班、参照班友善价值观教育实效性后测对比分析

表6-4　实验班、参照班后测比较表

	$M\pm SD$（前）	$M\pm SD$（后）	t
对自己友善	3.751±0.230	3.364±0.219	$t=8.662^{**}$
生理友善	3.429±0.389	3.187±0.351	$t=3.272^{**}$
心理友善	4.074±0.303	3.541±0.316	$t=8.678^{**}$
对家人友善	4.101±0.247	3.541±0.220	$t=12.016^{**}$
对父母长辈友善	4.209±0.342	3.600±0.305	$t=9.429^{**}$
对兄弟姐妹友善	3.993±0.367	3.482±0.335	$t=7.302^{**}$
对师生友善	4.071±0.235	3.855±0.248	$t=4.478^{**}$
对同学友善	3.975±0.300	3.750±0.345	$t=3.520^{**}$
对老师友善	4.166±0.370	3.961±0.290	$t=3.081^{**}$
对社会友善	3.867±0.200	3.602±0.207	$t=6.554^{**}$
对社会公物友善	3.725±0.327	3.583±0.261	$t=2.399^{**}$
对社会人际友善	4.009±0.245	3.621±0.323	$t=6.859^{**}$
对自然友善	4.139±0.197	3.819±0.533	$t=4.040^{**}$
对动物友善	4.213±0.251	3.892±0.829	$t=2.690^{**}$
对植物友善	4.066±0.300	3.746±0.760	$t=2.827^{**}$

注：$**p<0.01$。

表6-4中,通过独立样本 t 检验发现,实验班比参照班在五个方面都表现得更加友善。在对自己友善方面,参照班与实验班存在显著性差异: $t=-8.662$, $df=98$, $p<0.01$。其中,在生理友善方面,参照班与实验班存在显著性差异: $t=-3.272$, $df=98$, $p<0.01$。在心理友善方面,参照班与实验班存在显著性差异: $t=-3.272$, $df=98$, $p<0.01$。说明实验班比参照班在生理和心理方面都更加友善。

在对家人友善方面,参照班与实验班存在显著性差异: $t=-12.016$, $df=98$, $p<0.01$。其中,对父母长辈友善方面,参照班与实验班存在显著性差异: $t=-9.429$, $df=98$, $p<0.01$。对兄弟姐妹友善方面,参照班与实验班存在显著性差异: $t=-7.302$, $df=98$, $p<0.01$。说明实验班比参照班在对父母长辈和兄弟姐妹方面都更加友善。

在对师生友善方面,参照班与实验班存在显著性差异: $t=-12.016$, $df=98$, $p<0.01$。其中,对父母长辈友善方面,参照班与实验班存在显著性差异: $t=-9.429$, $df=98$, $p<0.01$。对兄弟姐妹友善方面,参照班与实验班存在显著性差异: $t=-7.302$, $df=98$, $p<0.01$。说明实验班比参照班在对老师和对同学方面都更加友善。

在对社会友善方面,参照班与实验班存在显著性差异: $t=-6.554$, $df=98$, $p<0.01$。其中,对社会公物友善方面,参照班与实验班存在显著性差异: $t=-2.399$, $df=98$, $p<0.01$。对社会人际友善方面,参照班与实验班存在显著性差异: $t=-6.859$, $df=98$, $p<0.01$。说明实验班比参照班在对社会公物友善和对社会人际方面都更加友善。

在对自然友善方面,参照班与实验班存在显著性差异: $t=-4.040$, $df=98$, $p<0.01$。其中,在动物友善方面,参照班与实验班存在显著性差异: $t=-2.690$, $df=98$, $p<0.01$。在植物友善方面,参照班与实验班存在显著性差异: $t=-2.827$, $df=98$, $p<0.01$。说明实验班比参照班在对动植物方面都更加友善。

以上五个方面,实验班相比于参照班都有显著性差异,有些部分差异性大些，有些部分差异性小些，但总体上都在向良好的态势发展，说明友善教育具有实效性。

综合分析得出结论：一是通过对实验班前测和后测进行比对，后测与前测在对自己、家人、师生、社会、自然五个方面均存在着显著性差异，说明一学年的友善教育是有效的。需要指出的是，对自己、家人、师生、社会、自然五个方面及每一方面的不同侧面，其差异性是不平衡的，说明友善教育效果的不平衡性，这为有针对性地加强中小学友善教育提供了依据。二是通过对参照班前测和后测进行比对，可以发现，参照班在没有进行友善教育的情况下，其在对自己和对自然友善方面还是发生了显著性差异，说明中小学生友善意识与行为受到其他因素的影响，也会发生变化。三是在条件大体相当的情况下，通过对实验班与参照班后测进行比对，存在着显著性差异，有些部分差异性大些，有些部分差异性小些，但总体上呈良好态势发展，进一步说明友善教育具有实效性。

当下，中小学友善教育是十分重要的，不仅是落实、落细、落小社会主义核心价值观的具体体现，也是传承和弘扬中华优秀传统文化的重要方式；同时，也是积极防治校园欺凌的有效举措。中小学阶段，是价值观形成的关键时期，在这一年龄段形成的美与丑、是与非、荣与辱的观念，对人的一生都至关重要。价值观对人生道路的选择具有重要的导向作用。于中小学生而言，他们的价值取向决定了未来整个社会的价值取向，关乎一个时代核心价值的质量和分量。因而，对孩子们来说，在漫长的人生之路伊始，系好第一颗"扣子"，就等于打好了基石，进而志存高远，勇立潮头，在正确的人生观、价值观引领下，不负青春大好年华，脚踏实地，用青春梦想铸就中国梦想。加强中小学生友善价值观教育，培育和践行社会主义核心价值观，努力培育担当民族复兴大任的时代新人，培养德智体美劳全面发展的社会主义建设者和接班人正当时。

参考文献

一、专著类

[1]《马克思恩格斯全集》(第1卷),北京:人民出版社2012年版。

[2]《马克思恩格斯选集》(第1卷),北京:人民出版社1995年版。

[3]《马克思恩格斯全集》(第40卷),北京:人民出版社1982年版。

[4]《马克思恩格斯全集》(第47卷),北京:人民出版社2004年版。

[5]《马克思恩格斯全集》(第30卷),北京:人民出版社1974年版。

[6]《马克思恩格斯全集》(第12卷),北京:人民出版社1998年版。

[7]《马克思恩格斯全集》(第4卷),北京:人民出版社1958年版。

[8]《马克思恩格斯选集》(第4卷),北京:人民出版社1995年版。

[9]《马克思恩格斯选集》(第1卷),北京:人民出版社1995年版。

[10]《马克思恩格斯全集》(第46卷),北京:人民出版社1979年版。

[11]《马克思恩格斯文集》(第1卷),北京:人民出版社2009年版。

[12]《习近平总书记重要讲话读本(2016年版)》,北京:学习出版社、人民出版社2016年版。

[13]郭建宁:《社会主义核心价值观基本内容释义》,北京:人民出版社2014年版。

[14]黄明理:《社会主义核心价值观研究丛书:友善篇》,南京:江苏人民出版社2015年版。

[15]陈先达、杨耕:《马克思主义哲学原理》,北京:中国人民大学出版社2016年版。

[16]李荣、冯芸:《社会主义核心价值观·关键词——友善》,北京:中国人民大学出版社2015年版。

[17]刘晓红:《友善》,北京:北京时代华文书局2016年版。

[18]张涛:《友善乐群》,上海:复旦大学出版社2016年版。

[19]朱书刚:《友善价值观研究》,北京:九州出版社2019年版。

[20]金燕:《当代大学生友善价值观培育研究》,南京:江苏人民出版社2018年版。

[21]张万兴:《促进学生的主体性发展》,北京:中央民族大学出版社2004年版。

[22]孙培青:《中国教育史》,上海:华东师范大学出版社2014年版。

[23]彭小虎、王国锋、朱丹:《儿童发展与教育心理学》,上海:华东师范大学出版社2014年版。

［24］常怀林:《中国善良:慢品善文化》,北京:北京工业大学出版社2012年版。

［25］优才教育研究院主编:《中国古代教育名著名篇快读》,成都:四川大学出版社2013年版。

［26］王晓玉:《儿童文学引论》,北京:高等教育出版社1997年版。

［27］张淑清:《教育基本理论》,北京:中国社会出版社2008年版。

［28］俞国良:《社会心理学》,北京:北京师范大学出版社2011年版。

［29］陈鹤琴:《家庭教育》,武汉:长江文艺出版社2013年版。

［30］肖川:《教育的理想与信念》,长沙:岳麓书社2002年版。

［31］符马活:《活字纪》,南京:江苏文艺出版社2014年版。

［32］周中之、石书臣:《社会主义核心价值体系教育探索》,上海:上海人民出版社2007年版。

［33］李镇西:《爱心与教育》,北京:文化艺术出版社2011年版。

［34］胡晓风、金成林等编:《陶行知教育文集》,成都:四川教育出版社2002年版。

［35］唐澜波:《爱国教育家·张伯苓》,武汉:武汉大学出版社2012年版。

［36］李纯青、解孟林:《校园欺凌的应对与预防》,北京:知识出版社2017年版。

［37］时蓉华:《社会心理学概论》,上海:东方出版中心2005年版。

［38］任飓:《家风》,北京:人民出版社2015年版。

［39］傅永聚:《中华伦理范畴》,北京:中国社会科学出版社2006年版。

[40]〔美〕约翰·杜威:《民主主义与教育》,陶志琼译,北京:中国轻工业出版社2016年版。

[41]〔美〕科尔伯格:《道德发展心理学:道德阶段的本质与确证》,郭本禹等译,上海:华东师范大学出版社2004年版。

[42]苗力田主编:《亚里士多德全集》(第9卷),颜一、秦典华译,北京:中国人民大学出版社1997年版。

[43]〔瑞士〕皮亚杰:《发生认识论原理》,王宪钿译,北京:商务印书馆1981年版。

[44]〔苏〕苏霍姆林斯基:《给教师的建议》(下册),杜殿坤译,北京:教育科学出版社1981年版。

[45]〔苏〕马卡连柯:《马卡连柯教育文集》(上卷),吴式颖等编,北京:人民教育出版社2005年版。

[46]〔俄〕乌申斯基:《乌申斯基教育文选》,郑文樾选编,张佩珍等译,北京:人民教育出版社2007年版。

[47]张焕庭主编:《西方资产阶级教育论著选》,北京:人民教育出版社1964年版。

[48]〔德〕康德:《道德形而上学原理》,苗力田译,上海:上海人民出版社2002年版。

[49]〔美〕约翰·杜威:《学校与社会·明日之学校》,北京:人民教育出版社2005年版。

[50]鲁兵:《教育儿童的文学》,北京:少年儿童出版社1982年版。

二、期刊、论文类

[1]佘超:《论在弘扬友善品德中培养时代新人的依据、价值与进路》,载《道德与文明》,2021年第5期。

[2]李建华:《友善何以成为一种核心价值观》,载《伦理学研

究》，2013年第2期。

[3] 黄明理、任君：《论友善核心价值观信仰化及其根据》，载《河海大学学报（哲学社会科学版）》，2021年第23卷第3期。

[4] 冯正强：《论马克思恩格斯的友善价值观》，载《中州学刊》，2020年第8期。

[5] 高国希、凌海青：《论作为社会主义核心价值观的"友善"》，载《中州学刊》，2020年第8期。

[6] 侯玉环：《新时代中国青年友善观践行之难论析》，载《当代青年研究》，2020年第1期。

[7] 祝敏丹：《基于个体主义情境的中国传统友善观的特质及其再造》，载《中学政治教学参考》，2019年第21期。

[8] 吴东华、吴宁：《社会主义友善价值观的根本性质及培育探析》，载《理论学刊》，2019年第4期。

[9] 朱书刚：《新时代友善的价值内涵与实现路径》，载《学习与实践》，2019年第2期。

[10] 闫冰、刘启强：《中小学友善教育的矛盾视角》，载《中学政治教学参考》，2019年第3期。

[11] 徐梓彦、黄明理：《友善核心价值观研究述评》，载《伦理学研究》，2019年第1期。

[12] 刘金玲：《"友善"价值观的培育之道》，载《人民论坛》，2018年第33期。

[13] 范五三、谢兴政：《从中西比照的视角看作为价值观的"友善"思想》，载《太原理工大学学报（社会科学版）》，2018年第36卷第4期。

[14] 刘建荣：《中华优秀传统友善观的当代价值》，载《湖南社会科学》，2018年第2期。

[15] 盛邦跃、李姝慧：《论社会友善的缺失及其化解》，载《理论

导刊》,2017年第7期。

[16] 李慧华:《文化视阈中的中西友善观比较》,载《中华文化论坛》,2017年第3期。

[17] 展伟、黄晗:《友善观教育:拒阻青少年校园欺凌的重要路径》,载《教学与管理》,2018年第36期。

[18] 曾琰:《影响人际友善的三重关系及其现实解析》,载《内蒙古社会科学(汉文版)》,2017年第38卷第1期。

[19] 邹小华:《社会友善与公共生活》,载《南昌大学学报(人文社会科学版)》,2016年第47卷第5期。

[20] 闫冰:《青少年友善价值观教育的影响因素及其启示》,载《中学政治教学参考》,2016年第18期。

[21] 林彩展:《儒家传统友善观对德育工作的启示》,载《中学政治教学参考》,2015年第27期。

[22] 胡晓红、侯玉环:《十八大以来友善价值观研究综述》,载《内蒙古师范大学学报(哲学社会科学版)》,2017年第46卷第1期。

[23] 高翔:《国内关于"友善"价值观的研究综述》,载《学理论》,2016年第8期。

[24] 唐明燕、王磊:《"友善"价值观研究的热点与发展趋势——21世纪以来"友善"价值观研究综述》,载《道德与文明》,2015年第5期。

[25] 黄显中:《论友善》,载《伦理学研究》,2004年第4期。

[26] 戴观波:《试论道德教育对学生生活的引领与陪伴》,载《教学与管理》,2019年第15期。

[27] 易莉、徐惠:《社会学习理论中的榜样教育》,载《江西教育》,2006年第2期。

[28] 张玮:《班杜拉观察学习理论与儿童榜样教育》,载《教育探索》,2011年第27期。

[29] 邓翠华：《人是目的与手段的有机统一》，载《教学与研究》，2007年第8期。

[30] 武东生：《"和而不同""推己及人"与团结友善》，载《道德与文明》，2002年第2期。

[31] 马文彬、殷戈丽：《论友善》，载《华北电力大学学报（社会科学版）》，2004年第1期。

[32] 王颖：《团结友善刍议》，载《高校理论战线》，2003年第9期。

[33] 邱翠娥：《浅谈构建和谐社会和青少年诚信友爱教育》，载《湖北师范学院学报（哲学社会科学版）》，2007年第3期。

[34] 刘亚男：《多元文化背景下青少年社会主义核心价值观教育研究》，沈阳：沈阳师范大学，2011年。

[35] 曹建忠：《"团结友善"青少年道德教育实验研究》，载《小学教育科研论坛》，2003年第4期。

[36] 过国忠：《校园环境与育人》，载《宁波大学学报（教育科学版）》，2000年第1期。

[37] 夏晓虹、李轶璇、孙大永：《积极培育和践行友善价值观》，载《中国高等教育》，2015年第8期。

[38] 李楠、王磊：《深入解读社会主义核心价值观——友善价值观的传统价值和现代意涵》，载《学术论坛》，2015年第2期。

[39] 李慧：《友善观与大学生思想政治教育》，载《辽宁医学院学报（社会科学版）》，2014年第4期。

[40] 吕晶晶：《以社会主义友善价值观化解道德冷漠》，载《思想政治课教育》，2015年第1期。

[41] 袁济喜：《友善：中国传统美德之彰显》，载《中国人文历史》，2014年第19期。

[42] 王翠华：《论社会主义核心价值观之友善》，载《湖北社会科

学》，2014年第5期。

［43］臧琳琳：《马克思"人是目的与手段的统一"思想的哲学阐释》，济南：山东师范大学，2011年。

［44］黄东桂、何春燕、潘腾腾：《当代大学生友善观确立的困境与应对分析》，载《社会主义主流意识形态与当今中国社会思潮》，2013年第9期。

三、报纸类

［1］《习近平总书记在十九大上的报告全文》，载《人民日报》，2017年10月28日，第1版。

［2］《习近平总书记在二十大上的报告全文》，载《人民日报》，2022年10月27日，第1版。

［3］《〈中小学德育工作指南〉解读（专家篇）》，载《中国教育报》，2017年9月13日，第11版。

［4］沈壮海、刘水静：《友善：处理人际关系的基本准则》，载《人民日报》，2014年2月17日，第16版。

［5］《中共中央国务院举行春节团拜会——习近平总书记发表重要讲话》，载《人民日报》，2015年2月18日，第1版。

［6］李建华：《友善：必须着力倡导的价值观》，载《光明日报》，2013年7月6日，第11版。

［7］金炎：《友善是光明与和平的使者》，载《光明日报》，2001年11月29日，第4版。

［8］丁静、张建新：《让社会主义核心价值观的种子在小学生心中生根发芽》，载《中国青年报》，2014年6月1日，第2版。

［9］焦国成：《用友善互助提升社会幸福指数》，载《北京日报》，2014年1月24日，第6版。